江苏档案精品选编纂委员会

# 江苏省明清以来

# 档案精品选

## 盐城卷

江苏人民出版社

# 《江苏省明清以来档案精品选》
# 编委会

主 任　谢　波
副主任　项瑞荃　贲道红　顾祖根　张姬雯
　　　　赵　深　齐丽华　欧阳旭明
委 员　束建民　盛晓奇　张　亚　叶荣强
　　　　李传奇　肖　芃　苏远明　卢伟军
　　　　朱耀龙　宗前平　徐晓明　宗金林
　　　　王　欣　查桂山　申俊才　史建亭

# 总 目

# 序

谢 波

　　档案馆作为永久保管档案的基地，是人类文化传承的重要载体和思想文化创新的重要源泉。

　　编纂《江苏省明清以来档案精品选》，是全省档案系统共同开展的一项档案文化建设重点工程，是我省档案部门履行"为党管档、为国守史、为民服务"使命要求，围绕中心、服务大局的一项重要举措，根本目的是整合全省档案精品资源，集中公布江苏档案资源建设的丰硕成果，展示江苏历史、人文的丰厚底蕴，服务社会主义文化大发展大繁荣。

　　江苏物华天宝，人杰地灵，养育了一代又一代勤劳智慧、心灵手巧的人民，创造出了辉煌灿烂的物质文明和精神文明。自明清以来，江苏的综合实力在中国的省级政区中就一直居于前列。新中国成立后特别是改革开放以来，江苏各项事业高速发展，在经济、政治、社会、文化等各方面均处于全国领先位置，积累了雄厚的经济文化实力。这一领先的进程，真实地定格于档案中，保存于全省各级各类档案馆里。

　　这些档案，浩如烟海。丰富翔实的档案史料，客观记载了江苏各项事业发展演化的脉络，反映了历史发展变化的内在规律，是我们今天多角度深入了解和研究明清以来江苏政治、经济、军事、文化以及社会情况的第一手珍贵资料。特别是中国共产党成立以来形成和保存下来的大量珍贵档案，再现了江苏人民在党的领导下开展革命斗争、社会主义建设和改革开放，全面建设小康社会、建设美丽江苏的光辉历程，这是国家珍贵的文化财富、民族的宝贵遗产，是我们今天开展党史研究的宝贵资源和党史教育的重要素材。

　　前事不忘，后事之师。记载着历史真实面貌的档案资料，是续写江苏更加辉煌灿烂历史新篇章的重要参考和借鉴。编纂档案文献资料，留存社会发展的足迹，服务今天的经济社会各项事业，是我国档案界、史学界的优秀传统，是中华文明生生不息、不断进步的重要源泉。也正是这一优秀传统，使得中华文明能够随着历史的发展、社会的进步而不断充实新的内容。通过档案工作者有选择地编纂加工，使海量的档案资源更加有序化，为党和政府重大决策提供参考，为人民群众接触档案、了解档案、利用档案提供便利，是档案工作者的职责所在。正是基于这一要求，全省档案部门集中力量，对各级档案馆中的档案进行梳理，编辑出版了《江苏省明清以来档案精品选》。通过本书的编纂出版，整合全省档案精品资源，发挥规模效应，使江苏历史、人文的丰厚底蕴得到集中展示，使档案存史、资政、育人功能得到更好的发挥，同时为我们大力开展爱党、爱国、爱家乡教育提供丰富的第一手教材。这是我省档案部门围绕中心、服务大局的一项重要工作创新，也是档案部门贯彻落实党的十八大精神、服务文化强省建设的具体举措。同时，《江苏省明清以来档案精品选》的编纂出版，定能为学术界开发利用档案创造便利的条件。通过对明清以来历史档案的开发利用，探寻我省近代以来各项事业发展演化的脉络，把握历史发展变化的内在规律，为当代经济社会各项事业发展服务，为建设美丽江苏书写更加辉煌灿烂的新篇章。

2013年7月

# 《江苏省明清以来档案精品选·盐城卷》

# 编 委 会

# 前言

　　1983年1月18日，国务院批准江苏省实行市管县新体制，决定撤销盐城地区，成立盐城市。自此，盐城进入了高速发展的新征程。整三十年，弹指一挥间。全市档案工作者克服建市时间短、体制不够健全、档案保管分散等先天不利因素，不断丰富馆藏资源，颇具成效。这些档案文献，是盐阜人民智慧的结晶，也是资政襄政、科学研究和编史修志的重要史料。我们撷取其精华，汇成《江苏省明清以来档案精品选·盐城卷》（以下简称《盐城卷》），虽管中窥豹，时见一斑，却也具有一定的历史文化价值。

　　盐城是海盐之城。汉武帝元狩四年（公元前119年）因盐置"盐渎"县。晋安帝义熙七年（411），因"环城皆盐场"而更名为盐城，成为我国唯一一座以盐命名的城市。宋代切块盘铁、清代锅丿展现了不同时期的海盐生产技艺和生产力发展水平；《小海场志》详细记述了两百多年前清代大丰境内小海盐场的盐政、经济、户数、人口等情况；清末民国时期海盐运输、盐业执照反映了清末、民国，以官督商销制度为基础的海盐贸易；盐垦公司债券、股票折射出我国近代农业股份制发展以及沿海滩涂开发的艰辛历程。盐城，因盐置县，由盐兴旺，千百年来的沧桑巨变在此凝固，于唏嘘间，我们得以品味悠悠的历史变迁，留下无尽的思索。

　　盐城是红色之城。"皖南事变"后，新四军在盐城重建军部，盐城成为华中抗日中心，时有"陕北有个延安、苏北有个盐城"之说。苏北区军民缴获的"日军出征旗"和侵华日军所使用的《世界精图》见证了日本军国主义侵略中国的狂妄野心和不义行径；江淮银行发行的货币和艺城工艺股票是抗战时期红色经济体发行的，成为抗日战争时期特殊的经济范例；新四军在盐城组图复原了新四军在盐城开展革命活动的历史踪迹；《江淮日报》由刘少奇在盐城创办，报名刊头由刘少奇题写，是考证确定新四军在盐城重建军部的重要佐证。红色文化是盐城发展史上浓墨重彩的一笔，是我们在继往开来，谱写时代华章时，仍需不断深入学习，汲取精神力量，集聚民心民智的重要章节。

　　《盐城卷》描绘了抗日战争胜利后，盐城经济、社会发展的轨迹。《盐城专区营业税征收细则》的实施，增加了盐阜地区的财政收入，繁荣了国民经济；《苏北区奖励节约惩治贪污暂行条例》是厉行节约、惩治贪腐，加强思想作风建设，保护、团结人民的一个重要武器；《苏北盐城区一般经济概况调查》再现了解放后盐城薄弱的经济基础，百废待兴的真实情况；《苏北灌溉总渠工程报告》记载了盐阜人民响应国家号召，众志成城，不畏艰险，积极投身苏北灌溉总渠盐城段建设的历程。盐城经济和社会事业发展方兴未艾，人民生活水平日益提高，这些珍贵的档案给我们留下了宝贵的经验和借鉴。

　　《盐城卷》折射了盐城的地域特色和深厚的历史文化底蕴。郑板桥十二条屏是研究郑板桥的家世、青年时代的世界观、书法成熟过程及大丰人文历史的第一手资料；民国《盐城兜率寺同戒录》、盐城兜率寺《护教牒》见证了佛教文化在当地的传播；民国手抄本杨瑞云版《盐城县志》汇集了盐城地区地理变迁、民俗文化、名人大事等方面的相关情况；麋鹿档案是研究麋鹿种群发展历史的重要资料；淮剧《奇婚记》档案反映了地方戏剧文化的发展。盐城以兼容并蓄、博大宽容的气度，推动了地域特色文化的蓬勃发展。

《盐城卷》体现了党和国家领导人对盐城的关怀。黄克诚的亲笔签名信，胡耀邦视察盐城时的题词，费孝通在射阳考察期间的亲笔赋诗等，无不体现老一辈党和国家领导人对盐阜人民的深情厚谊，对革命老区步入高速发展轨道的殷切希望。情谊弥足珍贵，我们当铭记于心，落实于行。

抚今追昔，意在登高望远；知往鉴今，重在开辟未来。我们本着记录历史、传承文明、服务社会、造福人民的高度责任感，深入挖掘馆藏资源，甄选具有代表性的珍贵档案而汇成此书。在盘活"死档案"变为"活资料"的同时，拓宽档案资源开发利用渠道，创造性地开展档案编撰研究工作，希望为广大读者朋友了解盐城的历史变迁、文化传承、风土人情提供一条有益而便捷的途径。

编　者

2013年7月

# 凡例

一、本书记述地域范围，以1983年实行市管县新体制后，撤销盐城地区行政公署，成立盐城市（地级）的地域为主，各时期兼顾记述属于盐城市的其他地区。

二、本志在取材上纵系古今，横及各业，可考史料上限明崇祯五年（1632），下限1989年底。力争记事完整，详古略今，详异略同，按类作别，按业立志，横分纵述，纵横结合。凡需要系统记述的事物，不论上限起于何时，都在"内容与评价"一栏中，简繁适宜地表述其历史进程，达到"纵不断线"之要求。

三、体例结构，事以类从，分为海盐档案、新四军档案、解放战争时期档案、建国后档案、地情档案、谱志资料、书画作品，共计七类。除新四军档案因档案数量和逻辑体系要求，增设二级类目，其它六类每类别下以及新四军档案二级类目下，均以先史料档案后实物档案，并以形成时间先后为序。

四、文体，本书以文字为主，按照原档案文体，辅以图、照以便对照参考，凡有辨识不清的字符，均用□表示。

五、地名、县署、职官、称谓均沿袭中国传统记法。历史纪年，民国成立以前的，先写朝代纪年，后括注公元纪年；民国成立后，使用公元纪年。为记述方便，中华人民共和国成立后简记为"解放后"或"建国后"。

六、入书数据均用阿拉伯数字，记述用汉字，计量单位旧时按传统记法，解放后根据国家规定以常用单位表示，统计数据，均以统计部门核定后的数字为准。

七、本志资料以地、县档案资料、正史、旧志、有关报刊、专著、各部门、各行业文书档案及采集资料为主，经考证鉴别存真求实，摘要辑入本书。

# 目录
## Contents

## （二）新四军文化
## Culture of the New Fourth Army

## （三）新四军名人手稿
## Celebrity handwritings of the New Fourth Army

## 解放战争时期档案
## Archives in the Liberation War Period

# 中华人民共和国成立后档案
# Archives after the Founding of PRC

## 地情档案
## Archives on Local Information

## 谱志资料
## Tablature and Local Record

## 书法作品
## Calligraphies

海濒濒運江蘇社金壽南川各縣場境鹽田老額課蕩仿照淮<br>
繳驗照冊壽筋據清理沙田局光經示諭周知嗣各縣場<br>
費暨限內減收三角統政清理費名目給予部頒給承業戶如<br>
各場業戶聲請減費並求更定名稱頒給執業憑證由該局據情<br>
令各該印委會示布告遵繳給證限外<br>
行填發執業憑證以資遵繳給證須至憑證者<br>
計開<br>
縣場境業戶胡□盧原築下砂場貳圖<br>

恭欽壹分<br>
鳌陸毫<br>
分核共收銀□元□毫□<br>
右給業戶 胡 篁□<br>
民國 □年□清□月□日給

# 《小海场志》

**保管单位：** 大丰市档案馆

**内容及评价：**

　　盐城，自盐起步，因盐置县，由盐兴旺。汉武帝元狩四年（公元前119年）设盐渎县。东晋安帝义熙七年（411），因"环城皆盐场"而更名为盐城。唐后期盐城境内设有海陵、盐城二监，管理盐政事务，时"盐城有盐亭百二十三所"，年产盐达7.56万吨。当时淮南盐税约占全国盐税之半，而盐城盐税又约占其半，可见盐城经济地位之重要，故在地方志中有"剧邑"、"上县"之称。宋初，在东南盐区设提举盐事司管理盐业产销，下设分司，各辖盐场，盐业生产进一步发展。宋真宗时（998~1025），境内二监年产盐达7.7万吨以上，仍为淮南产盐之冠。元、明两代，在扬州设两淮都转运盐使司，境内13个盐场皆属其管。清代嘉庆六年（1801），境内产盐23.8万吨，占两淮盐产总量之59.4%。清中叶后，因海水东退，产量渐减。清末，境内11场年产仅有10.8万吨。民国初，在两淮设盐政局。盐区废灶兴垦，境内63家盐垦公司相继开发滩涂，种植粮棉。抗日战争、解放战争时期，境内苏中、苏北抗日根据地盐区，通过接管旧盐务机构，扩大产销，征收盐税，为支援战争和巩固发展根据地发挥了巨大作用。数千年来，盐阜人民的奋斗和抗争与海盐生产休戚相关，而孕育出的独特海盐文化，更是深深渗透进了盐城的历史、盐政、经济、地名和盐民的性格、文艺、民俗等诸多领域。

　　《小海场志》于清朝乾隆元年（1736）编纂，约于乾隆四年（1739）编修完成。作者林正青，福建侯官人，清雍正十二年（1734）任小海场大使。任职期间，关心灶民疾苦，盐场生计。《小海场志》共10卷，前有谢道承、林正青二人分别做的序。谢道承为林正青的表弟，赐进士出身。该志对清代大丰境内小海盐场的盐政、经济、户数、人口等逐一加以叙述，是研究盐业史、地方史不可多得的第一手资料。

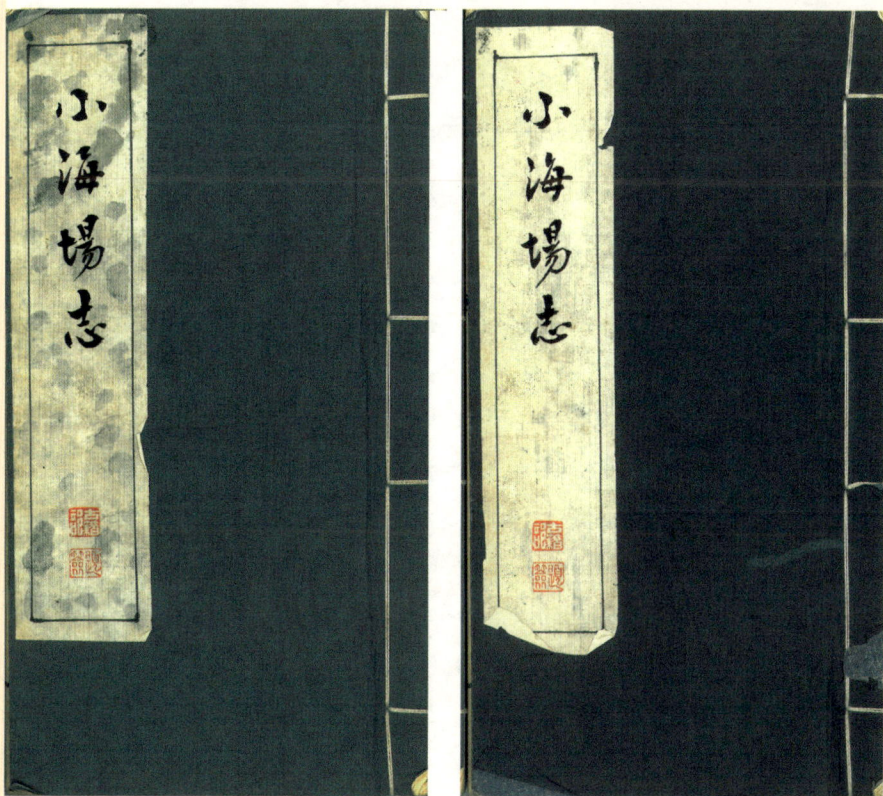

小海场志

林子蒼巖以通今學古之身志在用世名場歷躓不
得伸者垂四十年乃本所學之正聊發之海壖彈丸地
積而成小海場志十卷乾隆己未蒼巖勾當京師掀髯
感頞舉以示故人謝道承讀之躍然以喜既則掩
卷三歎一似慸然有憂者旋復為之失聲出涕又不覺
悲也蒼巖場官耳小海三十之一耳以場
官之微葆三十場之一熬波飭竈辦課通商職也顧乃
因天制地酌盈準虛相疾苦利弊而輕重布之籌水旱
備饑蝗通海運重農桑謹學校興文範俗一本周禮六
官之遺舉封疆大吏監司守令所不能得于民者於斥

小海場志　卷序　一

鹵沮洳之地發其詳而徵其槩浸假蒼巖易地優為之
矣審如是是可喜也孟子曰位卑而言高罪也范忠宣
亦云大臣不言而小臣言之適足以招謗而賈禍蒼巖
以場官之微葆三十場之一微特農桑學校士風民俗
非所敢議即水旱饑蝗戶役輓運其酌盈準虛相利弊
而輕重布之者亦應聽封疆大吏監司運長所指揮顧
一一筆之書而宣之口　以紀之記以傳之議以發之
難乎其　上矣吾又謂蒼巖必重得罪也若是者烏得
不憂雖然無憂也夫策水旱備饑蝗與夫農桑學校皆
封疆大吏所願得之民而不可必得者令蒼巖一一為

《小海场志》序一

全文：

### 《小海场志》序一

林子苍岩以通今学古之身，志在用世。名场历踬，爵不得伸者，垂四十年。乃本所学之正，聊发之海壖弹丸地，积而成《小海场志》十卷。乾隆己未，苍岩勾当京师，掀髯蹙頞，举以示故人谢道承。道承读之，跃然以喜，既则掩卷三叹，一似慸然有忧者，旋复为之失声出涕，又不觉悲也。苍岩场官耳，小海三十之一耳。以场官之微葆三十场之一，熬波饬灶，办课通商，职也。顾乃因天制地，酌盈准虚，相疾苦利弊而轻重布之，筹水旱，备饥蝗，通海运，重农桑，谨学校，兴文范俗，一本《周礼》六官之遗。举封疆大吏，监司守令所不能得于民者，于斥卤沮洳之地，发其详而征其概，浸假苍岩易地优为之矣，审如是，是可喜也。

孟子曰："位卑而言高，罪也。"范忠宣亦云："大臣不言而小臣言之，适足以招谤而贾祸。"苍岩以场官之微葆三十场之一，微特农桑学校士风民俗非所敢议，即水旱饥蝗户役挽运，其酌盈准虚相

得之即不啻封疆大吏自得之名固不必自己出也且
因天制地酌盈準虛以視伸紙舐筆勤說雷同以應衡
文之尺寸孰難而孰易一本周禮六官之遺
以視糊名易書之文孰大而孰小迄今讀蒼巖之書轉
使弋獲科名毫無所建豎者潸然心服而氣結且安知
不有追咎前此司衡之聾瞶以詬厲不知已者為蒼巖
同聲而一哭若是者吾又以悲蒼巖之老而不遇也今
天下巖無人矣溪無人矣海壖彈丸之地有所學之正
如蒼巖者乎有不為世用而用　如蒼巖者乎劉復愚
有言在其位耻不能行不在其位則耻不能言之吾又

小海場志　序　二

安得以蒼巖例天下之封疆大吏監司守令以小海之
傷例天下為近世之言治功者嚆矢也乾隆己未秋九
月朔日賜進士出身朝儀大夫國子監祭酒同學表弟
謝道承書于燕臺之守瓶齋

《小海场志》序一

利弊而轻重布之，者，亦应听封疆大吏、监司运长所指挥，顾一一笔之，书而宣之，口以纪之，记以传之，议以发之，难乎其上矣。吾又谓，苍岩必重得罪也，若是者乌得不忧？虽然无忧也，夫策水旱、备饥蝗，与夫农桑、学校皆封疆大吏所愿得之民而不可必得者，今苍岩一一为得之，即不啻封疆大吏自得之名，固不必自己出也。且因天制地，酌盈准虚，以视伸纸舐笔勤说雷同，以应衡文之尺寸，孰难而孰易？士习民气，一本《周礼》六官之遗，以视糊名易书之文，孰大而孰小？

迄今读苍岩之书，转使弋获科名，毫无所建竖［树］者潸然心服而气结，且安知不有追咎前此司衡之聋瞶以诟厉不知已者，为苍岩同声而一哭？若是者吾又以悲苍岩之老而不遇也。今天下岩无人矣，溪无人矣！海壖弹丸之地，有所学之，正如苍岩者乎？有不为世用而用，如苍岩者乎？刘复愚有言：在其位，耻不能行；不在其位，则耻不能言之。吾又安得以苍岩例天下之封疆大吏、监司守令？以小海之伤例天下为近世之言治功者嚆矢也？

乾隆己未秋九月朔日，赐进士出身朝仪大夫国子监祭酒同学表弟谢道承书于燕台之守瓶斋。

志者記也記其事使可信令傳後也在國為史在家為
譜在州縣為志有地方而無志是人有頭面而無耳目
即心思之靈何所用也有志而令地方以外之人成之
是己有痛癢而令人摩搔徒勞而無當於肯綮也甲寅
臘月予奉憲檄承之小海風土人情因革損益百事茫
然考求咸吏胥不知而場中遺老不知掌故為何事
欲訪一二散帙舊聞杳不可得文獻無徵未有甚於此
地者也于是興作文移揆情度理所求其中而事功倍
每歎耳目不留聞見無寄幾　前人所聲瞶後
今不備其耳目則身聲瞶者轉以聲瞶後人也隨事箚

小海場志　序　一

《小海场志》序二

記積有時日頗成卷帙未敢以為是也乃得舊場志一
本為明季魏公輔王元鼎奉泰州分司徐公光啟聘而
纂輯者手足臂指略備而精神氣血不能榮衛徒有其
形質而已土偶木偶未敢以為真也蓋秉筆之難也久
矣夫古令不能無是非沿革損益之迹宜乎令之操於眾
是非沿革損益之事酌乎古矣而又思宜乎令之操於眾
矣而又思斷於獨守其常矣而又思通其變際乎盛
而又思防其衰方令
聖明御極恩德遐敷列憲整奸剔弊規畫盡美遵而行
之一而守之將使河海晏流川原錦繡魚阜畜蕃風移

全文：

## 《小海场志》序二

　　志者，记也，记其事，使可信，令传后也。在国为史，在家为谱，在州县为志。有地方而无志，是人有头面而无耳目，即心思之灵，何所用也？有志而令地方以外之人成之，是己有痛痒而令人摩搔，徒劳而无当于肯綮也。

　　甲寅腊月，予奉宪檄。承乏小海风土人情，因革损益，百事茫然，考求成宪。吏胥不知，而场中遗老不知掌故为何事。欲访一二散帙旧闻，杳不可得。文献无征，未有甚于此地者也。于是兴作文移，揆情度理，所求其中而事功倍半。每叹耳目不留，闻见无寄。几前人所聋聩，又恐及今不备其耳目，则身聋聩者转以聋聩后人也。随事札记，积有时日，颇成卷帙，未敢以为是也。乃得旧场志一本，为明季魏公辅王元鼎奉泰州分司徐公光启聘而纂辑者。手足臂指略备，而精神气血不能荣卫，徒有其形质而已，土偶，木偶！未敢以为真也。盖秉笔之难也久矣。夫古今不能无是非、沿革、损益之迹，则一方不能无是非、沿革、损益之事。酌乎古矣而又思宜乎今，采于众矣而又思断于独，守其常矣而又思通其变，际乎盛矣而又思防其衰。

　　方今圣明，御极恩德，遐敷列宪，厘奸剔弊，规画尽美。遵而行之，一而守之，将使河海晏流、川原锦绣、鱼阜畜蕃、风移俗美、贤哲众多。此予区区愿得之一方者，且予以甘苦备历之身，自搔自痒，较之膜外敷陈，不更亲切矣乎！或曰："斗大小海，随波逐流，足矣。而子考古证今，承先待后，毋乃翘然自异乎？"予曰："非敢为异也。在朝言朝，在野言野，在一方言一方。识其大者为大，识其小者为小。吾尽吾职，上有裨益于政事，下有益于民，足矣。若谓是书足以新一方之耳目，开后人之聋聩也，则吾岂敢？"

　　乾隆元年暮秋，特简两淮盐政以州判，管小海场司事，加一级，前刑部学习行走，闽中林正青序。

《小海场志》序二

# 清代盐场政府文告

**保管单位：** 海盐博物馆

**内容及评价：**

盐场为古代所设的专业产盐机构。盐城境内曾有富安场、安丰场、东台场、小海场、草堰场、新兴场等，后因场署周围居住人口日多，而形成村庄，场名便成了地名。该档案为盐场盐官所发布的关于"禁杀煎盐牛"和"缴纳租金"的文告，反映了清代盐官在管理盐场水利、维护盐场治安、赈济灾荒、促进地方教育、文化及农业经济发展等方面的活动。清盐场政府文告是研究清代盐场管理制度和盐税征收的重要史料。

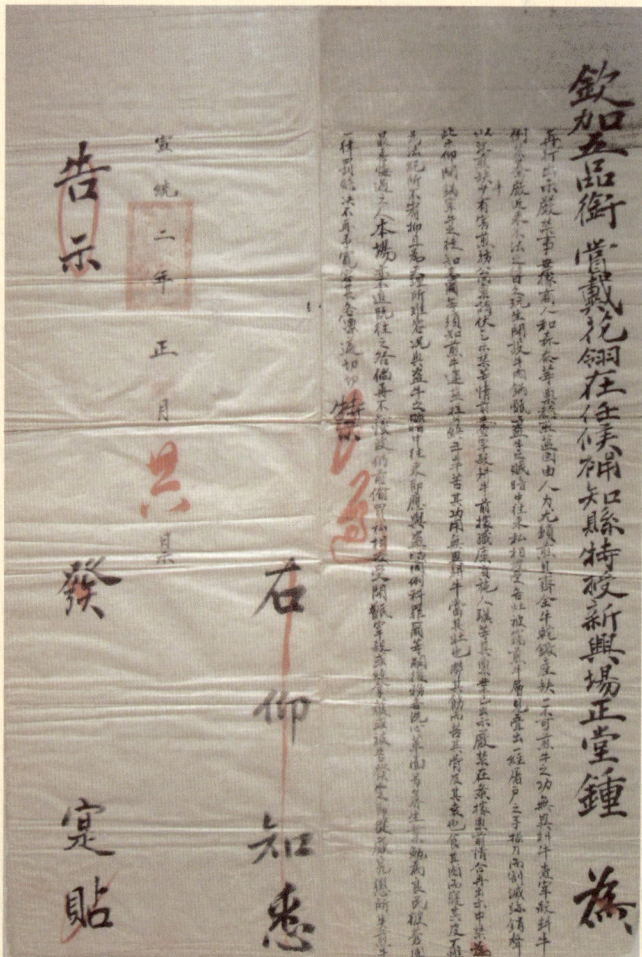

禁杀煎盐用牛告示

**全文：**

钦加五品衔赏戴花翎在任候补知县特授新兴场正堂钟为再行出示严禁事。案据商人和森泰等禀称煎盐固由人力，尤赖煎具齐全，轮镬产缺一不可。煎牛之功无异耕牛，查宰杀耕牛，例禁綦严。近年来不法之徒，日久玩生开设牛肉锅甑，与盗牛之贼暗中往来，私相授受。各灶被窃煎牛层见叠出，一经屠户之手，操刀而割，灭踪销声，以致煎缺少牛，有害煎务。公回禀请伏乞示禁等情，前来查宰杀耕牛。前据职廪贡施人骥等具禀，业已出示严禁在案；据禀前情合再出示申禁。为此，为仰开锅宰牛之徒知悉。尔等须知煎牛运盐拉车终年辛苦，其功用无异耕牛。当其壮也，劳其饬而苦其胃；

及其衰也，食其肉而寝其皮。不惟为法纪所不宥，抑且为天理所难容。况且与盗牛之贼暗中往来，即应与盗贼同例科罪，尔等嗣后务洗心革面，另寻生业，勉为良民。彼苍最喜悔过之人，本场亦不追既往之咎。倘再不悔改，仍前偷卖，私相授受，开瓹宰杀，或经拿获或被告发之，即从严究应所失煎牛，一律罚赔，决不再予宽容。其各凛遵。切切。特示

右仰知悉

宣统二年正月二十八日示

告　示　发　寔贴

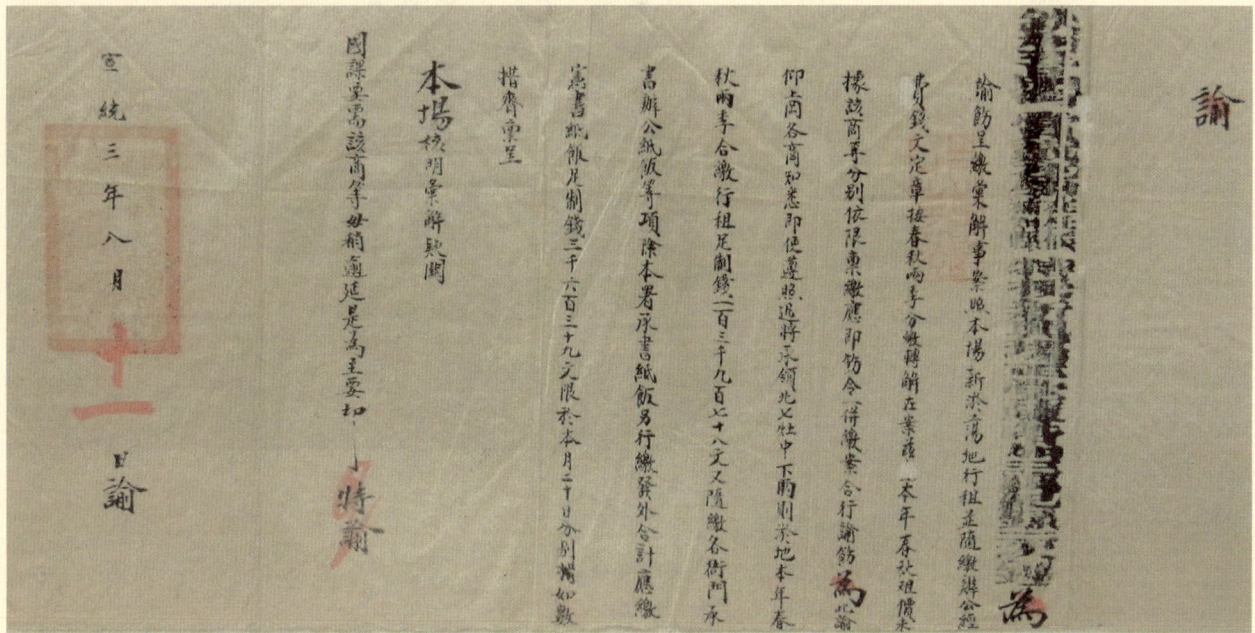

缴纳租金谕

## 全文：

### 谕

谕饬呈缴汇解事案，照本场新淤荡地行租，并随缴办公经费。钱文定章按春秋两季分缴，转解在案。兹本年春秋租价，未据该商等分别依限禀缴，应即饬令一并缴案合行。谕饬为此谕仰上冈各商知悉，即便遵照，迅将承领北七灶中下两则淤地，本年春秋两季合缴行租足制钱一百三千九百七十八文，又随缴各衙门承书办公纸饭等项，除本署承书纸饭另行缴发外，合计应缴宪书纸饭足制钱三千六百三十九文，限于本月二十日分别如数措齐禀呈。

本场核明汇解疑闗 [关]

国课要需，该商等毋稍逾延，是为至要。切切。

特谕

宣统三年八月十一日谕

# 清末民国时期海盐运输、盐业执照

**保管单位：** 海盐博物馆

**内容及评价：**

食盐专卖制度是我国沿袭两千多年的一项重要的国家财政经济制度。清光绪年间因赔款、练兵、要政、海防、兴办铁路等需要增加盐税，导致盐价日贵，私盐日甚。各省亦各自为政，或官运，或民运民销，或官运商销，制度不一，但仍以官督商销为主。民国初年，军阀割据，后逐渐建立盐法制度，规定非政府许可不得开采。虽曾在一些地区开放自由贸易，但难以在全国推行，不少地区仍然实行专商包运包销的引岸制。清代民国时期海盐运输、盐业执照反映了清末、民国特定的历史背景下，以官督商销制度为基础的海盐贸易，是研究清代、民国经济制度、盐法制度、海盐历史和海盐文化的重要史料。

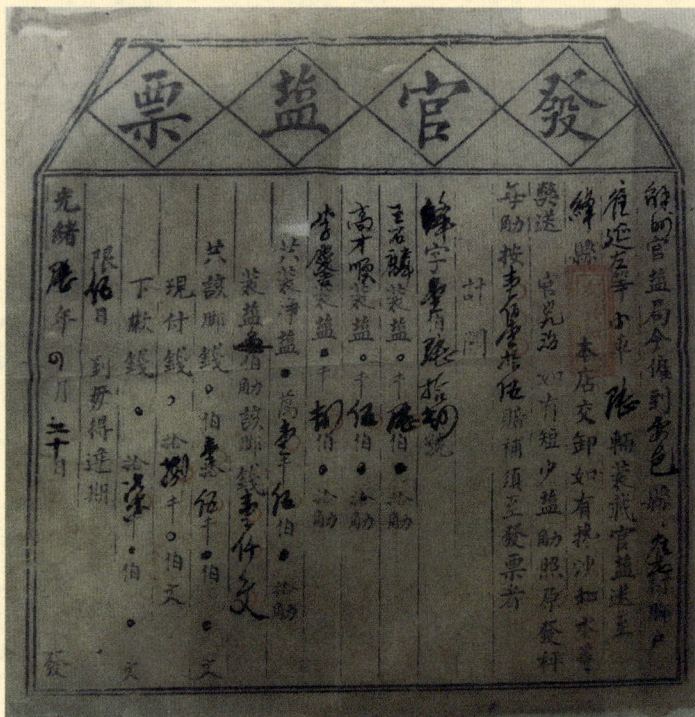

清末发官盐票

**全文：**

### 发官盐票

解州官盐局今雇到安邑县崔庄村脚户崔延左等小车六辆，装载官盐，送至绛县。本店交卸如有掺沙和水等弊，送官究治。如有缺少盐觔，照原发秤，每觔按壹佰壹拾伍赔补，须至发票者。

计阇　　绛字壹佰陆拾肆号

王石麟装盐〇千陆佰〇拾觔

高才顺装盐〇千伍佰〇拾觔

李庆吉装盐〇千肆佰〇拾觔

共装净盐〇萬壹千伍佰〇拾觔

装盐每佰觔该脚钱壹仟文，共该脚钱〇佰壹拾伍千〇佰文。现付钱〇拾捌千〇佰文，下欠钱〇拾柒千〇佰〇文。

限伍日到，毋得延期。

光绪陆年四月二十日

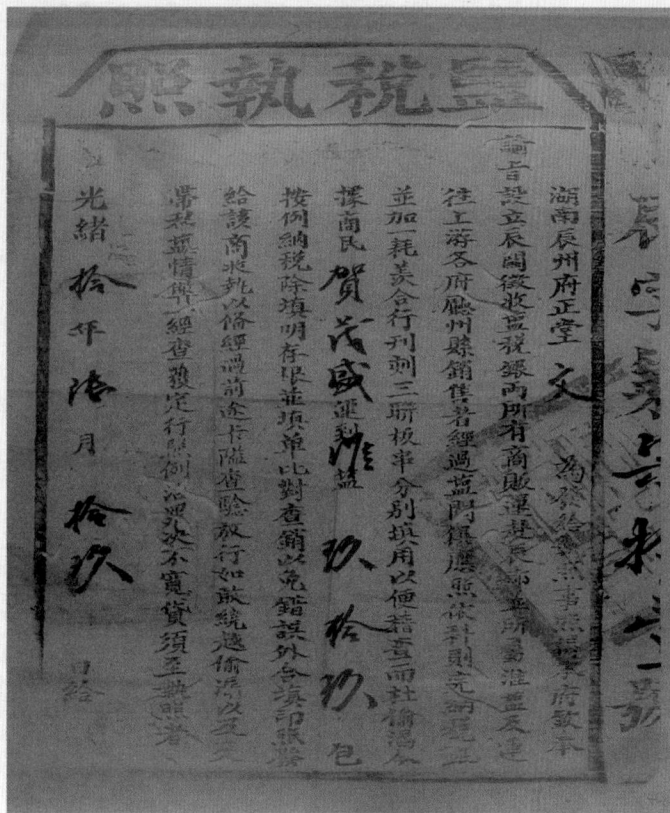

清末盐税执照

**全文：**

## 盐税执照

　　湖南辰州府正堂 文 为发给执照事。照得本府钦奉谕旨设立辰关，征收盐税银两。所有商贩运赴辰部并所属淮盐及运往上游各府厅州县销售者，经过盐关，俱应照依科则完纳税银，并加一耗羡。合行刊刻，三联板串，分别填用，以便稽查而杜偷漏。今据商民贺茂盛运到淮盐玖拾玖包，按例纳税。除填明存根，并填单比对查销以免错误外，合填印照，发给该商收执，以备经过前途卡隘查验放行。如敢绕越偷漏，以及夹带私盐情弊，一经查获，定行照例治罪，决不宽贷。须至执照者。

光绪拾年陆月拾玖日给

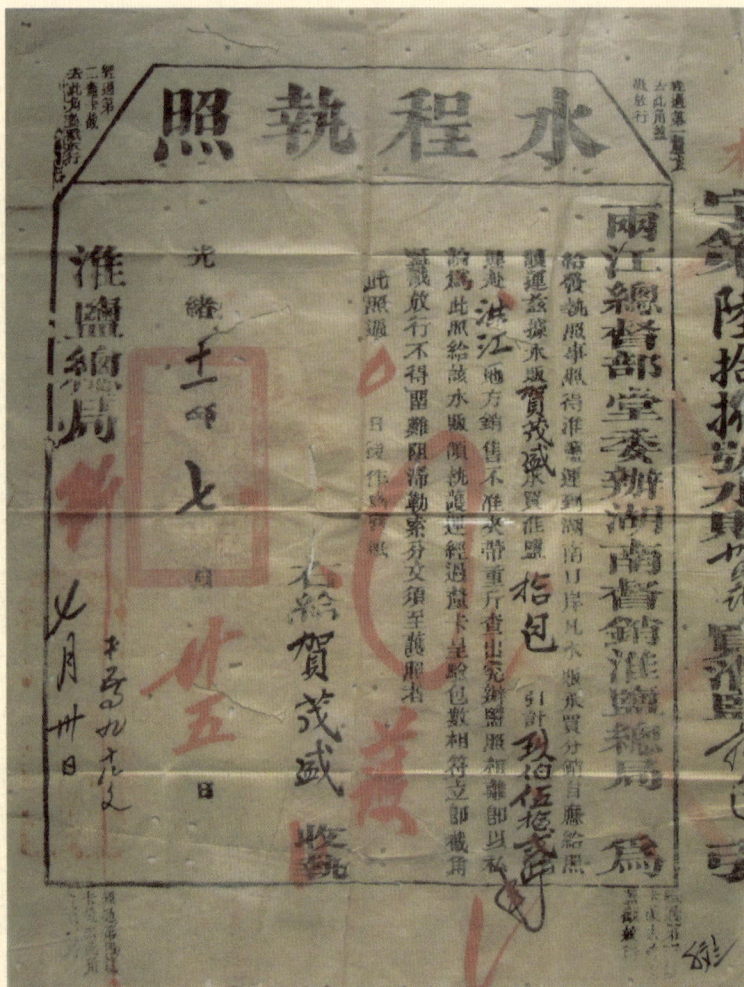

清末水程执照

经过第二釐卡截去此角　　　　　　　　　　　　　　　　　　经过第一釐卡截去此角
盖戳放行　　　　　　　　　　　　　　　　　　　　　　　　盖戳放行

**全文：**

## 水程执照

　　两江总督部堂委办湖南督销淮盐总局为给发执照事。照得淮盐运到湖南口岸，凡水贩承买分销，自应给照护运。兹据水贩贺茂盛，承买淮盐拾包，引计玖佰伍拾贰斤，运赴洪江地方销售。不准夹带重斤，查出究办。盐照相离，即以私论。为此照给该水贩领执护运经过釐卡，呈验包数相符，立即截角盖戳放行，不得为难阻滞，勒索分文。须至护照者。

　　此照过　日后作为废纸。

　　右给贺茂盛收执

　　　　　　　　　　　　　　　　　　　　　　　　　　　　光绪十一年七月二十五日

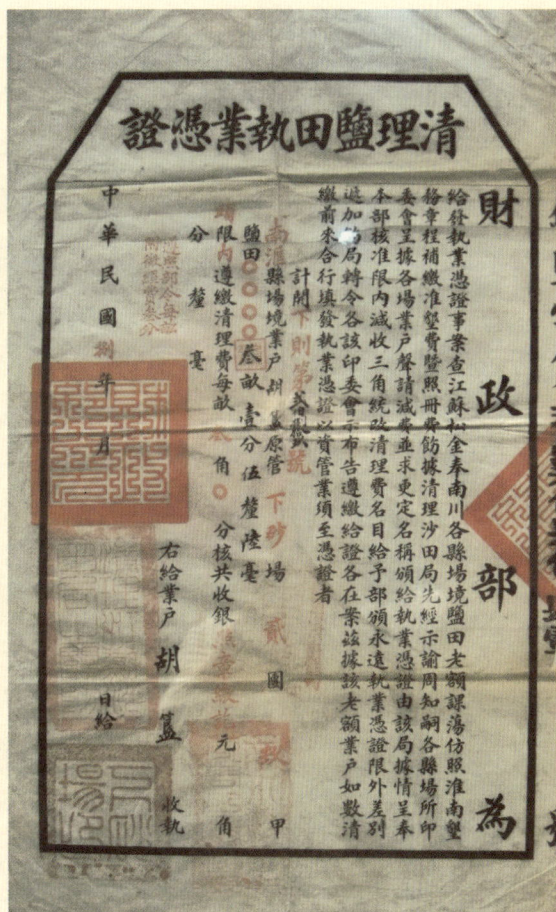

民国时期清理盐田执业凭证

## 全文：

### 清理盐田执业凭证

财政部为给发执业凭证事。案查江苏松金奉南川各县场境盐田老额课荡，仿照淮南垦〔垦〕务章程，补缴准垦〔垦〕费暨照册费。饬据清理沙田局先经示谕周知，嗣各县场所印委会呈据各场业户，声请减费，并求更定名称，颁给执业凭证。由该局据情呈奉本部，核准限内减收三角，统改清理费名目，给予部颁永远执业凭证，限外差别递加。饬局转令各该印委会，示布告遵缴给证。各在案兹据该老额业户，如数清缴，前来合行填发执业凭证，以资管业。须至凭证者。

计开下则第贰佰捌拾玖号
南汇县场境业户胡簋原管下砂场贰团玖甲
盐田〇〇〇叁亩壹分五厘陆毫
头限内遵缴清理费每亩叁角〇分核共收银照章缴记元　角　分厘毫
遵照部令每亩附征经费三分
右给业户　胡簋　收执

中华民国捌年　月　日给

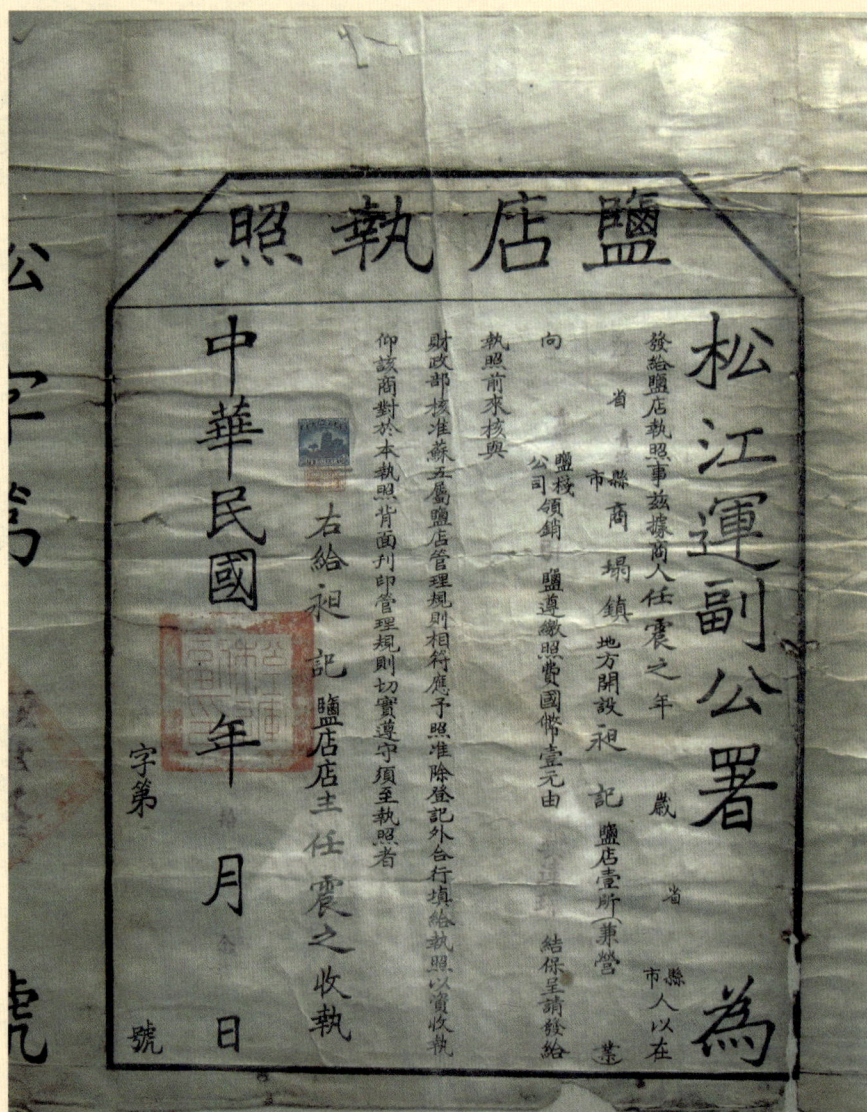

民国时期盐店执照

全文：

### 盐店执照

　　松江运副公署为发给盐店执照事。兹据。商人任震之 年 岁 省 县 人，以在江苏省青浦 县 商塌镇
地方开设昶记盐店壹所（兼营业）。向青浦 盐栈 公司领销引盐，遵缴照费国币壹元。由樊达琮结保，呈请发给
执照前来核与。

　　财政部核准苏五属盐店管理规则相符，应予照准。除登记外，合行填给执照，以资收执。仰该商对
于本执照背面刊印管理规则切实遵守。须至执照者。

　　右给昶记盐店店主任震之收执

　　　　　　　　　　　　　　　　　　中华民国　年拾月二十柒日

　　　　　　　　　　　　　　　　　　松字第玖号

# 盐垦公司债券、股票

**保管单位：** 海盐博物馆

**内容及评价：**

光绪二十七年（1901）八月，张謇、张詧兄弟二人等创办了通海垦牧公司。1913年两人又续营大有晋公司、大豫公司、大赉公司、大丰公司、中孚公司等盐垦公司。上述公司均先后终结于1948年的土地改革。它们是张謇沿海盐垦事业的重要组成部分，开发的几十万亩沿海滩涂，被誉为"民国第一垦"。现在的大丰市就是当时大丰盐垦公司所在地，射阳县则是原大纲、华成、合德三公司所在地。盐垦公司由南向北，自南通吕四场起，直至阜宁东坎，适宜种植棉花、胡桑。通泰公司有通属泰属之分，通指南通及如皋境内，泰指泰兴、盐城境内。

通泰盐垦五公司债票发行于世界经济危机冲击中国，民族企业财务出现困难，积极寻求自救、生存、发展的时代大背景下。该债票发行于1921年，开创了中国企业发行公司债券的先河。草堰"大丰盐垦股份有限公司股票"是张謇委托其兄张詧在苏北创办的盐垦农场的股票，集资数量达到白银200万两，其公司规模可见一斑。

此两件档案折射出我国近代农业股份制发展的艰辛历程，对探索通泰盐垦公司的兴衰史，研究我国早期农业股份制，推进沿海滩涂开发利用都具有十分重要的参考价值。

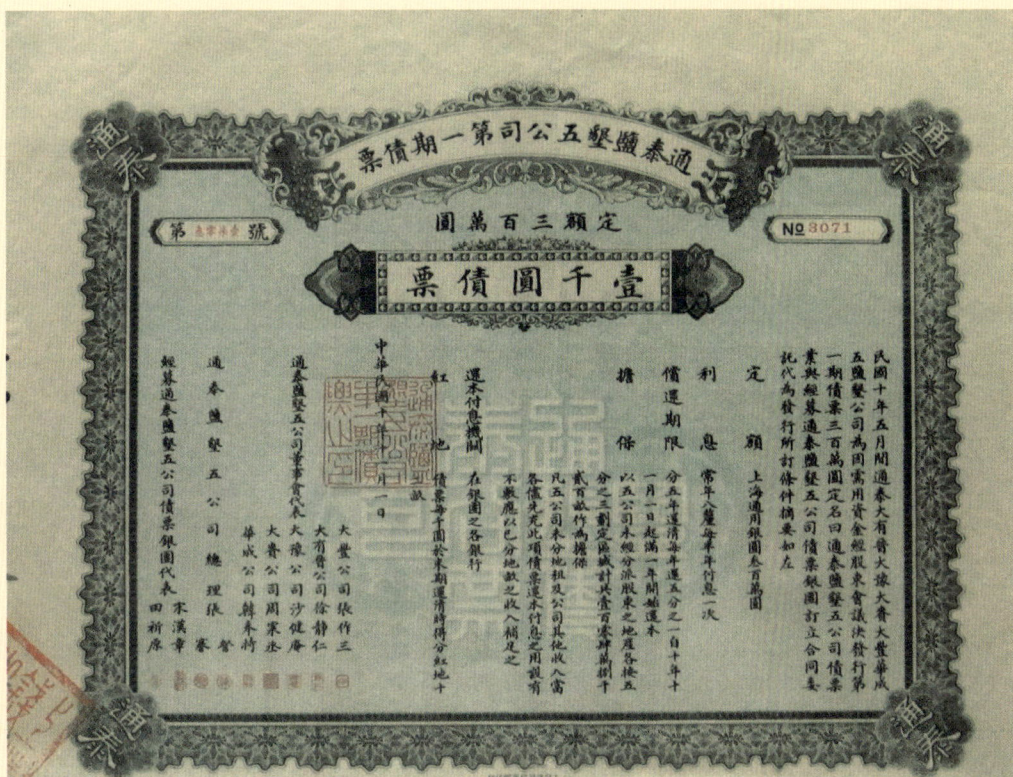

通泰盐垦五公司第一期债票

全文:

# 通泰盐垦五公司第一期债票

第叁零柒壹号　　　定额三百万圆　　　NO.3071

壹千圆债票

民国十年五月间，通泰大有晋、大豫、大赉、大丰、华成五盐垦公司，为因需用资金，经股东会议决，发行第一期债票三百万圆，定名曰：通泰盐垦五公司债票。业与经募通泰盐垦五公司债票银团订立合同，委托代为发行。所订条件摘要如左：

定　　　额　上海通用银圆叁百万圆

利　　　息　常年八厘，每半年付息一次

偿 还 期 限　分五年还清，每年还五分之一。自十年十一月一日起，满一年开始还本。

担　　　保　以五公司未经分派股东之地产，各按五分之三划定区域，计共壹百零肆万捌千贰百亩作为担保。

　　　　　　凡五公司未分地租及公司其他收入，当各尽先充此项债票还本付息之用。设有不敷，应以已分地亩之收入补足之。

还本利息机关　在银团之各银行

红　　　地　债票每千圆于末期还清，时得分红地十二亩

中华民国十年十一月一日

通泰盐垦五公司董事会代　大丰公司　　张作三

　　　　　　　　　　　　大有晋公司　徐静仁

　　　　　　　　　　　　大豫公司　　沙健庵

　　　　　　　　　　　　大赉公司　　周宷丞

　　　　　　　　　　　　华成公司　　韩奉持

通泰盐垦五公司总理　　　张　詧

　　　　　　　　　　　　张　謇

经募通泰盐垦五公司债票银团代表　宋汉章

　　　　　　　　　　　　　　　　田祈原

大丰盐垦股份有限公司股票

**全文：**

### 优先股东抱懸 [悫] 庵存执附件
### 大丰盐垦股份有限公司股票

本公司创办于民国七年，集股国币贰百万圆，业经呈准注册。二十五年届股东会议决增加股本国币贰百万圆，总共国币肆百万圆正。分为捌千股，每股国币伍百圆。创办时之股份作为优先股，后增之股份作为普通股，业经续行，呈准增资登记，合给股票为凭。

优先股东抱懸 [悫] 庵股份拾股

国币伍千圆正

董事　李耆卿　于季元　徐静仁　赵叔雍

江知源　蒋蝦堂　张敬礼　关景尧

中华民国二十五年十二月　日

优字第贰伍柒玖号至第贰伍捌捌号

# 宋代切块盘铁

**保管单位：**海盐博物馆

**内容及评价：**

盘铁是自唐朝起出现的直接煎炼海水结晶的工具。一灶配盘铁一副，有盐民数家，轮流共煎。盐灶周围竖起芦芭障用以挡风，露天操作，遇雨即停煎。一般在暑天或旱季举火，燃热盘铁，盐民们往灼热的盘铁上泼海水取盐。烧一昼夜，可煎六盘，每盘海盐200公斤左右。宋代开始，官府为控制私盐的生产，将完整的制盐工具盘铁切成不规则的几何形状分散在盐户家中，待统一举火时，再行拼凑煮盐。一般少则四块，多则十几块，此方法一直沿用到明代。宋代切块盘铁发现于上世纪九十年代后期，共计21件，最小的一块已重达百斤。此盘铁是研究宋、元、明时期海盐生产技术、食盐专卖制度、海盐文化的重要实物档案。

宋代切块盘铁

# 清代锅丿

**保管单位：**海盐博物馆
**内容及评价：**

锅丿，清代煎盐工具。因从清代起，盐户的收税方式由"纳盐"变为"纳银"，使一家一户的煮盐方式成为可能，于是小型的锅丿替代了大而笨重的盘铁。锅丿制盐不仅轻便易操作，而且煎盐省工省草。盐城各场盐灶使用锅丿后，始建灶房，土墙草盖，以蔽风雨。屋内置盐灶，起火后，将卤池中的卤水装锅预热，然后把热卤舀入丿中煎熬，直至结晶成盐，如此作业昼夜不停，可产盐两三百斤。盐产量大幅度提高，盐业市场进一步活跃。此实用器是研究清代海盐生产技术以及海盐文化的重要实物档案。

清代锅丿

# 清代网纹丝缀细竹衫

**保管单位：**王东庆（盐城市收藏家协会副会长）

**内容及评价：**

此物为清早期所制细竹衫，长720毫米、宽540毫米，以数十万根直径仅1毫米、长仅5毫米的细竹管，用丝线穿缀而成。短袖，四角菱形网纹，下摆处两圈六角龟形纹，衫边以青布裹口，竹管呈琥珀色，包浆老着，保存完整。此细竹衫，制造工艺复杂，技艺精湛，毫厘之竹，且中空，以丝线两股将其连缀，可见制作之难。所用原料极其稀少，制作成本极高，非普通人所用。现今此种原料早已灭绝，工艺也已失传。该竹衫是盐城海盐文化的历史产物，为盐城古代盐文化的实物见证，由于产量有限，保存不易，故鲜有传世。该细竹衫作为海盐文化的珍贵藏品，入选中央电视台《寻宝——走进盐城》栏目。

清代网纹丝缀细竹衫

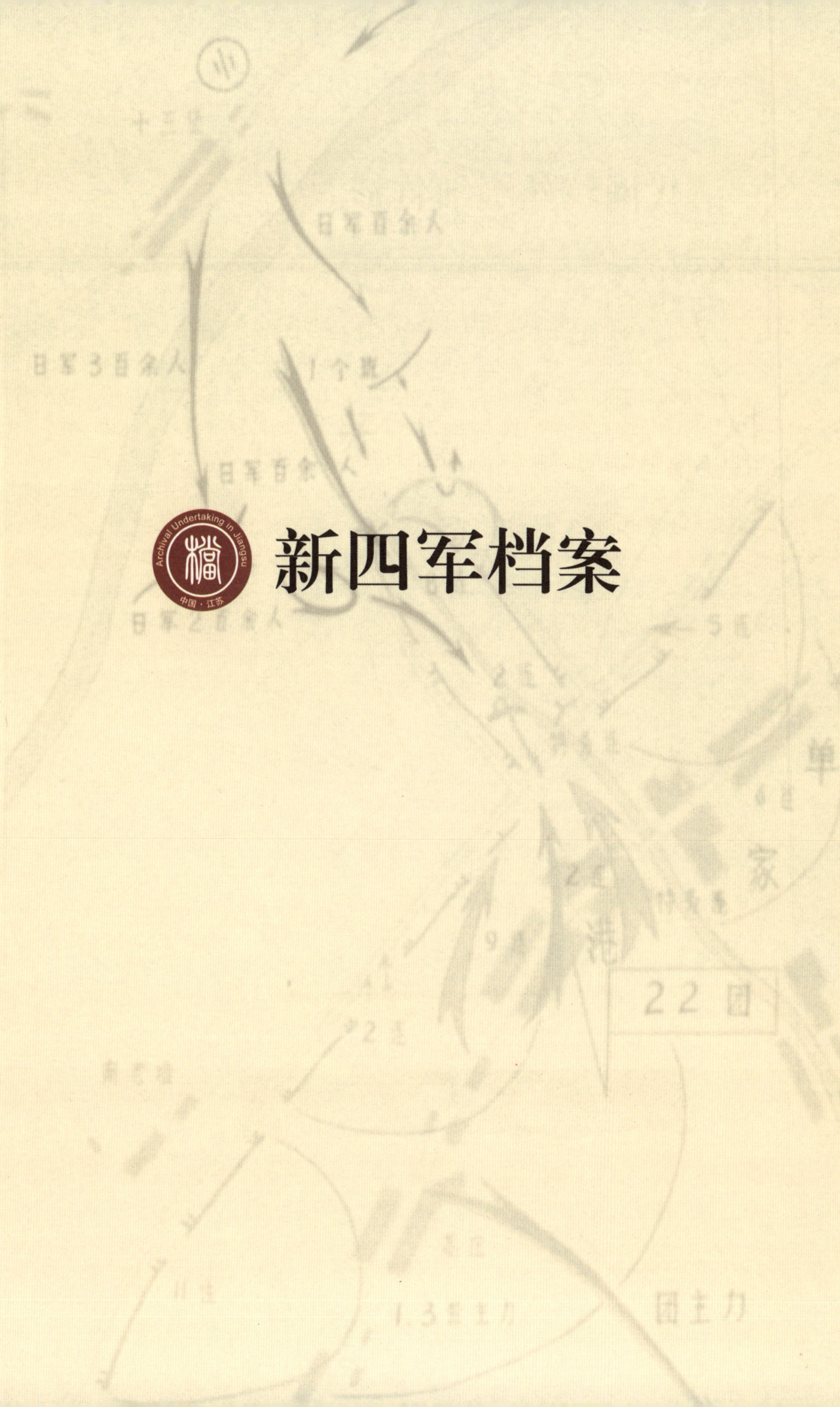

# 新四军档案

## （一）新四军抗战档案

# 《东台如皋迤东地区路线图》

**保管单位：**东台市档案馆

**内容及评价：**

《东台如皋迤东地区路线图》为管文蔚在1943年抗战所用（背面写有管主任）。该地图是新四军第一师参谋处1941年调查，1943年2月印制，是研究新四军在苏中地区军事活动的重要佐证。

管文蔚，1926年9月加入中国共产党。1927年秋任中共丹阳县委书记。1928年7月任中共江苏省委巡视员，10月调任中共武进县委书记。1929年11月，任中共无锡县委书记。抗日战争爆发后，领导成立丹阳抗日自卫总团，任总团长。不久改称江南人民抗日义勇军挺进队，任司令员。 1938年6月与陈毅部会合，改编为新四军第一支队丹阳游击纵队，任司令员。1939年11月该部改称新四军江北指挥部第一纵队，仍任司令员，参与领导创建苏中抗日根据地。1940年8月起先后任通如靖泰行政委员会主任、苏北行政委员会主任兼东台城防司令员、苏中行政公署主任兼苏中军区第二军分区司令员。

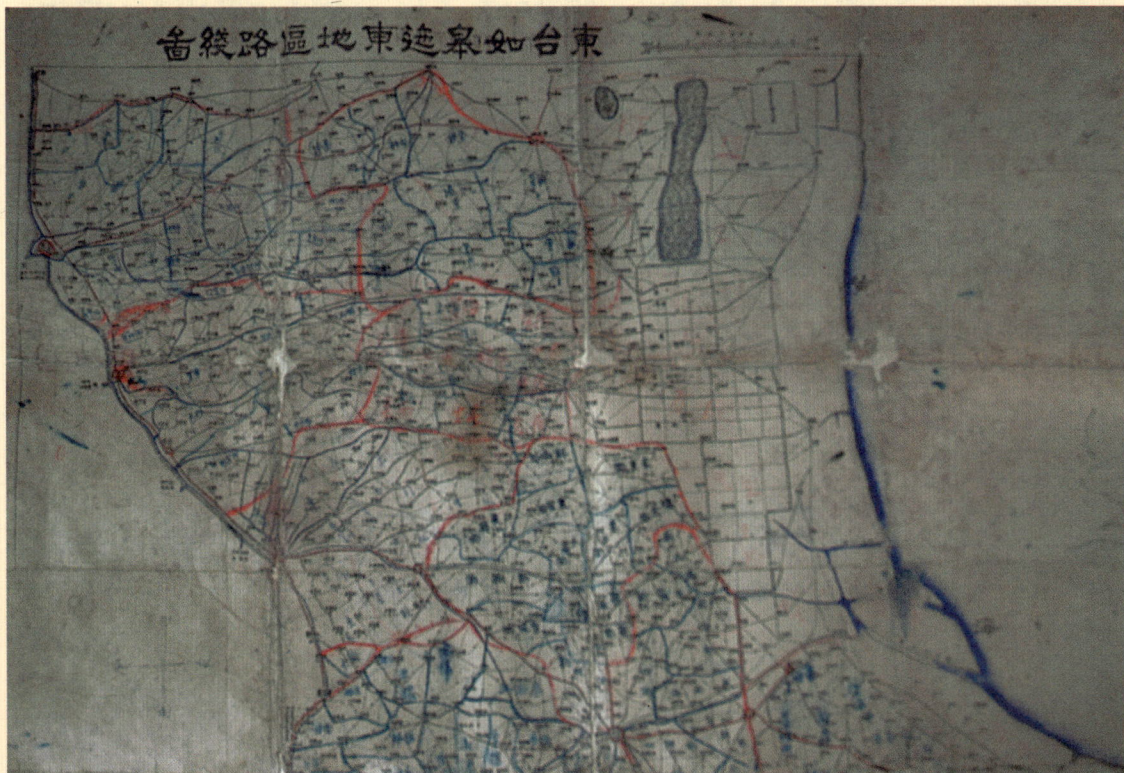

东台如皋迤东地区路线图（上）

《东台如皋迤东地区路线图》（下）

# 苏北区军民缴获的"日军出征旗"和《世界精图》

**保管单位：** 新四军纪念馆

**内容及评价：**

　　"日军出征旗"为1943年苏北盐阜军民在反"扫荡"斗争中的战利品。该旗为正方形，丝质，正中圆形的红色周围有240名参战日军官兵在战斗前的出征签名。保存完好，字迹清楚。《世界精图》为昭和四年（1929）由日本帝国书院出版，守屋荒美雄编著，文部省（教育部）检定。其规格为15×22厘米，全彩色印刷，日、英文标注。主色为黑、红、绿，共计107页。题跋为：守屋荒美雄著，株式会社东京帝国书院。《世界精图》其中一页所记录的文字与标点都为日本发动"9·18"事变与侵华战争所利用。此两件档案见证了日本军国主义侵略中国的狂妄野心和罪恶行径，是研究日本侵华战争史的重要史料。

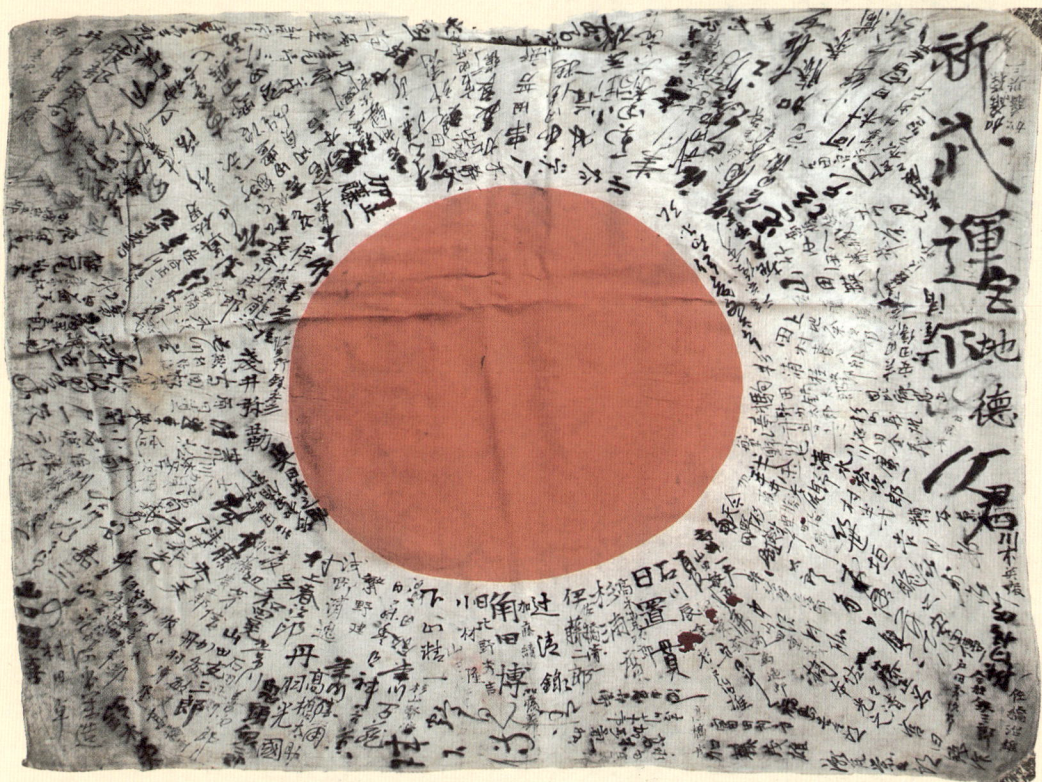

苏北区军民缴获的"日军出征旗"

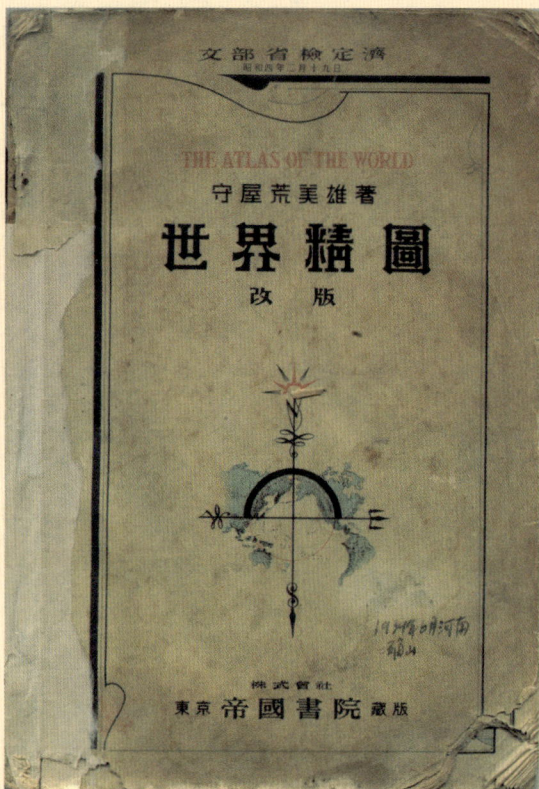

《世界精图》封面

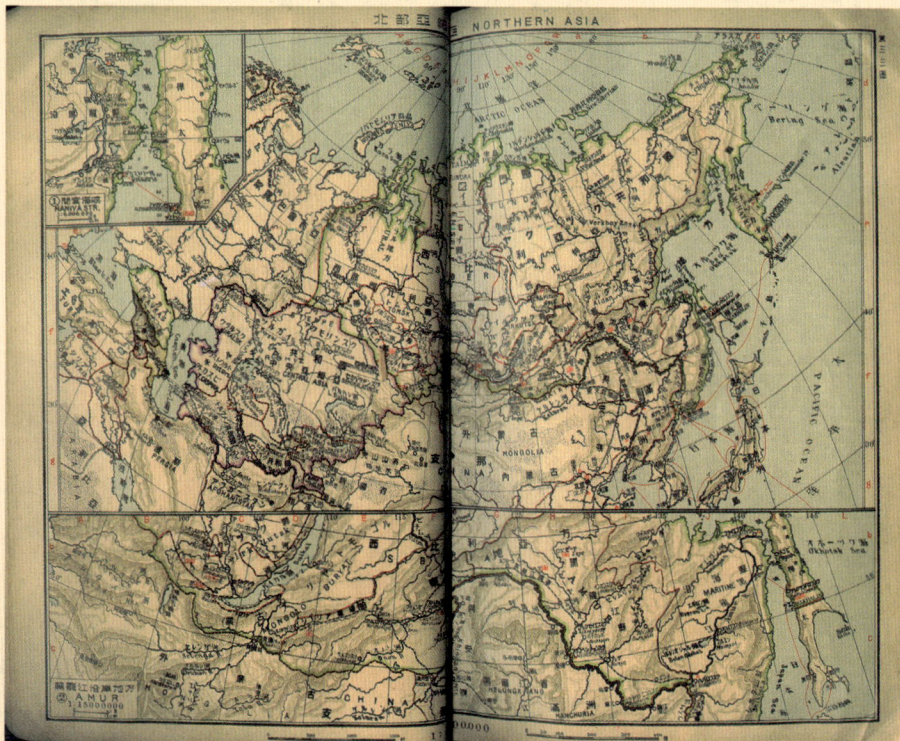

《世界精图》内页

# 江淮银行发行的货币和艺城工艺股票

**保管单位：** 新四军纪念馆

**内容及评价：**

新四军在盐城重建军部后，设立了直属军部的财政部，并于1941年4月1日建立了华中抗日根据地的第一个银行——江淮银行，该银行位于盐城市区剧场路15号。"江淮"二字，含"面向大江南北，横跨淮河两岸"之意，是刘少奇政委和陈毅军长商定的。1945年江淮银行与其它4家银行合并为华中银行。该纸币为江淮银行1944年发行，面值分别为拾元、伍元。艺城工艺股票于1944年10月24日发行，面值为200元，纸质略有发黄，保存完好无损。该股票票面有深兰色方框图案，题跋为：艺城工艺社股份有限公司股票。此两件档案是抗战时期红色经济体发行的，存世量极少，品质较好，是反映抗日战争时期特殊的经济范例，对研究盐阜区抗日经济史有重要的文物史料价值。

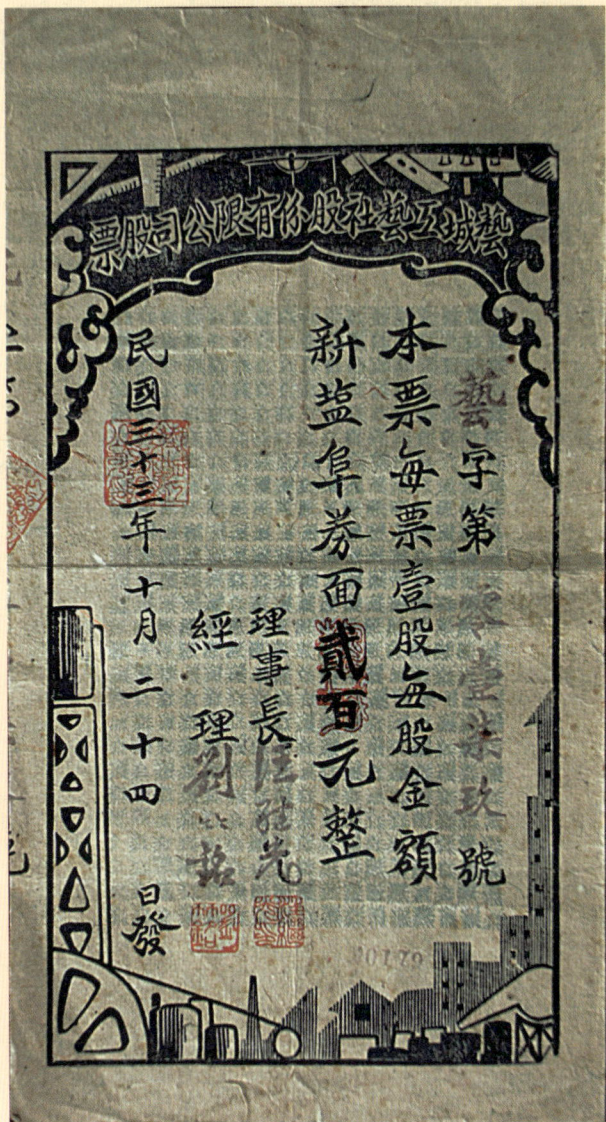

艺城工艺股票

江淮银行发行的拾元货币

江淮银行发行的伍元货币

# 新四军在盐城组图

**保管单位：** 盐城市盐都区档案馆

**内容及评价：**

1940年10月上旬，黄克诚率领八路军五纵队日夜兼程南下，一支队一、二、三团先后进驻湖垛、冈门、秦南仓、大冈、新兴、南洋岸、龙王庙、伍佑、盐城等地。次年1月25日，八路军五纵队划归新四军建制。

1940年10月10日，新四军苏北指挥部二纵队一部与八路军五纵队一支队先头部队会师后，进入县境。次年1月25日，新四军在盐城重建军部，任命陈毅为代军长，刘少奇为政治委员，张云逸为副军长，赖传珠为参谋长，邓子恢为政治部主任，并对新四军部队进行整编。军部机关设在文庙，后迁驻泰山庙。7月11日，盐城卫戍司令部成立。司令员洪学智，政委冯定。7月下旬，日、伪军对盐城大"扫荡"，新四军军部及一师、三师部队在阻击后转移至外线。不久，一师二旅四团进入境内大冈、秦南仓，三师七旅二十一团进入西塘河两侧，开展反"扫荡"斗争，巩固、扩大抗日根据地。1944年5月后，盐阜独立团、盐阜军分区第四团先后活动于县境。次年10月，苏中军区盐阜军分区部队来县境，发起盐城战役。

新四军在盐阜地区及华中开展军事斗争的同时推动政权建设、恢复经济、关注民生和创新文化，成为华中抗日战场的中流砥柱，为中国抗日战争和世界反法西斯战争的胜利作出了重大贡献。据党史资料查证，在抗日战争和解放战争中，英勇牺牲的盐城籍革命烈士就有13000多人。新四军成为全民族抗战的一支重要而又强大的力量，在抗日战争中立下了不朽的历史功勋。

此册照片档案收录了三师八旅二十二团单家港防御战经过要图、新四军军部驻盐城时期主要机关分布图、盐城县政府布告等，是新四军在盐城开展革命活动、进行革命斗争的历史见证。

新四军军部驻盐城时期主要机关分布图

3师8旅22团单家港防御战经过要图

三师八旅二十二团单
家港防御战经过要图

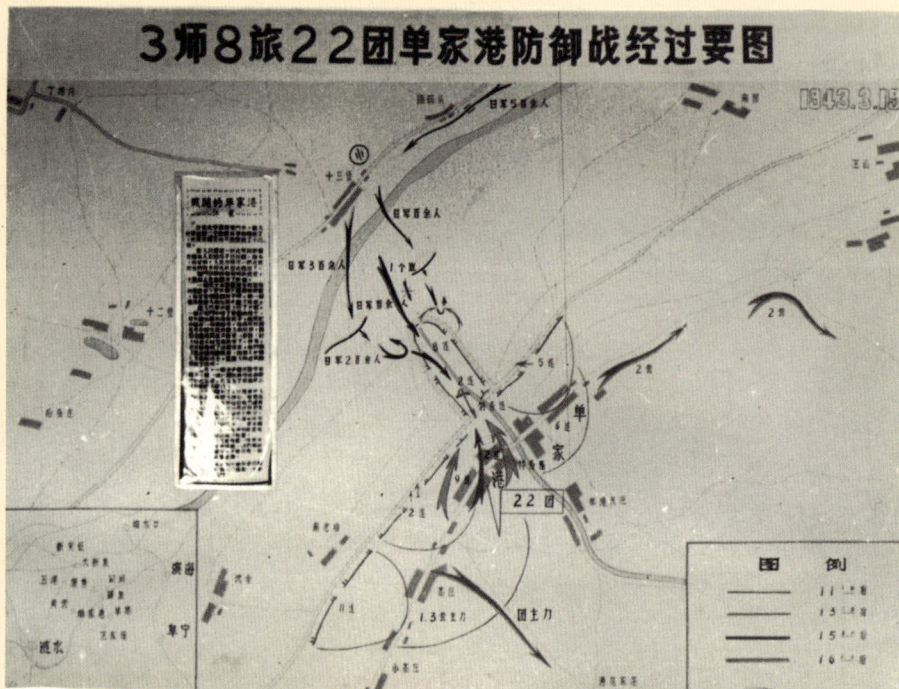

盐城县政府布告

全文：

## 盐城县政府布告

字第　号

照得我国抗战　至今已将七年
我国愈战愈强　敌寇日益衰危
目前世界形势　已有极大转变
世界民主国家　更加团结一致
中苏英美等国　决定围攻德日
欧洲战场上面　德国已遭夹击
亚洲各个战场　英美加强攻击
太平洋上盟军　正在发展攻势
英美进攻缅甸　即将正式开始
中国抗日军队　也将配合打击
日寇更加着急　赶忙另打主意
调动大批敌伪　太平洋上送死
盐阜地区据点　已有部分放弃
敌伪此去南洋　纵然尸沉海底
敬告伪军弟兄　不要糊涂到底
助敌作恶害人　丧尽男儿血气
日寇快要失败　你们置身何地
赶快醒悟回头　才是做人正理
民主政府宽大　欢迎自新返里
如能拖枪反正　政府还有奖励
不要一误再误　免致后悔莫及
全县抗日人民　务要宣传此理
劝告亲戚朋友　自己父子兄弟
从速归来自新　免再祸及乡里
如再执迷不悟　死无葬身之地
地方不良分子　务须严加监视
再有投敌附伪　决予严重处理
全县父老兄弟　仰各深体斯旨
坚定抗战信心　争取最后胜利
　　此布

中华民国三十二年十二月　日

县　长　骆　明

副县长　马仁辉

## （二）新四军文化

# 《和声学》

**保管单位：**新四军纪念馆

**内容及评价：**

本品为人民音乐家贺绿汀于1941年3月抵达盐城后，在鲁迅艺术学院从事音乐教学时呕心沥血亲自撰写的音乐教材。贺绿汀在盐阜地区深入生活，创作了《1942年前奏曲》《牛号子》《满天星》等大量的音乐作品。上世纪90年代初，《和声学》被列入"八五"规划重点出版书目，是我国抗战时期较为珍贵的教材珍品。

贺绿汀（1903~1999），男，汉族，湖南邵东县人。原名贺安卿，又名贺抱真、贺揩，著名作曲家、音乐家。在近80年的音乐生涯中，他将音乐活动与人民的革命斗争紧密地结合在一起，创作了很多不朽的作品，其代表作有《牧童短笛》《摇篮曲》《天涯歌女》《游击队歌》等。

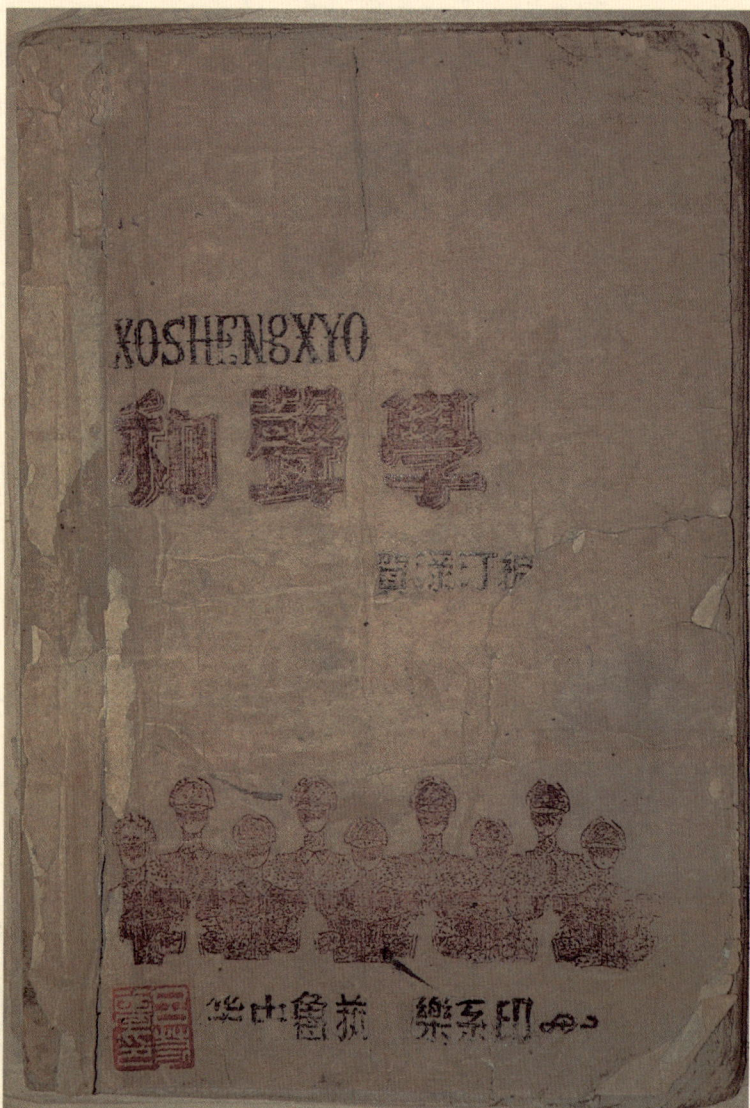

《和声学》封面

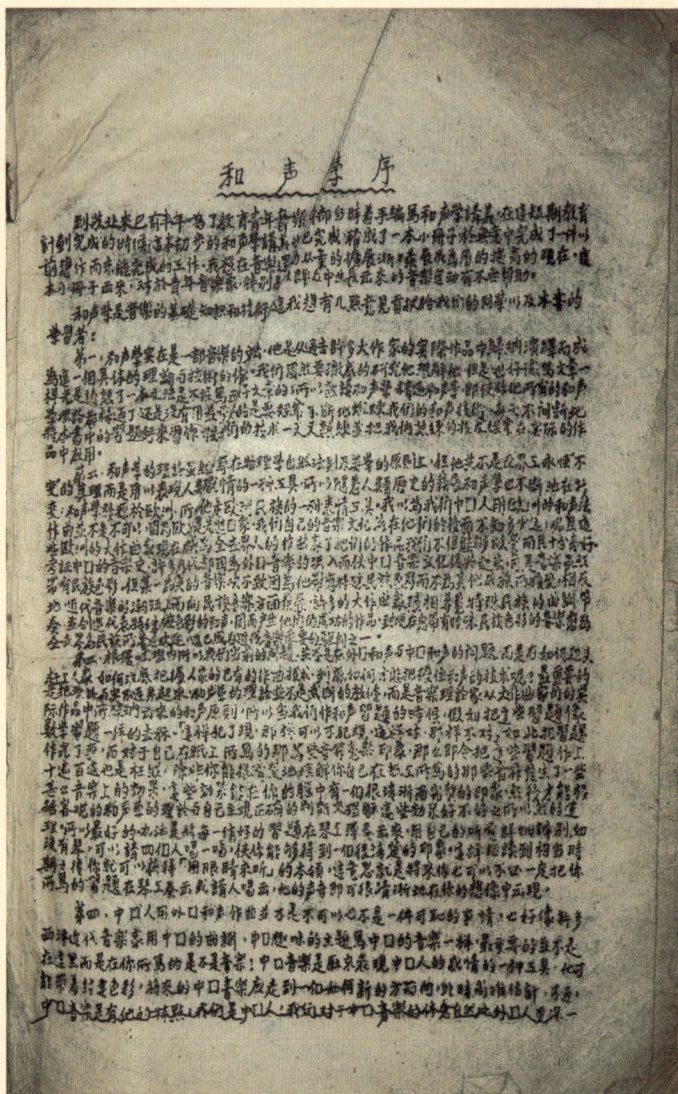

《和声学》序

## 全文（节选）：

### 和声学·序

到苏北来已有半年，为了教育青年音乐干部当时着手编写和声学讲义，在这短期教育计划完成的时候，这本初步的和声学讲义已完成，稽成了一本小册子，于无意中完成了一件以前想作而未能完成的工作。我想在音乐运动从量的扩展渐渐发展成为质的提高的现在，这本小册子出来，对于青年音乐家，特别从群众中生长出来的音乐运动有不无帮助。

和声学是音乐的基础知识和技术，这我想有几点意见贡献给我们的同学以及本书的学习者：

第一，和声学实在是一部音乐的方法，他是从过去许多大作家的实际作品中归纳演绎而成，为这一个具体的理论与技术的体系。我们固然要彻底的研究他理解他，但是也好像写文章一样，光是稔熟了一本文法是不能写出好文章的，所以，熟议和声学精通和声学，即使你把所有的和声学理论都精通了，还是没有用。最重要的是要经常不断地锻炼我们的和声技术，每天不间断地将本书中的习题拿来习作，使你们的技术一天天熟练并把我们熟练的技术经常在实际的作品中应用。

　　第二，和声学的理论虽然建筑在物理学自然法则及美学的原则上，但他并不是在世界上永恒"不变"的真理而是用以表现人类感情的一种工具，所以随着人类历史的发展和声学也不断地在改变：和声学发源于欧洲，所以他是欧洲民族的一种表情工具。我以为我们中国人用欧洲的和声法作曲并不是不可以，因为欧洲是先进国家，我们自己的音乐文化落在他们的后面不知多少远；况且这些欧洲的大作曲家现在已成为全世界人的作曲家了，他们的作品我们不但能够欣赏而且十分爱好。考证中国的音乐史，许多时代都因为外国音乐的流入而使中国音乐文化复兴起来，可是音乐虽然带有民族色彩，但某一品质的音乐决不致因为他带有特殊民族色彩而不为其他民族所接受，相反地近代音乐的潮流又向民族音乐方面发展，许多的大作曲家竞相尊崇特殊民族的曲调节奏，并创造代表特殊民族色彩的和声，因而产生他们的成功的作品，到现在愈带有特殊民族色彩的音乐愈为全世界各民族所普遍欢迎，这已成为近代音乐重要的驱动之一。

　　……

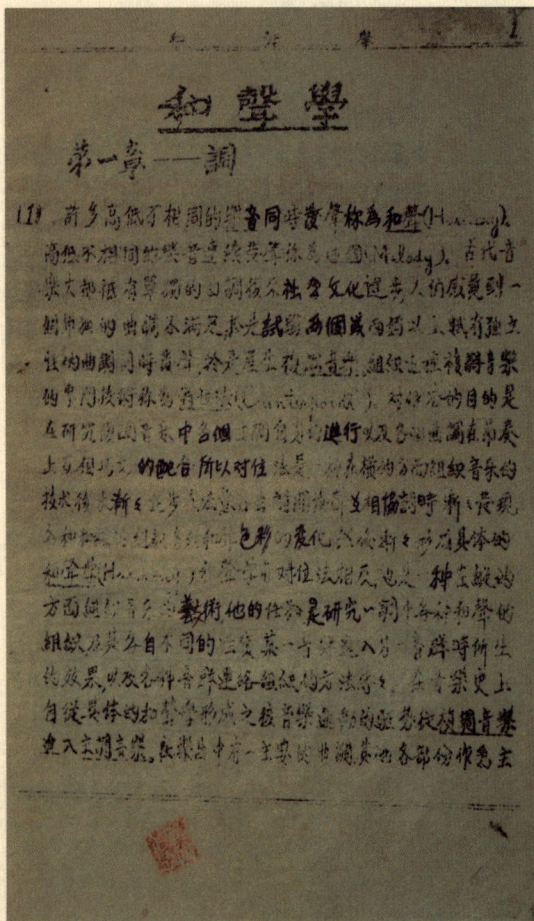

《和声学》第一章

全文（节选）：

## 和声学

### 第一章 ——调

　　（1）许多高低不相同的乐音同时发声称为和声。高低不相同的乐音连续发音称为曲调。古代音乐大都只有单独的曲调，后来社会文化进步，人们感觉到一个单独的曲调不满足，于是试验两个或两个以上赋有独立性的曲调同时发声，于是产生复调音乐。组织这种复调音乐的专门技术称为对位法。对位法的目的是在研究复调音乐中各个曲调自身的进行以及各个曲调在节奏上互相巧妙的配合，所以对位法是一种在横的方面组织音乐的技术，后来渐渐进步，在注意各曲调同发声互相协调时，渐渐发现各种和弦的组织，各种和声色彩的变化。

　　……

# 《儿童生活》第二十九期

**保管单位：**新四军纪念馆

**内容及评价：**

《儿童生活》是1941年下半年新安旅行团到达盐阜区后，遵照陈毅"组织十万儿童参加抗日"、"新四军愿做少年儿童的朋友"的历史背景下创办的。此刊为彩色封面、四色套印，保存较好，是反映儿童抗日的专业性刊物。目前已属稀有物品。

《儿童生活》第二十九期

# 《李闯王》剧本

**保管单位：**新四军纪念馆

**内容及评价：**

《李闯王》剧本是我国著名文学家、戏剧家阿英抗战时期在盐阜区根据郭沫若《甲申三百年祭》改编而成。经过新四军三师八旅文化团排练后，在盐阜区广泛宣传演出。战争年代，新四军以戏剧为武器，用特殊的文化形式团结人民、教育人民、打击敌人，有效地配合了党领导下的抗日武装斗争和根据地的各项建设。

阿英（1900~1977），现代著名剧作家、文学理论家、文艺批评家，安徽芜湖人。原名钱德富，又名钱德赋。1926年参加中国共产党，1927年从芜湖逃亡到武汉后到上海，长期从事革命文艺活动，与蒋光慈等发起组织"太阳社"，编辑《太阳月刊》《海风周报》等。抗日战争期间，在上海从事救亡文艺活动，曾任《救亡日报》编委，《文献》杂志主编。1941年去苏北参加新四军革命文艺工作，并参与宣传、统战工作的领导。代表作有历史剧《李闯王》《碧血花》等，文集有《阿英文集》。

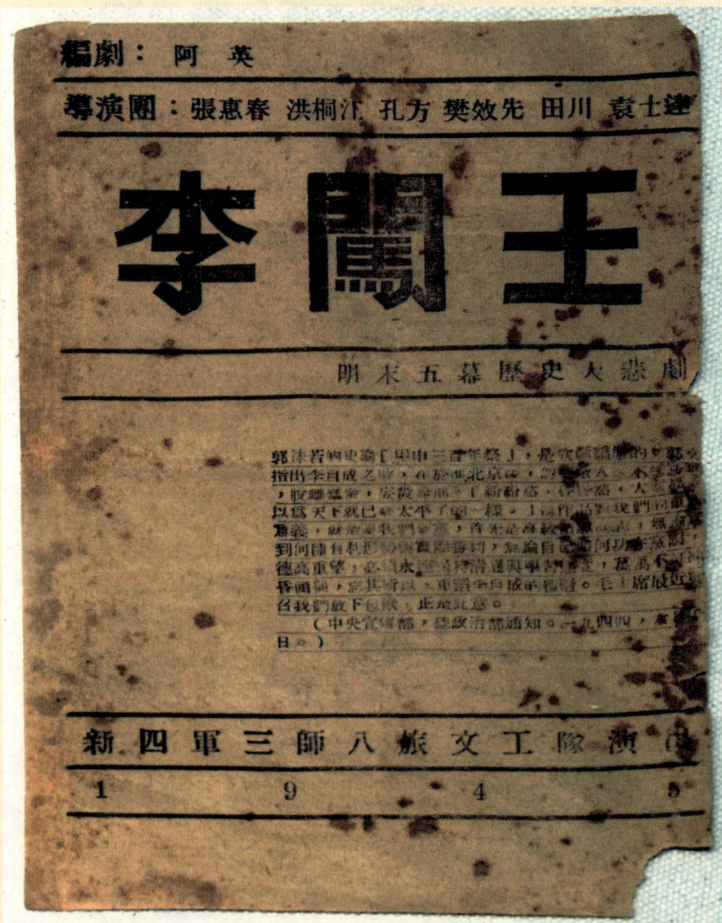

《李闯王》剧本封面

**全文：**

编剧：阿英

导演团：张惠春 洪桐江 孔方 樊效先 田川 袁士达

李闯王

明末五幕历史大悲剧

郭沫若的史论《甲申三百年祭》，是砍断骄傲的。郭文指出李自成之败，在于进北京后，忽视敌人，不理政事，脱离群众，妄杀干部。"纷纷然，昏昏然，大家都象［像］以为天下就已经太平了的一样。"这作品对我们的军事意义，就是要我们全党，首先是高级领导同志，无论得到何种有利形势与实际胜利，无论自己如何功在党国，德高望重，必须永远保持清醒与学习态度，万万不可冲昏头脑，忘其所以，重蹈李自成的覆辙。毛主席最近号召我们放下包袱，正是此意。

（中央宣传部，总政治部通知。一九四四，六月□日。）

新四军三师八旅文工队演出

1945

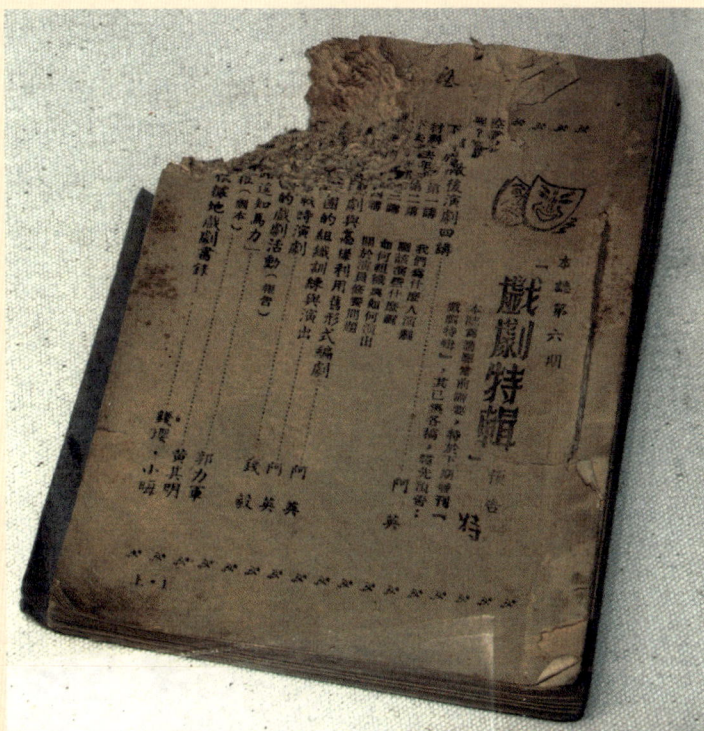

《李闯王》剧本

## 全文（节选）：

本志第六期

"戏剧特辑"预告

本志为适合当前需要，特于下期发刊"戏剧特辑"，其已集各稿，谨先预告：

敌后演剧四讲：……………………………………阿英

第一讲：我们为什么人演剧

第二讲：应该演些什么剧

第三讲：如何组织与如何演出

第四讲：关于演员修养问题

……

# 芦芒的木刻刀

**保管单位：** 新四军纪念馆

**内容及评价：**

芦芒（1920～1979），原名李衍华，字福荣，又名李洵，上海市人。1939年由李一氓介绍参加新四军，曾在皖南、江南新四军服务团当团员、组长。次年，加入中国共产党，先后任华中军区政治部《江淮日报》美术编辑、新四军第三师政治部文艺股长兼鲁艺工作团美术教员、新四军纪念塔建筑委员会委员、《江淮画报》社总编辑、苏北和苏南军区政治部画报社社长、华东军区海军政治部画报社社长。抗日战争和解放战争中，芦芒有较多的木刻版画作品和诗歌发表于《江淮日报》《盐阜大众报》和《先锋》杂志上。解放后，任作协上海分会党组成员、书记处书记、副秘书长和创作委员会诗歌组组长、上海文联理事及《上海文学》《收获》《萌芽》杂志编委等职。

芦芒是作家、诗人、画家，其主要作品有诗歌集《东方升起朝霞》《奔腾的马蹄》《芦芒诗选》《芦芒歌词选》以及《芦芒画册》等。由其作词的歌曲《弹起我心爱的土琵琶》《我们年轻人有颗火热的心》等，在群众中广为流传。本品为芦芒在新四军工作时期所使用过的木刻刀，由芦芒夫人王茌霄捐赠，为反映重要历史人物的物品。

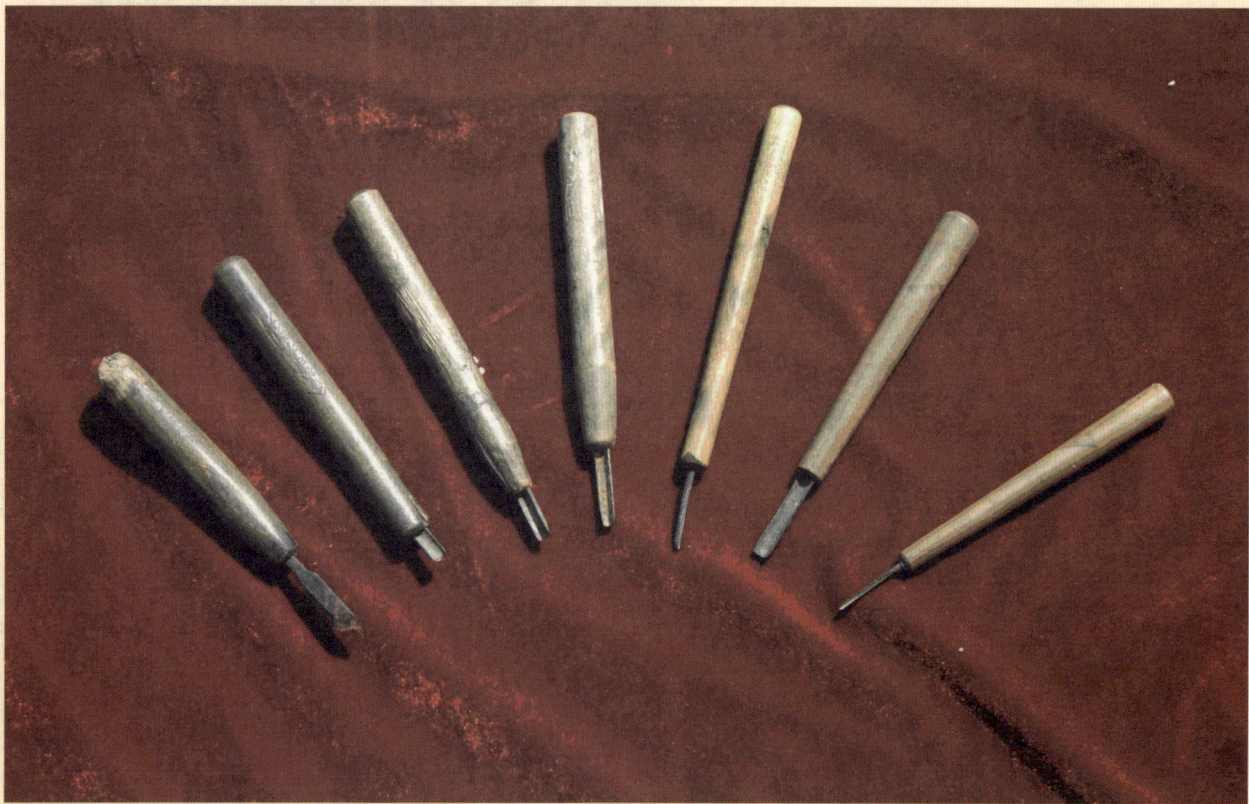

芦芒的木刻刀

# 《民谣》第一辑

**保管单位：** 新四军纪念馆

**内容及评价：**

这本抗战《民谣》第一辑是新四军著名文化工作者沈亚威所编辑。《民谣》由前奏社出版，是抗战文化的珍贵物品，由张服膺捐赠。

沈亚威（1920~2002），1920年12月16日生于浙江吴兴。抗日战争爆发后随家迁南昌。1938年5月考入江西省青年服务团，从事街头救亡宣传。同年8月赴皖南参加新四军战地服务团，担任歌咏指挥。1939年曾到新四军文化队，师从何士德学习音乐基础理论及指挥、作曲。1940年10月随乌江大队从苏南辗转至盐城。1941年任新四军一师服务团音乐教员、队长。1946年任华中军区前线指挥部文工团团长，后为第三野战军政治部文工团一团团长。中华人民共和国成立后，任华东军区解放军剧院副院长。

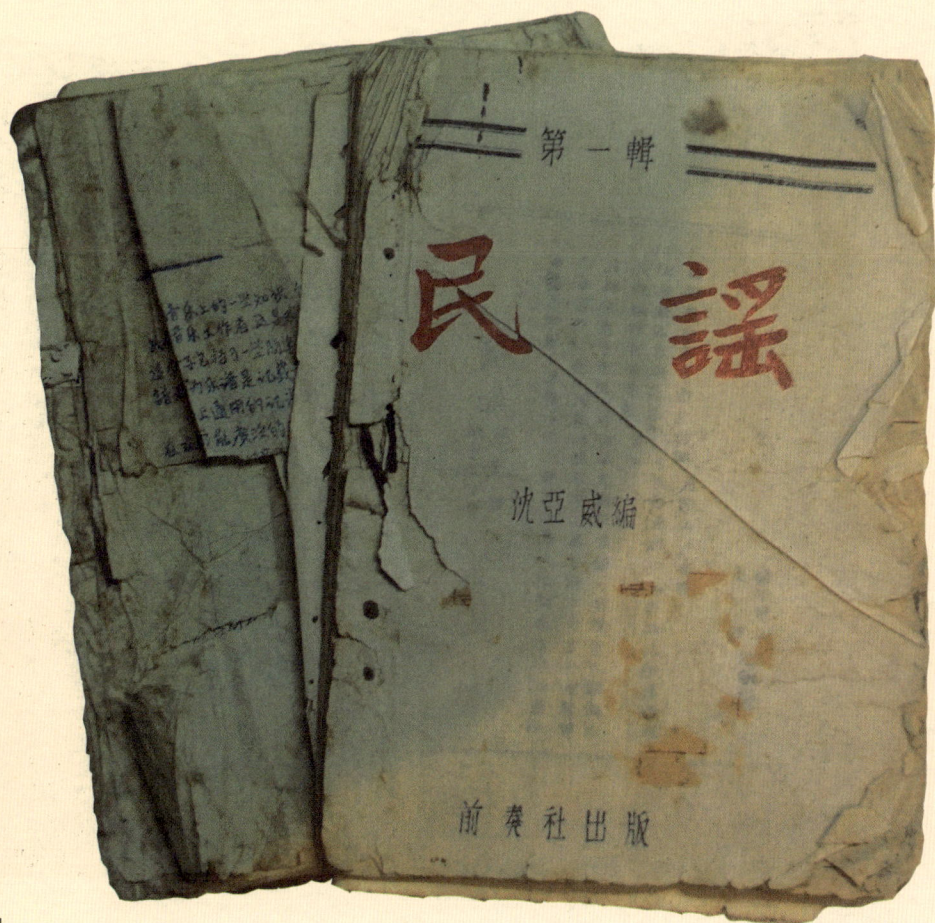

《民谣》第一辑

# 《江淮日报》

**保管单位：** 新四军纪念馆

**内容及评价：**

1940年12月2日，刘少奇、陈毅率"华中新四军、八路军总指挥部"从海安迁驻盐城，成为华中抗战史上的一个重大转折。抵达盐城后，作为中共中央中原局书记的刘少奇在盐城创办了中原局机关报《江淮日报》。该报报名刊头由刘少奇题写，是抗战时期我党的第三个大型日报。

1941年7月，日伪军对盐城实行疯狂扫荡。报社转移时，一名负责宣传工作的同志将一捆《江淮日报》存放在盐城西乡杨姓村民家中，嘱其保管好党报。后因战事变化，这些党报一直未能回到新四军队伍当中。"文革"期间，刘少奇被造反派批斗，直至打倒。收藏党报的杨姓人家受政治影响不敢继续保存这批报纸，遂塞入灶膛之中。其妻见后，不顾一切，火中救报。这张被火烧的半截报纸即成为《江淮日报》的极其重要的遗物。此张江淮日报报纸右方竖排"新四军重建军部"等新闻标题，是新四军在盐城重建军部的重要佐证。本品虽不完整但已成孤本，具有重要的史料价值。

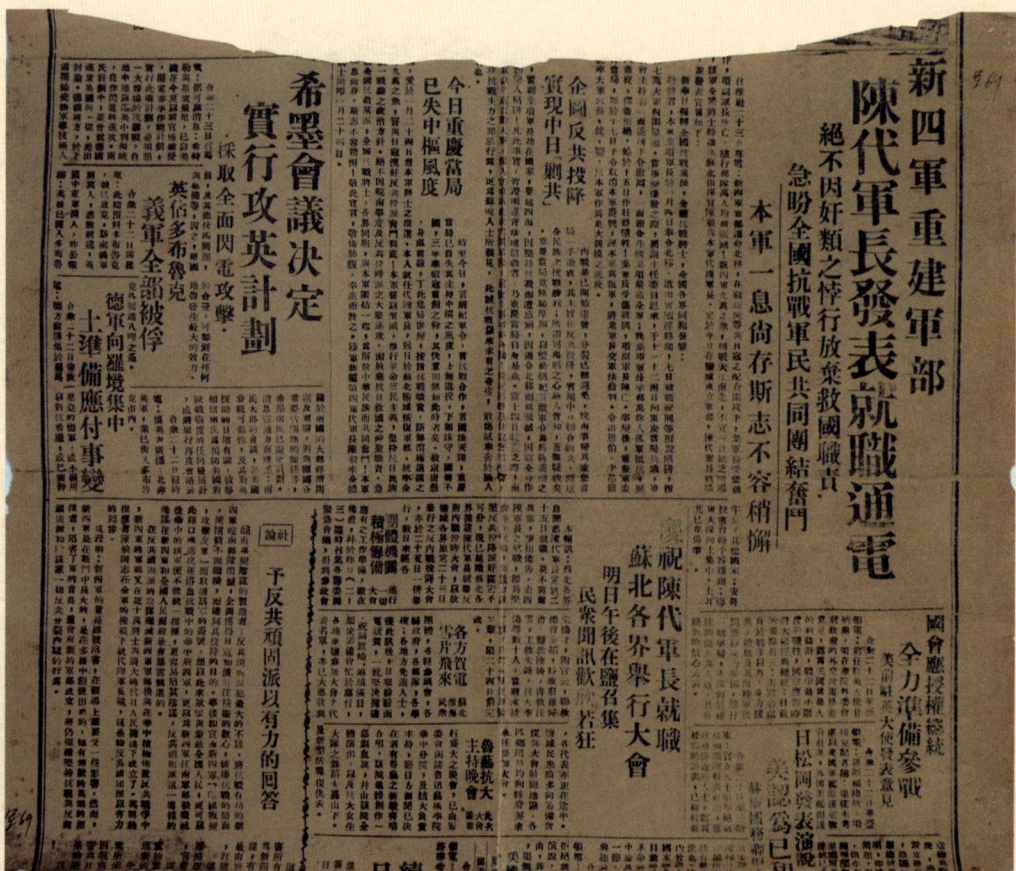

江淮日报

全文（节选）：

## 庆祝陈代军长就职苏北各界举行大会
### ——明日午后在盐召集 民众闻讯欢欣若狂

本报讯：苏北各界闻悉陈代军长定于二十五日就职，莫不兴奋异常，争相传告，盖因陈军长之就职，即为坚持华中抗战，与戮力镇压反共投降派奸谋密不可分，现已组织苏北各界拥护陈代军长就职反对内战投降大会，以故盐城各界原定二十三日举行之反内战反投降大会于二十五日一并举行。数日来经各团体机关，积极筹备进行一切大会应有之工作准备，彻夜布置，并于昨日（二十三）临时召集各筹委开紧急会议，计到参政会宋鸿才、陶官云、联救总会金韬、县政府罗秘书、妇救会陈映、青救汪云、工救朱峰、抗大李洛等数十人，当将未竣工作，分配各单位加紧突击，限二十四日前完成。各方贺电雪片飞来……

# 《盐阜党刊》

**保管单位：**盐城市档案馆

**内容及评价：**

　　《盐阜党刊》系盐阜区党委于1942年6月10日主持创办，中共华中五地委宣传部编印。此刊名由时任区委书记刘彬题写，王阑西副书记任主编。在编刊3期后，因战事紧张，暂时停刊。至1946年，形势好转，又续编了7期。后再度因为战争形势变化而停刊。1948年2月7日，《盐阜党刊》复刊，在编刊了4期后，便于同年的8月15日停刊。《盐阜党刊》自1942年创刊以来，共计出版14期。盐城市档案馆珍藏了1946年出版的全部7期期刊和1948年出版的复刊号1、2期。其中1946年第3期为土地问题专号。刊物记录了对敌斗争经验、党风、土改政策等战时相关情况，对于提振军民信心，加大群众工作宣传力度，纯洁党性，起到了重要的作用。该刊物对于研究盐阜区对敌斗争史以及党建工作具有一定的史料价值。

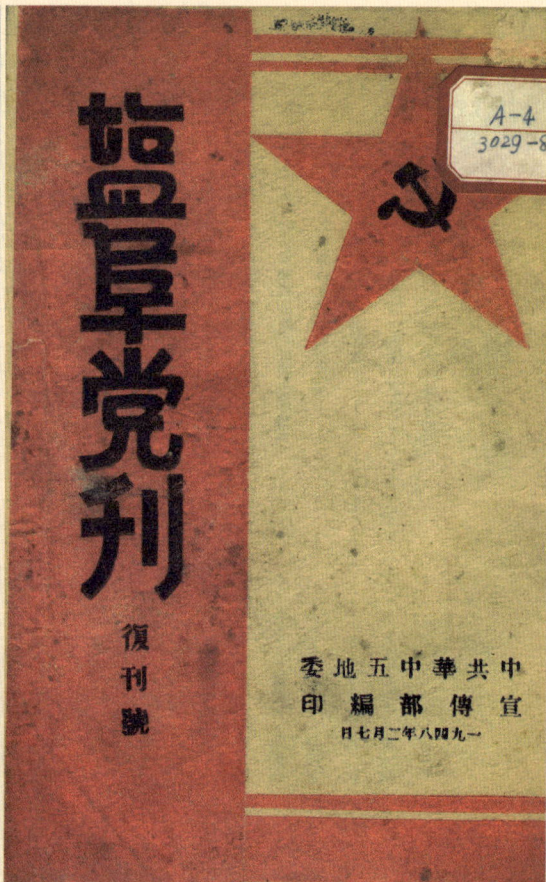

盐阜党刊

目錄

八、地委關於「鹽阜黨刊」複刊的決定
七、保衛工作與土改復查的結合……………………（轉摘華東局覆濱北地委的信）
六、三查中的幾種地富思想…………………………張召福
五、提拔貧僱農幹部的幾個思想障礙………（轉載）周遠謀
四、掌握整編支部的幾個環節…………………陸原放
三、怎樣劃分農村階級成份…………………駱 明
二、論羣衆運動和「運動」羣衆…………………周一萍
一、地委對平分土地運動的補充指示

《盐阜党刊》目录

全文：

# 目　录

# 地委對平分土地運動的補充指示

（一）我五分區的整富和平分土地運動，在各縣先後開展了三查，從思想上組織上整頓了縣區的領導機構以後運動開始深入到鄉村。但各縣在運動的部署上頗不一致。有些地區看到春耕將到，羣衆迫切要求分田，進行春耕以前，初步完成平分土地的任務。有些地區則檢查到過去的土複運動中有發動以前不分不整富沒有發動以前不分不整富。當地委再度研究結果，當前羣衆的迫切要求依然是要求迅速分田，確定產權，以便能及時施肥，進行春耕。如果羣衆看到過去運動中的錯誤，看到我們的主要要求（完分發動羣衆徹底打垮封建勢力，實現平分土地）和羣衆音遍的迫切要求（迅速分田，把分田推遲到春耕以後），這樣，發生矛盾，而且亦必會脫離羣衆的門爭，務須在春耕前始終抓住平分土地分配完畢，才能最後完成整頓任務的結果，這是孤立的一件，機械的運用到支部中去，這樣的結果，一定會把運動的行為裁縫。這就是一種脫離羣衆的行為，必須進行全面檢查。其進行全面檢查時，才能展開小資產階級思想（如小資產階級左的偏向），形成關門，拖得過長。其偏向既是右傾，又是盲動，這些地區，在整頓農村支部中存在着缺點其中主要缺點之一，就是整富與貧雇的劃分中存在的偏向研究運動中的收穫是不小的。因此，望各縣委立即根據羣衆安心進行生產，務須在整頓幹部的望蕭蕭我們要求分田，而我們卻機械的運用到支部中來，葉頓隊伍，這就是一種說離羣衆的行為各。

————1————

地委必須立即糾正。我大都份地區，在過去的民主檢查，民主改革運動中，對農村支部的領導成份已作了初步的調整。除少數地區外，絕村的領導幹部，已提撥貧雇的富農擔任。目前農村支部存在着的問題，主要是某些壞份子依然或明或暗的掌制着支部，普遍滋長富農思想，造成新的富農路線，各地支部的具體情況離遠關係深入到痼疾的黨員房部進行洗刷辦理，把依然控制支部的壞份子，開展反覆的富農思想和新的思想的打擊，並普遍地開除壞的偏向，使我們農村支部的領導核，真正掌握在該秀的貧雇農員手裏，能夠有力的領導平分土地的偉大運動中。來考驗這一批幹部並羣衆來需求全體動的時間，拖得過長。我們應反對不根據支部的實際情況，與羣衆運動脫節。（三）音遍的進行檢查，把最後優勢的貧雇農具體的偏向和盲動運用到鄉村的巢觸到支部已經過了初步的整頓，但還不夠澈底，浮財已初步整鳳。上面所名開區的黨員大會大。部份地區因羣衆前一時期的工作作發動幹部力量，集中在召開區的黨員代表大會，而未在深入鄉村，細緻細心的工作和任務，分批中又在深入到鄉村的具體的計劃推開運動的步驟和方法，而是一般化的規定步驟，去掉過去深入到痼農代表大會，變成了掃帚沒有深刻檢查前一時期自覺自勤中的發動羣衆，其前進結束又形成關門，並治上得不到澈底的反映，真正掌握在優秀的貧雇農員手裏，能夠有力領導平分土地的偉大運群衆運動，而仍着縮批判的運用過去的一套經驗，這樣必然會把發動羣衆一個偏向的運動，變成了簡單化、庸俗化、一般化，它的結果，不根據支部的實際情況，與羣衆運動脫節。（三）音遍的進行檢查，把最後優勢的貧雇農具把土地分配浮財的運動，使我們農村支動中，來考驗這一批幹部並羣衆來需求全立，但是成份不純，或者有關門、浮財已經過了初步的整頓，但還不夠澈底，浮財已初步整鳳。上面所名開區的黨員大會大。發動幹部力量，集中在召開區的黨員代表大會，而未在深入鄉村。不但使羣衆在思想上、政治上得不到澈底的發動，沒有課羣衆參加，因此，追得還不夠澈底，分配中又作成偏向，地主鬥的打了，但門爭和打殺地主不少，少數幹部和積極份子包辦代了，而另一方面卻又造成政策上的混亂，發生普遍肉體的消滅地主的夠提高羣衆還是在齊惰惆地主的思想，而另一方面卻又造成政策上的混亂，發生普遍肉體的消滅地主的風。

————2————

偏向，還些問題，由於各地運動發展的程度不一，各地的領導意思想亦有分歧，產生的偏向和造成偏向的歂結亦各有不同。情況，今天的平分土地運動，決不是一般化的佈置計劃和依靠大會圍的「大括風」的辦所能解決。而必須是縣區領導幹部，深入地村檢查各地過去運動的偏向，用什麼口號和方法來發動羣衆怎樣在春耕以前完成平分土地的任務。各縣區富委必須組織力量，分工領導具體掌握各縣的運動，並創造典型經驗，指導一般，我們必須堅決糾正過去的簡單化，一般化和各種相的強迫命令的辦法，必須大力發揚和提倡深入細緻，耐心發動羣衆讓羣衆自己作主，自己動手的工作作風。（四）各地在評定成份中發生極嚴重的混亂現象，查成成份一直查到三代，不是以剝削關係作為評定成份的主要標準而自作聰明的創造出不合理的辦法，把貧農評成中農，不根依靠商業為生的商人評成貧農。造成貧村各階級的界限不明，使我們平分土地的運動遭受損失。因此各地在整頓羣衆怎樣我富的階級政策時，亦發生混亂和錯誤，正確定成份時，應該以剝削關係作為評定成份的主要標準，確定成份的時間，決不應該追查到三代，地主富農必須以民主政初建立時的剝削關係，作為標準，不過二十五日新華日報，地委不日當另有指示。土改以前作為評定成份的標準，並將執行情況隨時向報地委為要。以上各點望各縣區委立即重新討論佈置。

中共華中五地委二月一日

————3————

全文：

## 地委对平分土地运动的补充指示

（一）我五分区的整党和平分土地运动，在各县先后开展了三查，从思想上组织上整顿了县、区的领导机构以后运动已开始深入到乡村。但各县在运动的部署上颇不一致。有些地区看到春耕将到，群众迫切要求分田，进行春耕，因此决定必须在春耕以前，初步完成平分土地的任务。有些地区则检查到过去的土复运动，尚存在着不少的严重缺点，因而对春耕以前，初步完成平分土地任务发生动摇，又规定在群众没有发动以前不分土地。

经地委再度研究结果，当前群众的迫切要求依然是要求迅速分田，确定产权，以便能及时施肥，进行春耕。如果我们看到过去运动中的缺点，看到我们的主观要求（充分发动群众彻底打垮封建势力，实现平分土地）和群众普遍的迫切要求（迅速分田）发生矛盾，就不顾群众的迫切要求，把分田推迟到春耕以后，这样，不但会大大影响群众生产，而且亦必然会脱离群众。因此，望各县区委立即根据当地群众的生产季节仔细计划，务须在各地春耕开始以前将土地分配完毕，以便群众能安心进行生产。

（二）前一时期，县区党员普遍进行了整党，固然有其应有的收获，但不可否认，在整党运动中，亦存在着缺点。其中主要缺点之一，就是整党与当前实际运动的脱节。不是首先检查各县各区运动中存在的偏向从运动中找出问题，从实际的情况出发有的放矢开展反地主富农思想，和其他思想（如小资产阶级左的疯狂性等）的斗争，而或多或少的脱离实际运动，来开展三查，甚至进行全面检查，这样把会议时间，拖得过长，形成关门整党使运动停滞，这是孤立的了解必须先整顿队伍，才能开展平分土地，而没有同时了解党的队伍必须在平分土地运动中，才能最后完成整顿任务的结果。某些地区，在整顿农村支部时，又召开区的党员大会准备把县区整党的一套，机械的运用到支部中去。这样的结果一定会把运动推迟，群众眼巴巴的望着我们要求分田，而我们却关起门来，整顿队伍，这就是一种脱离群众的行为，各地必须立即纠正。我大部分地区，在过去的民主检查、民主改革运动中，对农村支部的领导成份已进行了初步的调整。除少数地区外，乡村的领导干部，已提拔雇贫农的党员来担任。

目前农村支部存在着的问题，主要是某些坏分子依然或明或暗的控制着支部，在提拔的贫雇农干部中混入了部分流氓分子，和贫雇农干部，普遍滋长富农思想，造成新的富农路线，各地支部的具体情况各有不同，因此决不是一般的号召，搬掉石头，整顿队伍就能解决问题而必须我县区领导机关深入到乡村中去了解各个支部的具体情况。从查运动开始，开展反地富思想和其他思想的斗争，把地主富农和流氓分子的党员干部进行洗刷办理，把依然控制支部的坏分子，进行有力的打击，并普遍进行反富农思想，反自私自利，及包办代替的教育，纠正分配浮财中富农路线的偏向和运动中包办代替的偏向，使我们农村支部的领导权，真正掌握在优秀的雇贫农党员手里，能够有力的领导平分土地。并从平分土地的伟大运动中，来考验这一批干部并群众来审查全体的党员干部，我们应反对不根据支部的实际情况，与实际运动脱节，普遍全面的进行检查，把整顿支部的时间，拖得过长影响运动推开的偏向。

（三）根据各地零星的汇报和反映：部分地区在领导平分土地运动中依然因袭前一时期的工作作风。县区的领导力量，集中在召开区的党员大会，或贫雇农代表大会，而不是深入乡村，细致耐心的发动群众，不根据各乡各村的具体情况，具体的计划推开运动的步骤和方法，而是一般化的规定步骤，没有深刻检查前一时期各种命令主义的工作作风，改变过去"运动"群众的现象，去进一步深入的发动群众，贯彻群众自愿自觉动手的群众路线，而仍旧无批判的运用过去的一套经验。这样必然会把发动群众变成了"运动"群众，把这一个万分复杂艰巨的运动，变成了简单化、庸俗化、一般化，它的结果，不但使群众在思想上、政治上得不到彻底的觉悟和翻身，就是把土地平分亦是很困难的。

各地当前运动的实际情况，是农村支部已经过了初步的整顿，但还不够彻底，农会和贫农团已初步建立，但是成份不纯，或者有关门主义的倾向，浮财已部分追出，并进行分配，但由于群众还没有充分的发动，没有让群众作主，因此，追得还不够彻底，分配中又存在着富农路线的偏向，地主斗的斗了，打的打了，但因斗争和打杀地主不少是少数干部和积极分子包办代替的行动，因此群众的阶级仇恨，还不够提高甚至还存在着怜悯地主的思想，而另一方面却又造成政策上的混乱，发生普遍肉体的消灭地主的偏向。这些问题，由于各地运动发展的深度不同，各地的领导思想亦有分歧，产生的偏向的症结亦各有不同。

根据这一情况，今天的平分土地运动，决不是一般化的布置计划和依靠大会开的"大括风"的办法所能解决，而必须是县区领导干部，深入乡村检查各地过去运动的偏向，然后具体计划如何整顿队伍，用什么口号和方法来发动群众怎样在春耕以前完成平分土地的任务。各县区党委必须组织力量，分工领导具体掌握各乡的运动，并创造典型经验，指导一般。我们必须坚决转变过去的简单化，一般化和各种变相的强迫命令的办法，必须大力发扬和提倡深入细致，耐心发动群众让群众自己作主，自己动手的工作作风。

（四）各地在评定成分中发生极严重的混乱现象，查成份一直查到三代，不是以剥削关系作为评定成份的主要标准而自作聪明的创造不少不合理的办法，把贫农评成中农，把富裕中农评成富农，把完全依靠商业为生的商人评成贫农。造成农村各阶级的界限不明，使我们在农村中分不清敌我及在具体执行我党的阶级政策时，亦发生混乱和错误，因此各地在整顿群众队伍，整理农会贫农团时必须同时民主评定成份，正确划分农村之阶级。在评定成份时，应该以剥削关系作为评成分的主要标准，确定成份的时间，决不应该追查到三代，地主富农成份应以民主政权初建立时的剥削关系，作为准则，一般成份则以土改以前作为评定成份的标准。具体规定可参看二十五日新华日报，地委不日当另有指示。

以上各点望各县区委立即重新讨论布置，并将执行情况随时汇报地委为要。

中共华中五地委<br>二月一日

# 《盐阜大众》创刊号、复刊号

**保管单位：**盐阜大众报社

**内容及评价：**

1943年4月25日《盐阜大众》在苏北盐阜农村创刊，该报与《盐阜报》同是中共盐阜地委机关报，是国内共产党机关报中历史悠久的地方党报之一，以其"从大众中来，到大众中去"的鲜明办报特色，在中国新闻史上留下了宝贵的一页。1947年春因国民党军进攻苏北一度停刊。同年12月7日复刊。后再度停刊，并于1980年元旦复刊，现为中共盐城市委机关报、盐阜大众报业集团的主报，是盐城地区新闻传播、舆论宣传的主渠道、主阵地。《盐阜大众》创刊号、复刊号对研究战时盐阜地区文化宣传事业以及该报创办历史具有重要的参考价值。

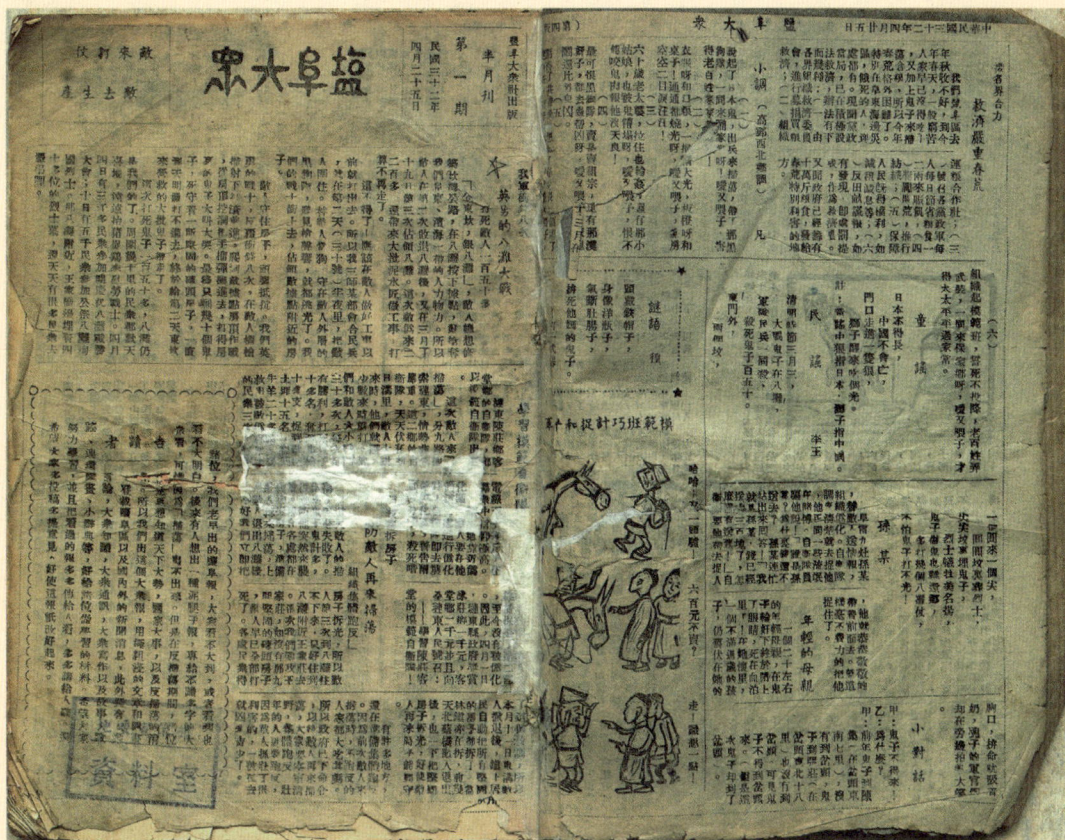

《盐阜大众》创刊号

全文：

# 我军冲锋八次
## 英勇的八滩大战打死敌人一百五十多

"金东坎，银八滩"，敌人总想修筑坎滩公路，在八滩按下据点，好抢夺我们阜东、滨海一带的人力物力。所以敌人在第一次败退八滩后，又在三月二十九日第三次占领八滩。这次敌伪来二百多，还带来大批泥水匠做工事，打算不再走了。

这不得了！应该在敌人做好工事以前就打出去。所以我三师某部会合民兵，就在第二天（三十号）半夜里，把敌人围住。替敌人当狗，守在敌人外层的黑狗队，听见枪响声，就都逃光了。我们的战士冲上去，占据敌据点附近的房子。

敌人守住屋子，顽强抵抗。我们英勇的战士，反复冲锋八次，在敌人机枪扫射下打滚前进，爬到敌据点房顶作战，从房顶挖洞将手榴弹掷进去，打得房里的鬼子大叫大哭。最后只剩几十个鬼子，死守着一所坚固的砖头房子，一直到天明还打不进去，终于给第二天东坎来营救的大批鬼子带走了。

这次打死鬼子一百五十多，八滩仍是我们的了。周围几十里的民众都欢天喜地，远远抬猪捉鸡来慰问战士。四月四日有三千多民众参加开庆祝八滩战胜大会；十日有五千民众参加公祭八滩殉国烈士。那八滩附近，王家桥边埋着四十多位的烈士墓，还天天有很多民众去凭吊哩。

全文：

## 中共盐城地委发出恢复出版《盐阜大众》报的决定

中共盐城地委最近发出了"关于恢复出版《盐阜大众》报的决定"。

决定指出《盐阜大众》报是地委的机关报，是人民的喉舌，它的基本任务是：高举马列主义、毛泽东思想的旗帜，以四项基本原则为指导，密切结合本地区的实际情况，面向农村，面向基层，面向群众，准确、具体、通俗、生动地宣传党的路线、方针、政策和优良作风；特别要把全面发展农村经济和全面建设新农村的宣传放在首位，及时反映农业生产全面发展、农副工有机结合的新经验和新问题，反映贯彻各项经济政策的情况、经验和问题；从实际出发，传播先进的科学技术知识，提高全区人民科学文化水平；认真开展表扬和批评，反映群众呼声，鼓励先进，鞭策后进，敢于批评不良倾向，发扬新的道德风尚；从而引导和推动全区干部群众解放思想，开动机器，实事求是，团结一致向前看，同心同德搞四化。

对于如何办好《盐阜大众》报，地委决定强调要树立实事求是的办报作风，坚决维护党报的真实性，彻底肃清林彪"四人帮"的流毒和影响；要保持大众化的优良传统，不断改进文风，力求做到观点鲜明，语言生动，通俗易懂，短小精炼，引人入胜，把报纸的党性和人民性有机地结合起来。同时，地委在决定中要求各级邮电部门要积极做好报纸发行工作，加快传递速度，保证每期报纸迅速及时、准确无误地送到读者手中。要求地区各有关部门，各县、社党委，都要大力支持报纸工作，切实加强对通讯报道工作的领导；各级宣传部门要抓紧整顿和建立、健全通讯报道组织，组织群众性的通讯网，广泛发动干部群众积极参加办报用报的活动，充分发挥各级通讯组、通讯员、读报员的作用。

决定号召全区各级领导干部要积极带头为《盐阜大众》报写稿，把写稿和调查研究、改进作风密切结合起来。

《盐阜大众》复刊号

（三）新四军名人手稿

# 宋泽夫遗稿《喜鹊》

**保管单位：**新四军纪念馆

**内容及评价：**

《喜鹊》一文写于70多年前，是宋泽夫撰写71则《盐城俗语》中的最后一则。宋泽夫以喜鹊和乌鸦的对比，讽刺国民党豢养的一批汉奸。

宋泽夫（1872~1942），江苏盐城人，民国革命志士。他自幼勤奋读书，青年时便有革新之志，反对清政府，积极响应辛亥革命，抵制袁世凯，传播革命思想，创办教育事业。"九·一八"事变后，蒋介石采取"攘外必先安内"的反动政策，宋泽夫在《新公报》上发表《青天白日哪里去了？》、《国丧》等文章，痛斥蒋介石的"乌天黑日"。抗战爆发后，他先后出任第五战区盐城抗日总动员委员会会长，盐城县临时参议会议长等职，竭力拥护共产党，共谋抗日。1942年3月宋泽夫遭敌逮捕，在日伪的威逼利诱前，他怒斥强虏，嘱咐家人"我被俘，不赎票；我遇难，不收尸"。12月宋泽夫虽经营救脱险，但终因伤病交加不幸去世。陈毅曾称赞宋泽夫是"苏北的鲁迅"。该遗稿对研究盐城地方名人宋泽夫生平具有一定的史料价值。

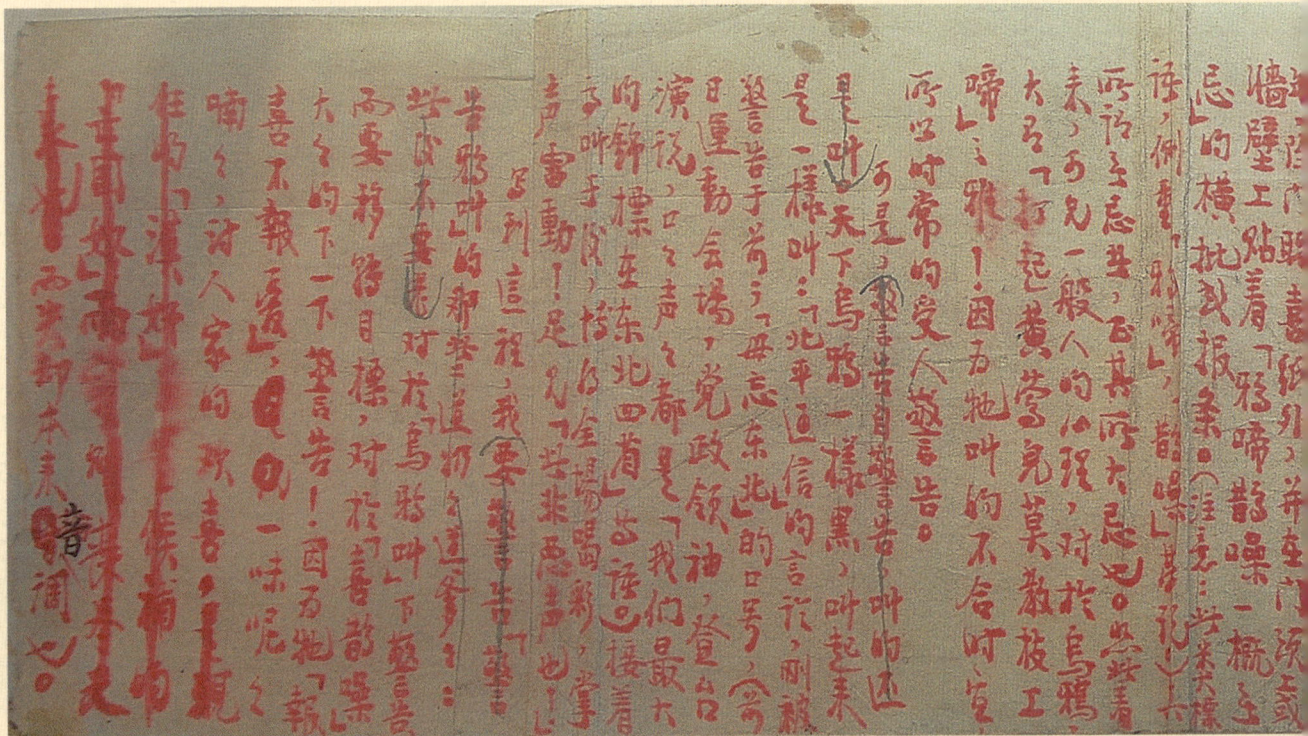

宋泽夫遗稿《喜鹊》

全文：

盐城俗语　　七一

喜　鹊

宋泽夫

喜鹊噪，亲的到；乌鸦叫，受警告。

喜鹊喜鹊，顾名思义，倒是名实相符；但凡听到它噪，那一天内，定有喜事。所语："亲的到"话，言虽没其他大的喜事，最低限度也要到个亲的；亲的到门，中饭汤，小菜子，不是要比平常讲究一点，大家也可占光多一些口运，可不是应了这个吉兆了吗？

乌鸦这样东西，不知道为了什么，提起它来人都可恶？！所以《胡适文存》上那首小诗（老鸦）说的好：我大清早起，站在人家屋角上哑哑的啼。人家讨厌我，说我不吉利，我不能呢呢喃喃讨人家的欢喜！

是的，一听到乌鸦叫，坐在家里的人，便不敢出门；行路的人，也不敢再向前进；道奶奶道爹爹听见了，"阿弥陀佛"不离口，意在禳除灾祸，还有，每逢新年，除门联喜纸外，并在门须上或墙壁上贴着"鸦啼鹊噪一概无忌"的横批或报条（注意，此类标语，侧重"鸦啼"，"鹊噪"略记）。其所话禁忌等，正其所大忌也。照此看来，一般人的心理，对于乌鸦大有"打起黄莺儿莫教枝上啼"之雅！因为它叫的不合时宜，所以时常的受人警告。

可是天下乌鸦一样黑，叫起来是一样叫："北平通信"的言论，刚被警告于前；"毋忘东北"的口号，（前日运动会场，党政领袖，登台演说，口口声声都是"我们最大的锦标在东北四省"等语。）接着高叫于后，博得全场喝彩，掌声雷动！足见"此非恶声也！"

写到这里，我对于"乌鸦叫"下警告，而要移转目标，对于"喜鹊噪"大大的下一下警告！因为它"报喜不报忧"一味呢呢喃喃，讨人家的欢喜，而失却本来音调也。

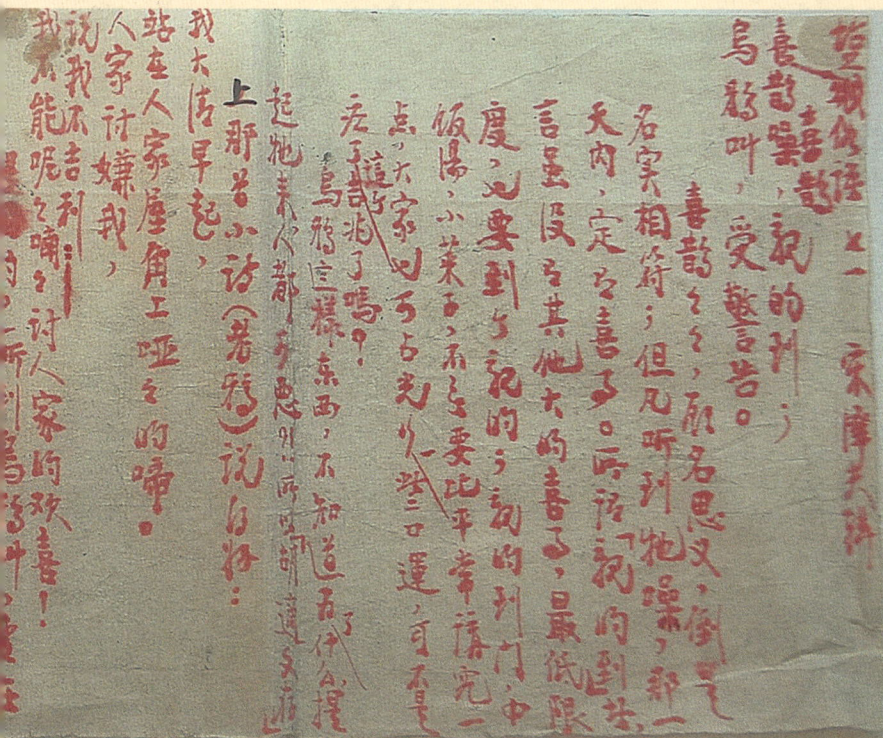

# 曾山给陈宏惠、钟国铨的信

**保管单位：**新四军纪念馆

**内容及评价：**

　　曾山的这件手稿记录了他在苏北盐阜区工作的一段历史，是传留至今的孤品。本手稿由曾山夫人、著名女红军邓六金捐赠。曾山是我党我军在抗战时期的一位重要领导干部。皖南事变后，曾山担任新四军组织部长、中共华中分局组织部长兼财委书记等职。1942年9月，曾山亲笔致函射阳县陈宏惠、钟国铨，对射阳渔民自卫队的各项工作予以热情的指导关心，特别是抗日自卫队员应享受的政策待遇作了强调，这对稳定当时抗日队伍人员的思想、增强抗日人员斗志起到了较大的作用。本档案是研究曾山生平以及盐阜地区抗日战争史的重要史料。

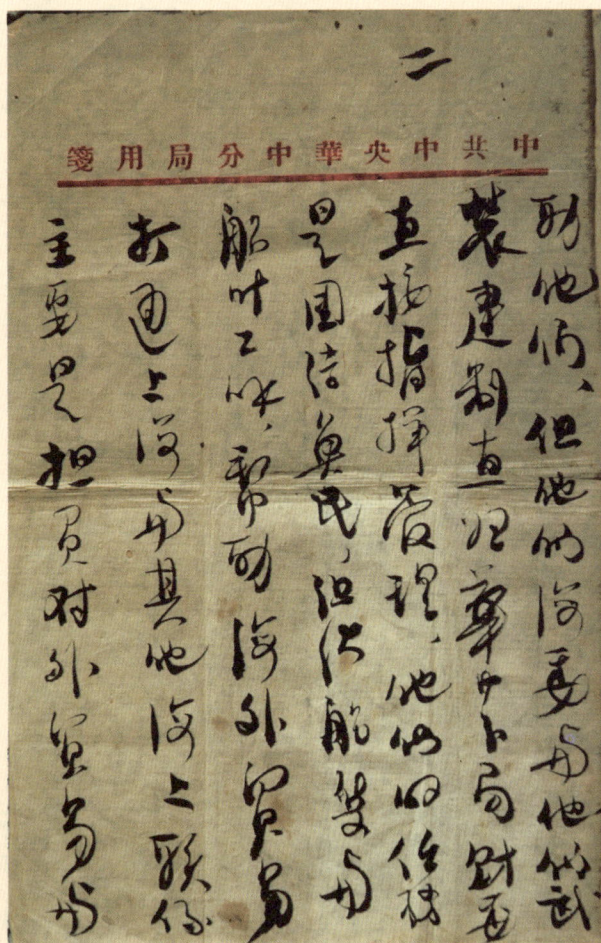

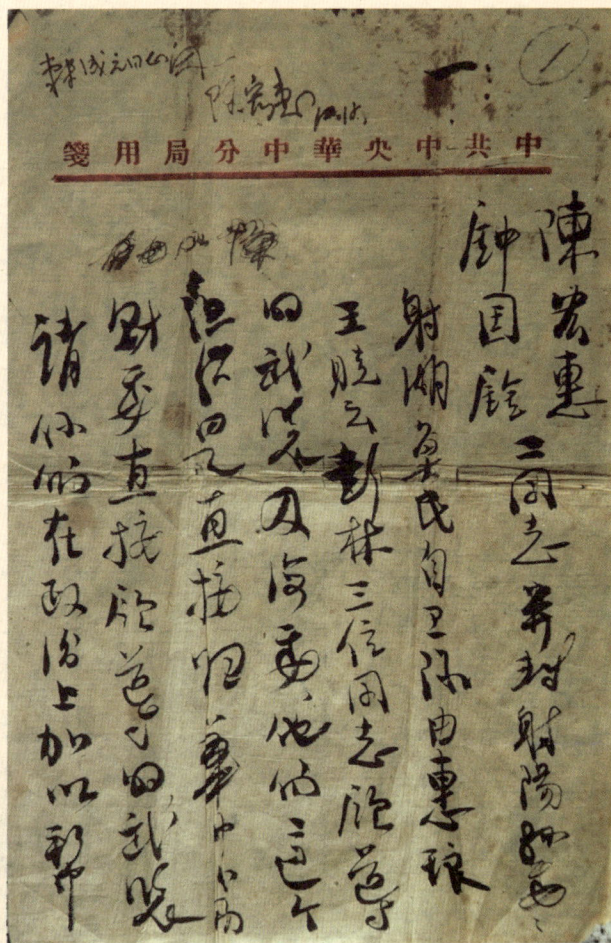

曾山手稿

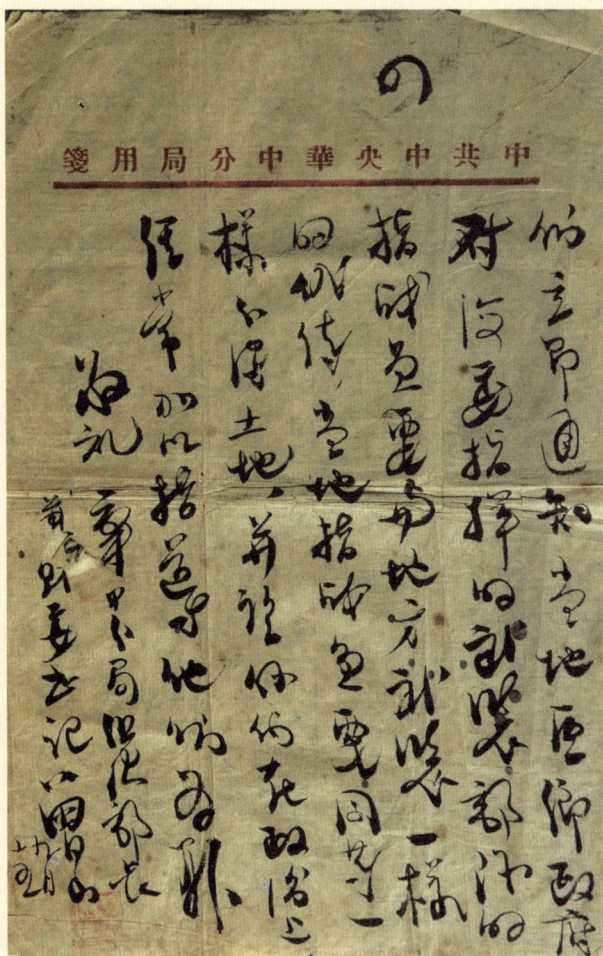

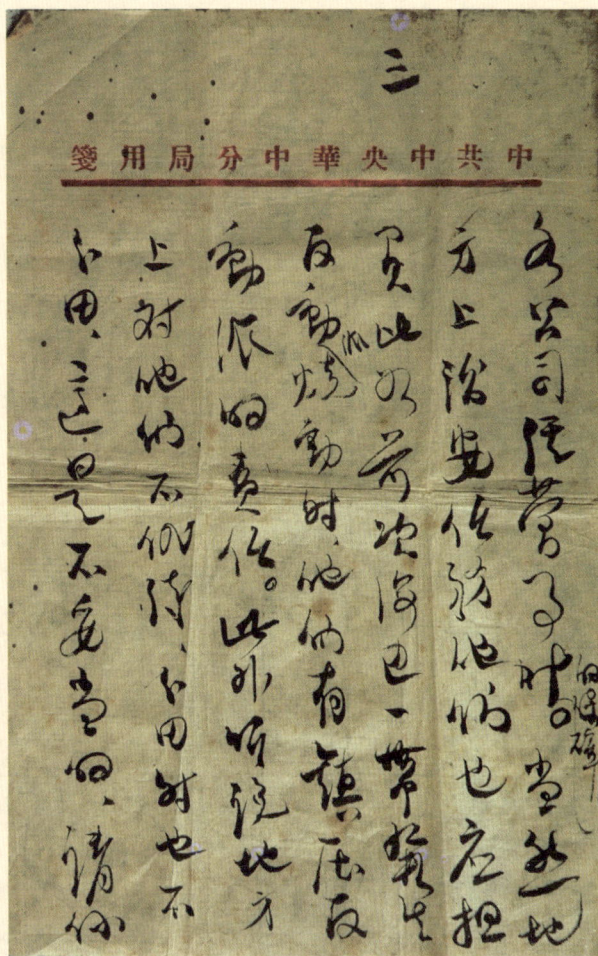

曾山手稿

**全文：**

陈宏惠、钟国铨：

　　二同志并转射阳海委，射湖渔民自卫队由惠琅、王晓云、彭林三位同志领导的武装及海委，他们这个组织是直接归华中分局财委直接领导的武装，请你们在政治上加以帮助他们，但他们海委与他们武装建制直归华中分局财委直接指挥管理，他们的任务是团结渔民，组织船只与船业工作，帮助海外贸易打通上海与其他海上联系，主要是担负对外贸易与各公司经营事业的保障。当然地方上治安任务他们也应担负，比如前次海边一带发生反动派烧劫时，他们有镇压反动派的责任。此外听说地方上对他们不优待，分田时也不分田，这是不妥当的。请你们立即通知当地区乡政府对海委指挥的武装部队的指战员要与地方武装一样的优待，当地指战员要同等一样分得土地，并望你们在政治上经常加以指导他们为盼。

　　敬礼！

华中分局组织部长　　曾　山

华中财委书记

九月十五

# 陈毅给华恩的信

**保管单位：** 新四军纪念馆

**内容及评价：**

　　陈毅给华恩的信为反映重要历史人物的信函手稿，该信以黑水书写，"内详"字样上有一红印章。信封反面有2个邮戳（延安字样），题跋为"联政宣传队华恩同志收、内详"。延安鲁迅艺术文学院是党中央在1938年为培养马列主义艺术干部而创办的一所综合性艺术学院。其宗旨是"艺术是目前抗战不可缺少的力量；培养抗战艺术干部是不容稍缓的工作。"鉴于这个原因，党中央与新四军军部于1944年抗日战争处于局部反攻阶段，抽调新四军部分人员前往延安鲁艺学习，以加强各地的抗日宣传力量。华恩是当时派往延安学习的学员。在面临接受新的任务前，他向陈毅写信提出回华中工作的请求。为此陈毅特给华恩回信。该信反映和记载了我党我军在重要时期的重大战略决策，同时折射出陈毅平易近人、严谨细致的工作作风。此信是陈毅为华恩所写，由当事人华恩捐赠，为重要的历史名人手稿，具有一定的文史研究价值。

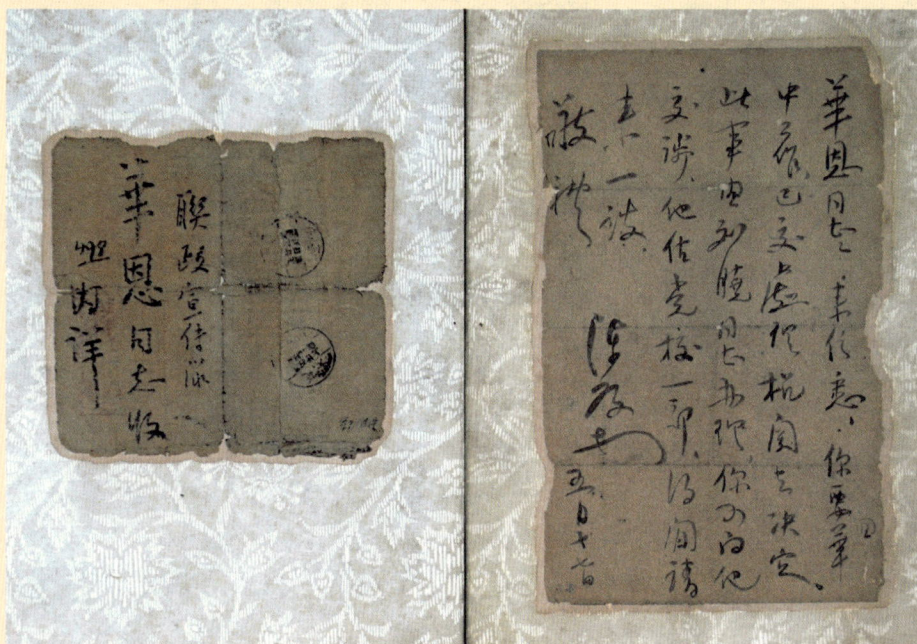

陈毅给华恩的信

**全文：**

联政宣传队华恩同志收

　　内详

华恩同志：

　　来信悉，你要回华中工作，已交处理机关去决定。此事由刘晓同志办理，你可向他交涉。他住党校一部，得间请来一谈。

　　敬礼！

陈　毅

五月十七日

# 阿英手稿

**保管单位：**新四军纪念馆

**内容及评价：**

阿英（1900~1977），安徽芜湖人。原名钱德富，又名钱德赋。主要笔名还有钱谦吾、张若英、阮无名、鹰隼、魏如晦等。1926年参加中国共产党，1927年从芜湖逃亡到武汉后到上海，长期从事革命文艺活动，与蒋光慈等发起组织"太阳社"，编辑《太阳月刊》《海风周报》等。抗日战争期间，在上海从事救亡文艺活动，曾任《救亡日报》编委、《文献》杂志主编。1941年去苏北参加新四军革命文艺工作，主编《江淮文化》《新知识》等刊物，并参与宣传、统战工作的领导。

阿英是我国著名的戏剧家、文学家。著有诗歌、小说、散文，尤以戏剧成就最高，有历史剧《李闯王》《碧血花》，文集《阿英文集》等。此物为1944年阿英在苏北盐阜区创办新四军刊物《新知识》时，生动记述抗敌演剧队利用花灯、花船等形式进行抗日宣传活动的手迹，是反映历史事件的名人手稿，为研究新四军抗日救亡宣传活动提供了珍贵的实物资料。

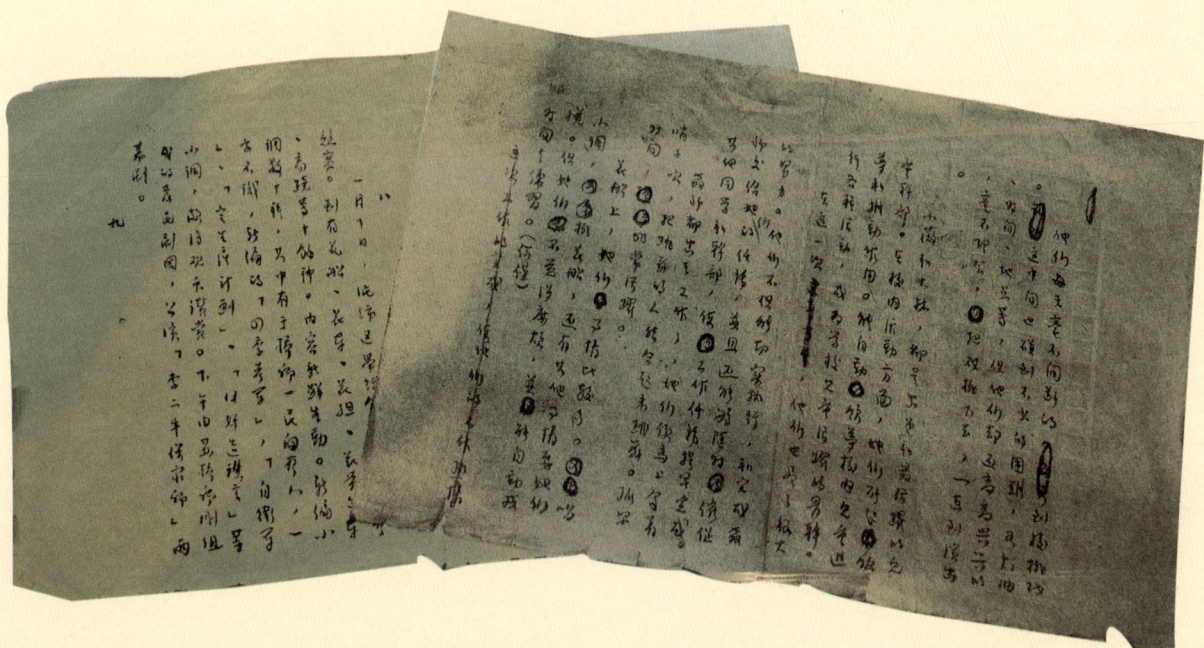

阿英手稿

**全文（节选）：**

他们每天毫不间断的［地］到校排戏，这中间也碰到不少的困难，如灯油、时间、地点等，但他们却还高高兴兴的，毫不理会，把戏排下去，一遇到演出，小薇和小林，都是出色和最活跃的儿童干部。在校内活动方面，她们能起领导和带动作用。能自动领导校内儿童进行各种活动，成为学校儿童活跃的骨干。

在这一次，他们也尽了最大的努力。他们不但能切实执行和完成教师交给她们的任务，并且还能够随时催促其他同学和干部，使工作任务提早完成。

教师都出去工作了，她们便马上拿着哨子吹，把跳舞的人集合起来跳舞，抓紧时间，非常活跃。

花船上，她们事情比较多。唱小调，跳花船，还有其他事情要她们做。但她们不觉得麻烦，并能自动找时间去练习。

# 罗有荣的整风笔记

**保管单位：** 新四军纪念馆

**内容及评价：**

罗有荣的整风笔记为反映重大历史时期的重要档案。新四军的整风运动是中国共产党进行的一次普遍的马克思列宁主义思想教育运动。整风运动于1942年4月开始，整风对象分为团以上干部、营以下干部和广大指导员。新四军整风运动在盐阜地区开展主要是新四军第三师黄克诚部。罗有荣时任三师营级干部，笔记均在盐阜区所记。此物保存完好，纸张发黄，字迹清晰。末页有新四军三师整风小组审核人员的印章，是反映新四军整风运动难得的历史物证。

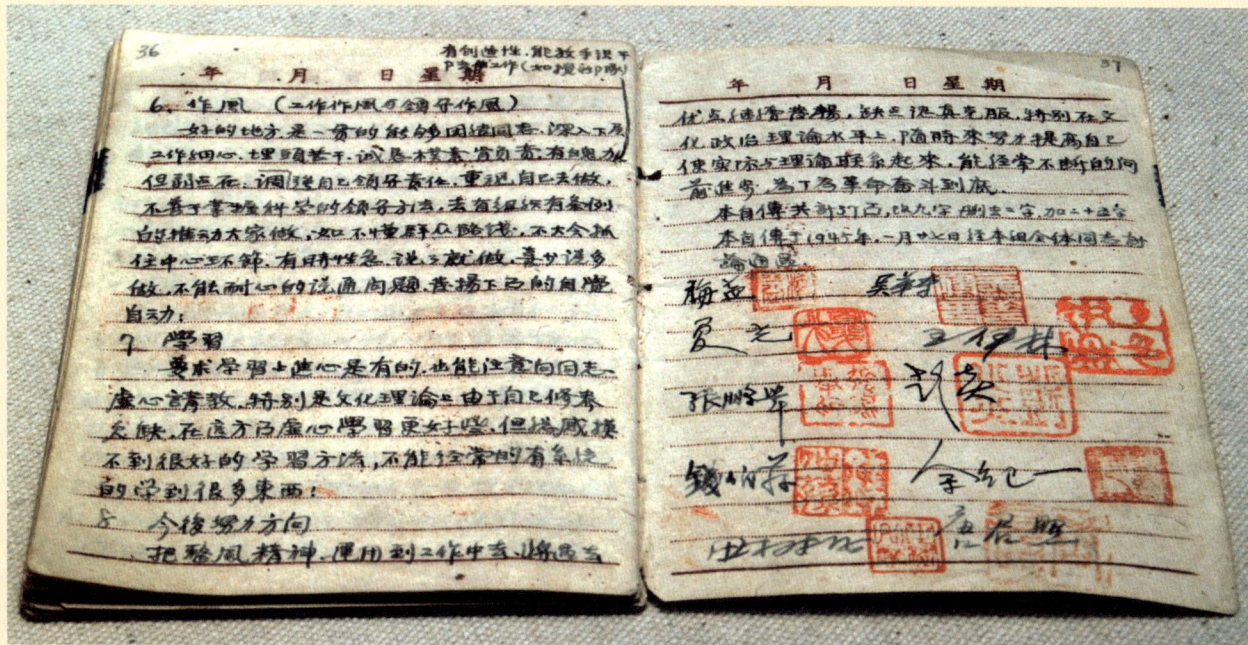

罗有荣的整风笔记

**全文（节选）：**

6. 作风（工作作风与领导作风）

好的地方是一贯的能够团结同志、深入下层、工作细心、埋头苦干、诚恳朴素、肯负责、有魄力、有创造性、能放手让干部去作工作。

但弱点在：强调自己领导责任，重视自己去做，不善于掌握科学的领导方法，去有组织有条例的推动大家做：如不懂群众路线，不大会抓住中心环节，有时性急，说了就做，喜少说多做，不能耐心的说通问题，发扬下面的自觉自动。

7. 学习

要求学习上进心是有的，也能注意向同志虚心请教，特别是文化理论上，由于自己修养欠缺，在这方面虚心学习更好些，但总感摸不到很好的学习方法，不能经常的有系统的学到很多东西！

8. 今后努力方向

把整风精神运用到工作中去，将过去优点继续发扬，缺点认真克服，特别在文化政治理论水平上，随时来努力提高自己，使实际与理论联系起来，能经常不断的向前进步，为党为革命奋斗到底。

本自传共计37面，改九字，删去二字，加二十五字。

本自传于1945年1月27日经本组全体同志讨论通过。

梅益 吴华夺 夏光 王伊林 张鹏举 彭炎 钱伯荪

余纪一 田树凡 唐君照

# 张云逸给薛丹浩的信

**保管单位：** 新四军纪念馆

**内容及评价：**

抗日战争初期，张云逸参与领导新四军的组建、整编等工作。1938年春任新四军参谋长兼第三支队司令员，1940年1月任中共中央中原局委员。皖南事变后，任新四军副军长兼第二师师长，抗日军政大学第八分校校长。直接领导第二师同敌伪顽的军事进攻、政治破坏、经济封锁进行斗争，同时注重加强根据地建设。1943年1月专任新四军副军长。这封信为时任新四军副军长张云逸写给新四军文化人士薛丹浩的信，由薛丹浩本人捐赠，是新四军军级将领在抗战时期遗留下的反映抗战文化的稀有物件。

张云逸（1892~1974），原名张运镒，又名张胜之。广东文昌（今属海南省）头苑区造福乡上僚村人。中国人民解放军高级将领、军事家。历经北伐战争、南昌起义、百色起义、反围剿、抗日战争、解放战争。历任红七军军长、中央军委副参谋长、军区司令员等职。毛泽东称赞其"老成持重，威望颇高"。

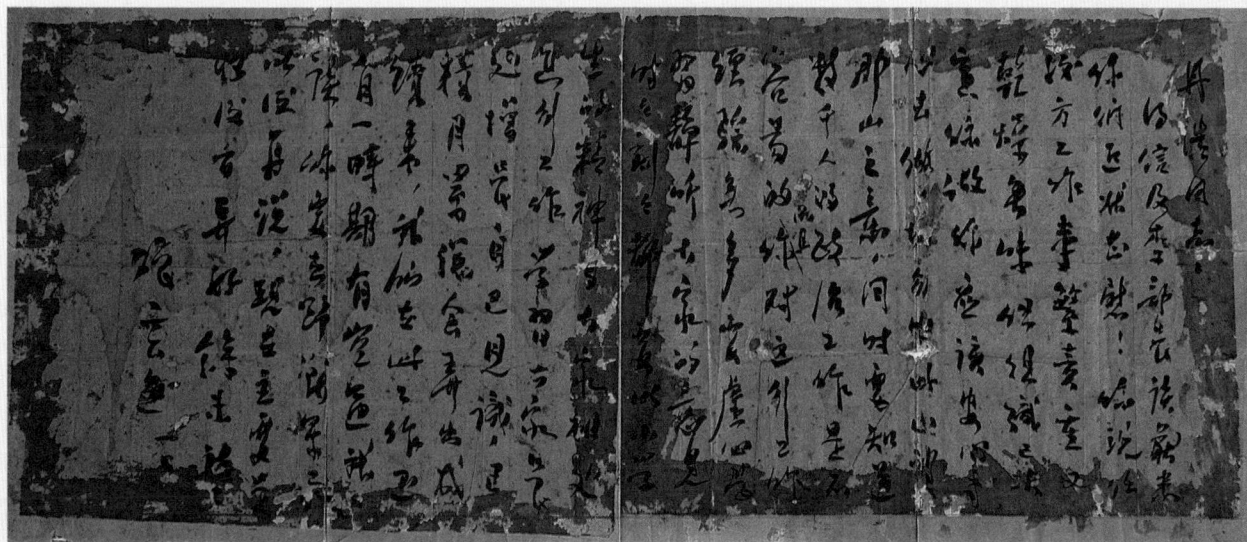

张云逸给薛丹浩的信

**全文：**

丹浩同志：

得信及李部长谈，熟悉你们近况甚慰！你现任后方工作事繁责重又干燥无味，但组织决定你做应安心用心去做。切勿有此山望那山之意，同时要知道数千人的政治工作是不容易的，而且你这行工作经验无，多要虚心学习静听大家的意见，时时刻刻都要以小学生的精神与大家相处进行工作，学习大家长处增长自己见识，日积月累，总会弄出成绩来，我们在此工作还有一时期，有空遇我谈谈。你要去野战军工作以后再说，现在主要是将后方弄好，余未谈之。

张云逸

# 解放战争时期档案

蘇北鹽城行政區專員公署佈告

秘字第三十九號

案奉

蘇北行政公署訓令略開：「茲決定自本月二十五日起將蘇皖邊區行政區改稱鹽城行政區。」

因：奉此。除分令所屬外，合行佈告週知。此佈

稱鹽城行政區未……衛為鹽城行政區專員公署……月二十五日起本區正式政……

中華民國三十八年五月　日

專員　陳書同

# 华中工委会关于成立华中工委会及华中指挥部、华中行政办事处人员安排等的通知

**保管单位：**射阳县档案馆

**内容及评价：**

为适应解放战争形势的变化，加强华中地区党政军领导，1947年9月，华东局决定组建华中工委会。11月10日，华中工委会、华中指挥部、华中行政办事处在射阳县耦耕堂正式成立。本档案是华中工委成立后，于11月19日印发的通知，是华中工委会印发的第二号通知，印有"绝对秘密 第二号 发至县团"字样。这份档案是中共华中工委会成立时，领导机构设置、职数配备及人员职务等方面的原始记载，也是研究华中解放区党、政、军、民最高领导机构情况的重要资料。

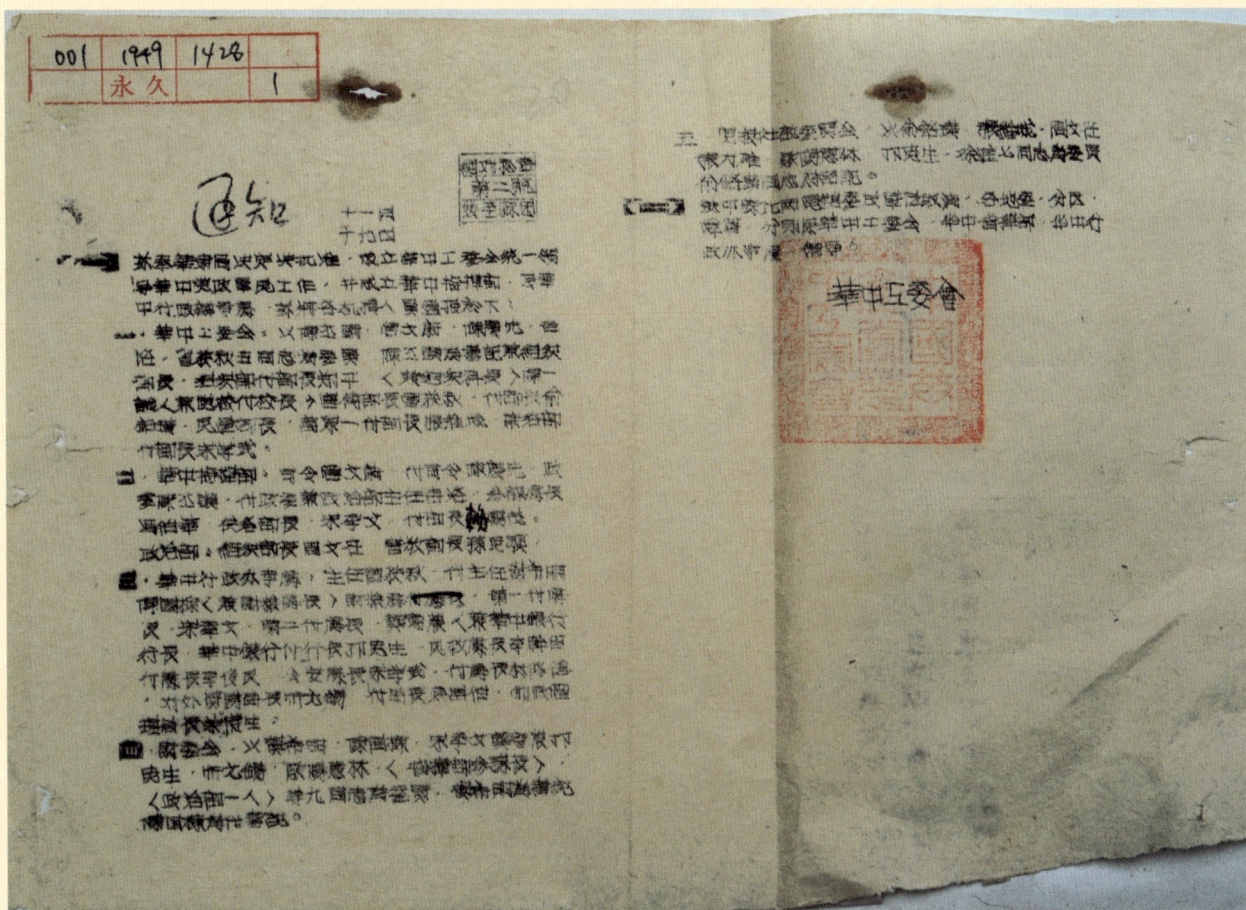

华中工委会关于成立华中工委会及华中指挥部、华中行政办事处人员安排等的通知

全文：

## 通 知

十一月十九日

[一]、兹奉华东局决定与批准，成立华中工委会，统一领导华中党政军民工作，并成立华中指挥部及华中行政办事处。兹将各机构人员通报于下：

一、华中工委会：以陈丕显、管文蔚、陈庆先、吉洛、曹荻秋五同志为委员。陈丕显为书记兼组织部长，组织部副部长郑平（兼组织科长）、陈一诚（兼党校副校长），宣传部长曹荻秋、副部长俞铭璜，民运部长万众一、副部长张维诚，联络部副部长宋学武。

二、华中指挥部：司令员管文蔚、副司令员陈庆先，政委陈丕显、副政委兼政治部主任吉洛，参谋处长冯伯华，供给部长宋季文、副部长赖畅茂。政治部：组织部长周文在、管教部长孙克骥。

三、华中行政办事处：主任曹狄秋，副主任贺希明、陈国栋（兼财粮处长）。财粮处：第一副处长宋季文、第二副处长龚意农（兼华中银行行长）。华中银行副行长邓克生，民教处长李干臣、副处长李俊民，公安处长宋学武、副处长林修德，对外贸易局长忻元锡、副局长冯岳伯，邮政管理局长荣健生。

四、财委会，以贺希明、陈国栋、宋季文、龚意农、邓克生、忻元锡、欧阳惠林、（指挥部参谋长）、（政治部一人）等九同志为委员，贺希明为书记，陈国栋为副书记。

五、党报社设委员会，以俞铭璜、张维城、周文在、张力雄、欧阳惠林、邓克生、徐淮七同志为委员，俞铭璜同志为书记。

[二]、苏中苏北两区党委及军区取消，各地委、分区、专署，分别属华中工委会、华中指挥部、华中行政办事处领导。

华中工委会

# 《反攻进行曲》初稿

**保管单位：**新四军纪念馆

**内容及评价：**

　　这本《反攻进行曲》演唱稿于1948年1月9日出版，油印本，16开8页，为战歌活页歌选第4号，由丁芒作词，胡士平作曲。《反攻进行曲》是我军在解放战争时期文化工作的见证，由丁芒捐赠。

　　丁芒，1925年9月生于江苏南通，当代著名诗人、作家、文艺评论家、散文家、书法家，中共党员。丁芒1946年参加新四军，是新四军中著名的文化人士，肄业于华中建设大学。1947年5月进入华野十二纵三十五旅文工团。历任独立十旅、三十五旅、华野十二纵队及解放军第三十军政治部前线记者、编辑；海军政治部《人民海军报》《海军战士》编辑组长，总政治部《解放军战士》编辑，1955年担任革命回忆录巨著《星火燎原》编辑，曾为罗荣桓、刘伯承等将帅元勋撰写革命回忆录四十余万字。

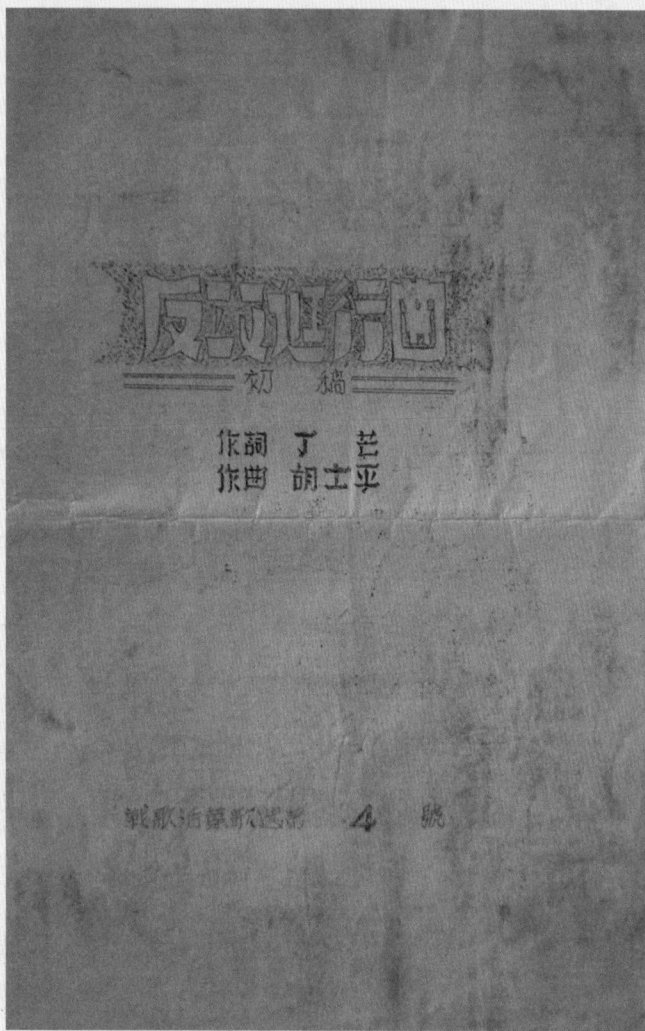

《反攻进行曲》初稿

# 《华中土地会议会刊》

**保管单位：**射阳县档案馆

**内容及评价：**

1948年12月，华中工委土地会议召开。华中工委为更好地召开会议，决定出版会刊，为到会代表自由发表意见、提出问题、交流经验提供园地。华中土地会议是华中地区进行土地改革后的第一次大会，会议共分三个阶段：第一阶段各分区汇报总结，第二阶段专门问题讨论，第三阶段总结。会议初步总结了华中土改的经验教训，并根据华中实际土地情况，研究贯彻党中央颁布的《中国土地法大纲》的具体方案。土地会议会刊是当时华中各地正在进行平分土地运动中的指导刊物之一，对研究华中土改具有重要史料价值。

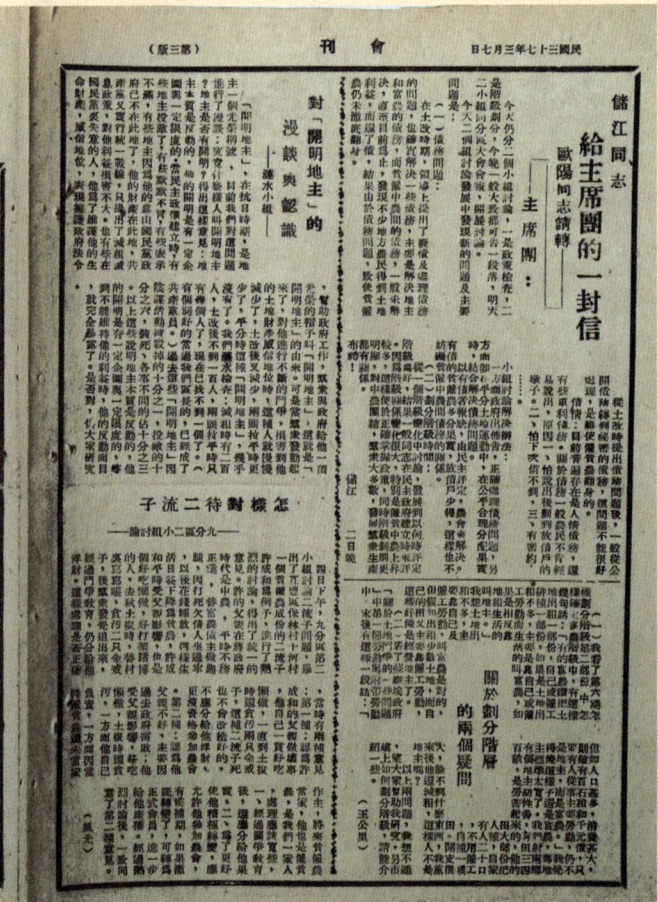

华中土地会议会刊

华中土地会议会刊

全文：

## 我们的希望

编 者

华中土地会议开幕了，为要把大会开得更好，工委决定出版本刊，作为领导大会的有力工具之一，作为到会代表自由发表意见，讨论问题，交流经验，接受教训的第二会场；也作为目前华中各地正在进行平分运动中的指导刊物之一（这刊物要发到各县里去），所以本刊的责任是重大的，要办好本刊固然是编者的责任，但也是全体代表的责任。我们希望代表们跟编者一齐下个决心，把它办好。

这个是说，我们要求代表们都能把为本刊写稿，看成是和开大会、听报告、讨论问题一样的重要，凡是大家对过去土改及这次大会的意见、希望、感想、疑问、争论及生活动态，会场花絮等等，只要文字通俗、简短，言之有物，并与大会有关的，不管什么形式，我们都竭诚欢迎。

本刊是大会办的，同时也是代表们大家办的，到会代表，不管对本刊有什么意见都可提出，我们有决心改进，今天和代表们第一次见面，希望代表们踊跃的投稿！

# 苏皖边区第五行政区关于成立江淮实业总公司的通令

**保管单位：**射阳县档案馆

**内容及评价：**

1948年，华中地区土地改革后，广大贫雇农都分得了土地，彻底废除了封建剥削制度，农民的生活和生产积极性得到极大的提高。华中工委因势利导，号召党政军民一起行动起来，开展生产运动，发展商业贸易，千方百计地增加国民收入，以增强华中的民力、财力。1948年6月，苏皖边区第五行政区为更好地开展生产运动，决定建立统一领导机构，成立江淮实业总公司，总公司下设4个分公司，实行统一管理。该《通令》对研究华中工委带领军民一起开展生产运动具有重要的史料价值，也是盐城地区经济发展史上的一份重要文献。

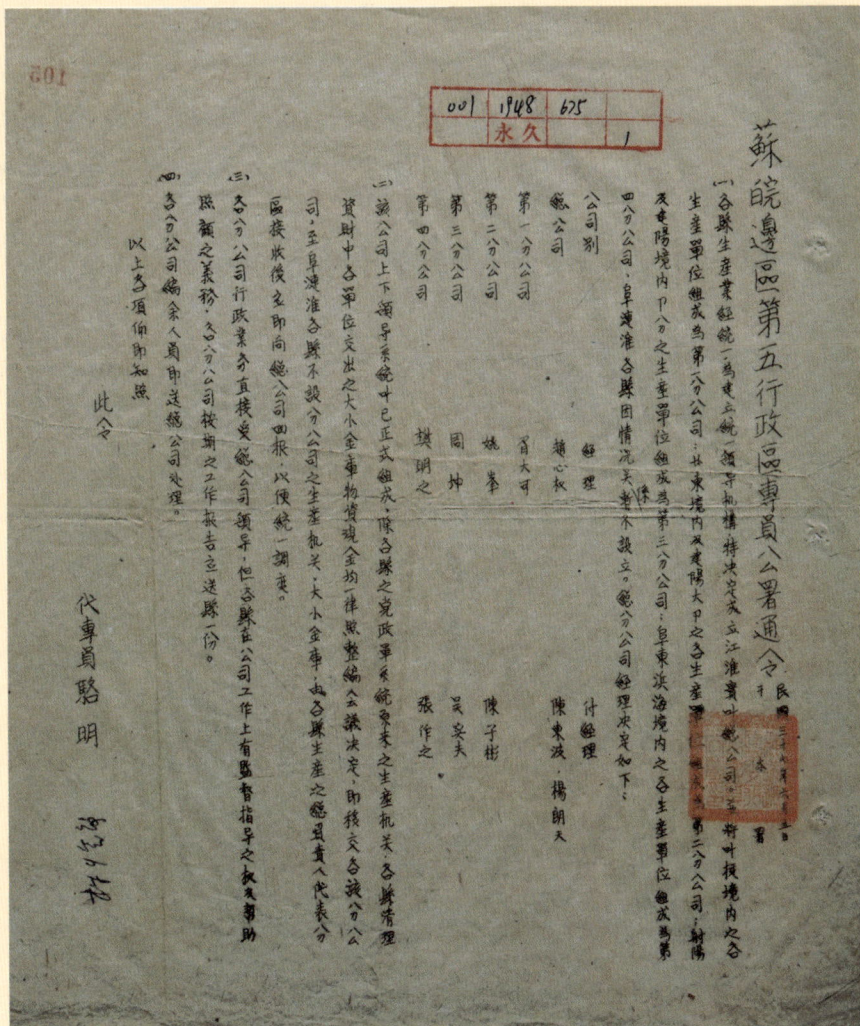

苏皖边区第五行政区
专员公署通令

全文：

## 苏皖边区第五行政区专员公署通令

民国三十七年六月五日

于本署

（一）各县生产业经统一，为建立统一领导机构，特决定成立江淮实业总公司。并将叶挺境内之各生产单位组成为第一分公司；盐东境内及建阳大部之各生产单位组成为第二分公司；射阳及建阳境内部分之生产单位组成为第三分公司；阜东滨海境内之各生产单位组成为第四分公司。阜涟淮各县因情况关系暂不设立。总分公司经理决定如下：

| 公司别 | 经理 | 副经理 |
| --- | --- | --- |
| 总公司 | 赵心权 | 陈东波 杨朗天 |
| 第一分公司 | 胥大可 | |
| 第二分公司 | 姚峰 | 陈子彬 |
| 第三分公司 | 周坤 | 吴实夫 |
| 第四分公司 | 樊明之 | 张作之 |

（二）该公司上下领导系统业已正式组成，除各县之党政军系统原来之生产机关，各县清理资财中各单位交出之大小金库物资现金均一律照整编会议决定，即移交各该分公司，至阜涟淮各县不设分公司之生产机关，大小金库，由各县生产之总负责人代表分区接收后应即向总公司回［汇］报，以便统一调度。

（三）各分公司行政业务直接受总公司领导，但各县在公司工作上有监督指导之权及帮助照顾之义务，各分公司按期之工作报告应送县一份。

（四）各分公司编余人员即送总公司处理。

以上各项仰即知照。

此令。

代专员　骆　明

# 中共华中第五地委、苏皖边区第五专署
# 关于成立盐阜医院的联合通知

**保管单位：** 射阳县档案馆

**内容及评价：**

　　1948年7月，盐阜地区各县已成立人民医院。为了解决各级干部的疾病医治问题，中共华中第五地区委员会和苏皖边区第五行政区专员公署（1949年5月改为盐城行政区专员公署）联合发文，成立了盐阜医院。由于盐城地区百废待兴，财政困难，特别是各医院的医疗技术、设施、药品等都很紧缺，为了保证乡以上党政干部在受伤或生病时能够得到及时救治，《联合通知》对盐阜医院及各县人民医院，在接收病员的手续、住院时间、用药、住院费结算等问题都作了详细规定，较好地解决了医药紧张的难题。该档案是研究解放战争时期盐阜地区医疗卫生事业发展的重要史料。

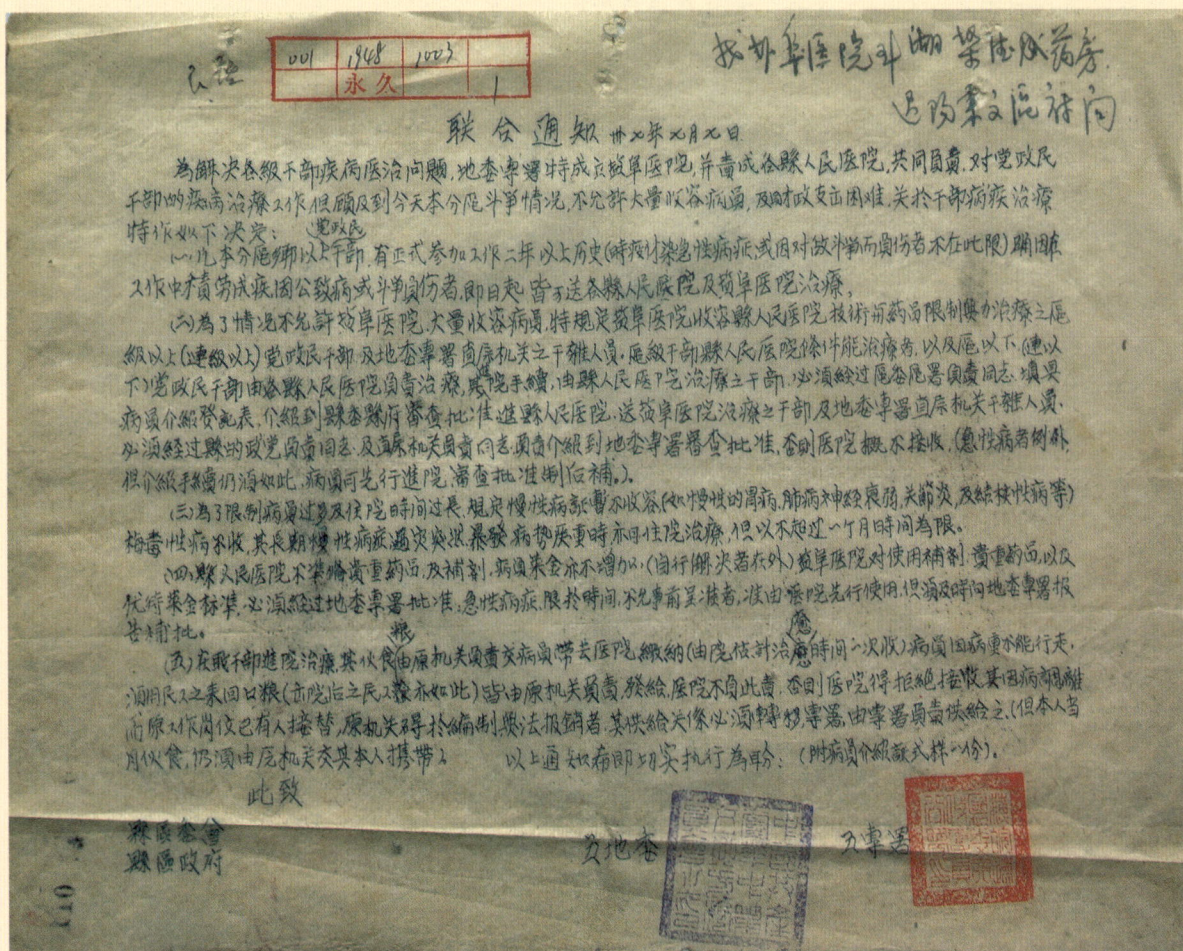

成立盐阜医院的联合通知

全文：

## 联合通知

三十七年七月七日

为解决各级干部疾病问题，地委专署特成立盐阜医院，并责成各县人民医院共同负责对党政军民干部的疾病治疗工作。但顾及到今天本分区斗争情况，不允许大量收留病员，及财政支出困难，关于干部疾病治疗工作特作如下决定：

（一）凡本分区乡以上党政民干部，有正式参加工作二年以上历史（时疫传染急性病症，或因对敌斗争而负伤者，不在此限），确因在工作中积劳成疾，因公致病或斗争负伤者，即日起，皆可送各县人民医院及盐阜医院治疗。

（二）为了情况不允许盐阜医院大量收留病员，特规定盐阜医院收容县人民医院技术与药品限制、无力治疗之区级以上（连级以上）党政民干部，及地委专署直属机关之干杂人员。区级干部县人民医院能治疗者，以及区以下（连以下）党政民干部，由各人民医院负责治疗。其进院手续：由县人民医院治疗之干部，必须经过区委、区署负责同志填具病员介绍登记表，介绍到县委、县府审查批准，进县人民医院。送盐阜医院治疗之干部，及地委、专署直属机关干杂人员，必须经过县的党政负责同志及直属机关负责同志，负责介绍到地委、专署审查批准，否则医院概不接收（急性病例外，但介绍手续仍需如此，病员可先行进院，审查批准后补）。

（三）为了限制病员过多及住院时间过长，规定慢性病症暂不收容（如慢性的胃病、肺病、神经衰弱、关节炎及结核性病等）。梅毒性病不收。其长期慢性病症遇灾突然暴发、病势严重时，亦可住院治疗，但以不超过一个月时间为限。

（四）县人民医院不准备贵重药品及补剂，病员菜金亦不增加（自行解决在外）。盐阜医院对使用补剂、贵重药品以及优待菜金标准，必须经过地委、专署批准。急性病症，限于时间，不允事前呈准者，准由医院先行使用，但须及时向地委、专署报告补批。

（五）在职干部进院治疗，其伙食粮由原机关交病员带去医院缴纳（由院估计治愈时间一次收）。病员因病重不能行走，须用民工之来回口粮（出院后之民工亦如此），皆由原机关负责发给，医院不负此责，否则医院得拒绝接收。其因病调离而原工作岗位已有人接替，原机关碍于编制，无法报销者，其供给关系必须转移专署，由专署负责供给之（但本人当月伙食，仍须由原机关交其本人携带）。

以上通知希即切实执行为盼，（附病员介绍证式样一份）。

此致

县区委会

县区政府

五地委

五专署

# 《盐阜画报》创刊号

**保管单位：**新四军纪念馆

**内容及评价：**

　　1948年正值夺取解放战争最后胜利的关键时刻，《盐阜画报》的出版，为配合当时形势的宣传具有重大的现实意义。特别是此画报的大众性、可读性和宣传性是其他刊物所难以比拟的。此物品为建国前反映地方刊物的珍品，存量极少。画报为华中五分区盐阜报社编印，米白色纸质，正面是红、黄、兰三色套印；背面是红、黄、灰色印刷。本品由江苏省美术出版社主编严学优捐赠。

《盐阜画报》创刊号

# 苏北行政公署关于兴修通榆干线的训令

**保管单位：**盐城市档案馆

**内容及评价：**

　　通榆干线是战时苏北行政公署为加强沿海南北交通，便利军用，巩固海防而修建的重要交通运输线。该干线的修建涉及泰州、南通、盐城、淮阴四地，工程量大、耗时长，战略意义突出，仅盐城境内就长达146.5公里。该训令内容包括该工程的施工要求、时间限制、人员派遣以及财力、物力分配等，真实反映了战争时期，军民众志成城，大力加强交通战备能力建设，服务战时运输需要的相关历史，为研究解放战争时期盐城地界的战略部署、军队运输以及交通情况的第一手史料。

8.

## 苏北行政公署 训令

事由：为令兴修通榆干线，限于八月初旬前完成由

令泰州南通盐城淮阴专署

交建字第　　号

一九四九年六月十六日

　　顷奉第三野战军司令部来电为加强沿海南北交通，便利军用，巩固海防起见决定限期修复通榆干线，仰各该专署遵照下列各点迅即准予催动员兴修：

　　一、各就境内通榆干线路段，抽派负责干部沿通南至阜宁东坎、响水口旅浦赣榆二线同时进行测勘，限于本月廿日前将该二线桥梁公路桥公路预算、修筑计划具报来署，以凭核办。（南通至天生港、启东二线桥）

　　二、路面最少二丈宽，要求平整、滚压坚实，低洼地段应适当加高，保证雨季亦能通车。

　　三、桥梁之修建须搜能通过重型战车、炮车之载重十五公吨（即三万市斤）以上设计。

　　上述各线桥梁，希即迅速研究进行，统限于八月初旬以前全部竣工毋许迟延影响军事需要！

　　此令。

主任 贺希明

苏北行政公署训令

全文：

## 苏北行政公署训令

交字 第十四号

一九四九年六月十六日

令泰州南通盐城淮阴专署：

项奉第三野战军司令部来电，为加强沿海南北交通，便利军用，巩固海防起见，决定限期修复通榆干线，仰各该专署，遵照下列各点迅即准备动员兴修。

一、各就境内通榆干线路段，抽派负责干部，沿通南至阜宁、东坎、响水口、板浦、赣榆及沿南通至阜宁蔡工新安镇板浦赣榆二线同时进行测勘。限于本月三十日前将该二线桥梁公路兴修预算，修筑计划具报来署，以凭核办。（南通至天生港、启东二线桥梁公路预算亦限同时呈署备核）

二、路面最少二丈宽，要求平整，滚压坚定，低洼地段应适当加高，保证雨季亦能通车。

三、桥梁之修建须按能通过重型战车、炮车载重十五公吨（即三万市斤）以上设计。

上述各线桥梁，希即迅速研究进行，统限于八月初旬以前全部竣工，毋得迟延影响军事需要！

此令。

主任　贺希明

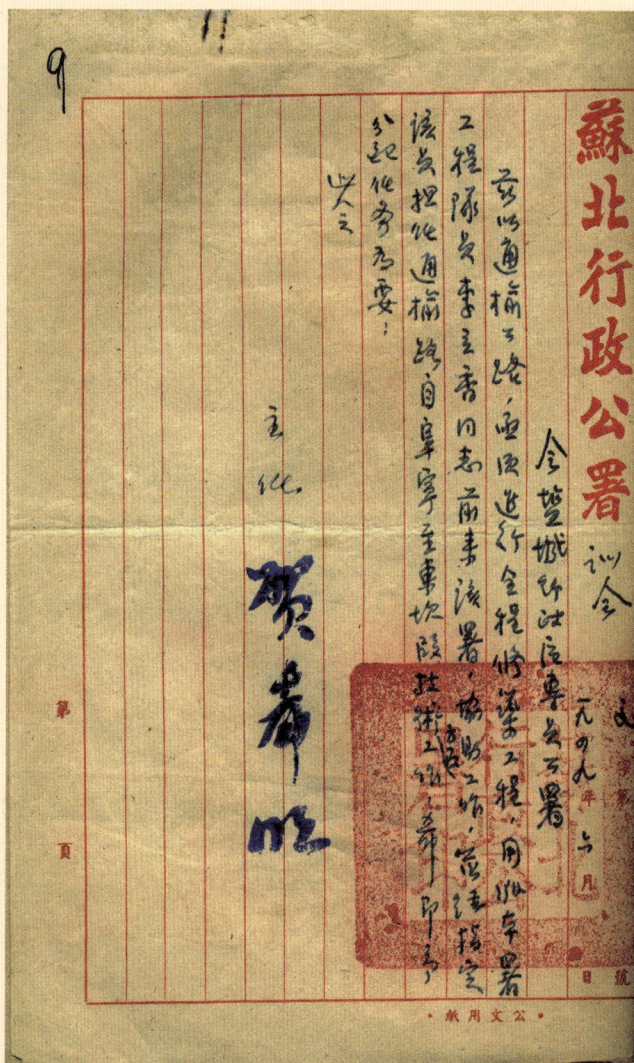

苏北行政公署训令

全文：

## 苏北行政公署训令

交字第

一九四九年六月

令盐城行政区专员公署：

　　兹以通榆公路，亟须进行全程修筑工程，用派本署工程队员李立香同志前来该署，协助工作，并经指定该员担任通榆路自阜宁至东坎段技术方面工作，希即予分配任务为要！

　　此令。

主任　贺希明

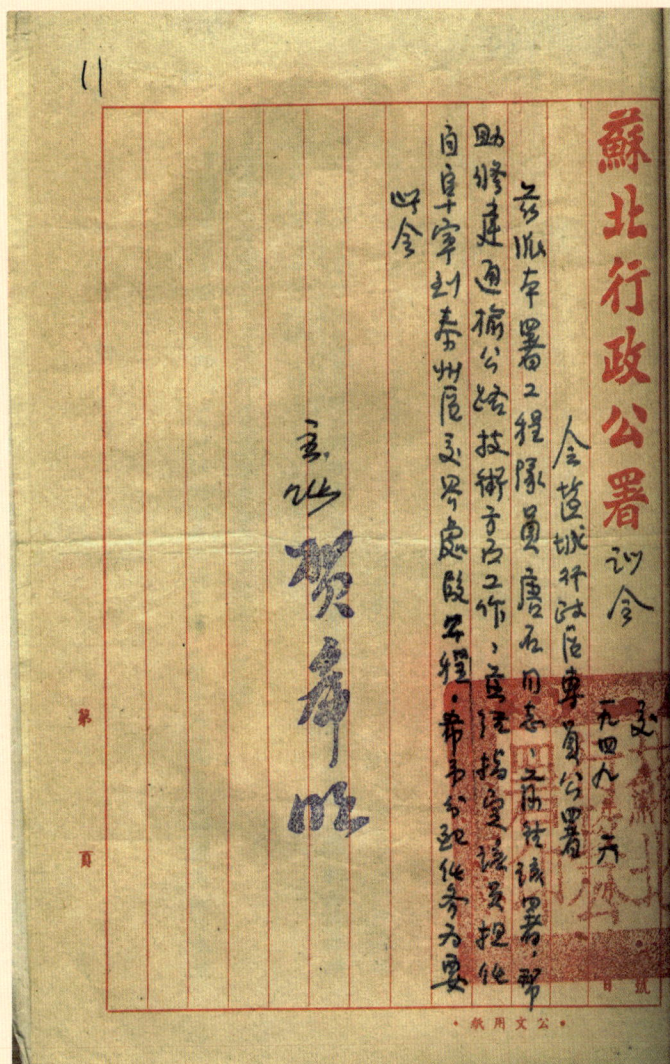

苏北行政公署训令

**全文：**

## 苏北行政公署训令

交字第

一九四九年六月

令盐城行政区专员公署：

　　兹派本署工程队员唐石同志，前往该署，帮助修建通榆公路技术方面工作，并经指定该员担任自阜宁到泰州区交界处段工程，希予分配任务为要。

　　此令。

主任　贺希明

# 军烈属证

**保管单位：** 盐都区档案馆

**内容及评价：**

　　馆藏军烈属证档案为上世纪80年代盐都区档案馆征集，共计28份。多为1949年中国人民解放军第114师政治部、华东野战军一纵一师政治部、华东财办南进总队政治部、东北人民解放军、第三野战军、华东军区、苏北军区、第四野战军南下工作团、苏北盐城行政区专员公署、叶挺县城区区政府等单位颁发的军属证和少数烈属证，现作为革命历史档案保存。这批军烈属证涉及到16个部队建制和2个盐城地方建制，是研究解放初期中国人民解放军部队建制和拥军优属的不可多得的文献史料。

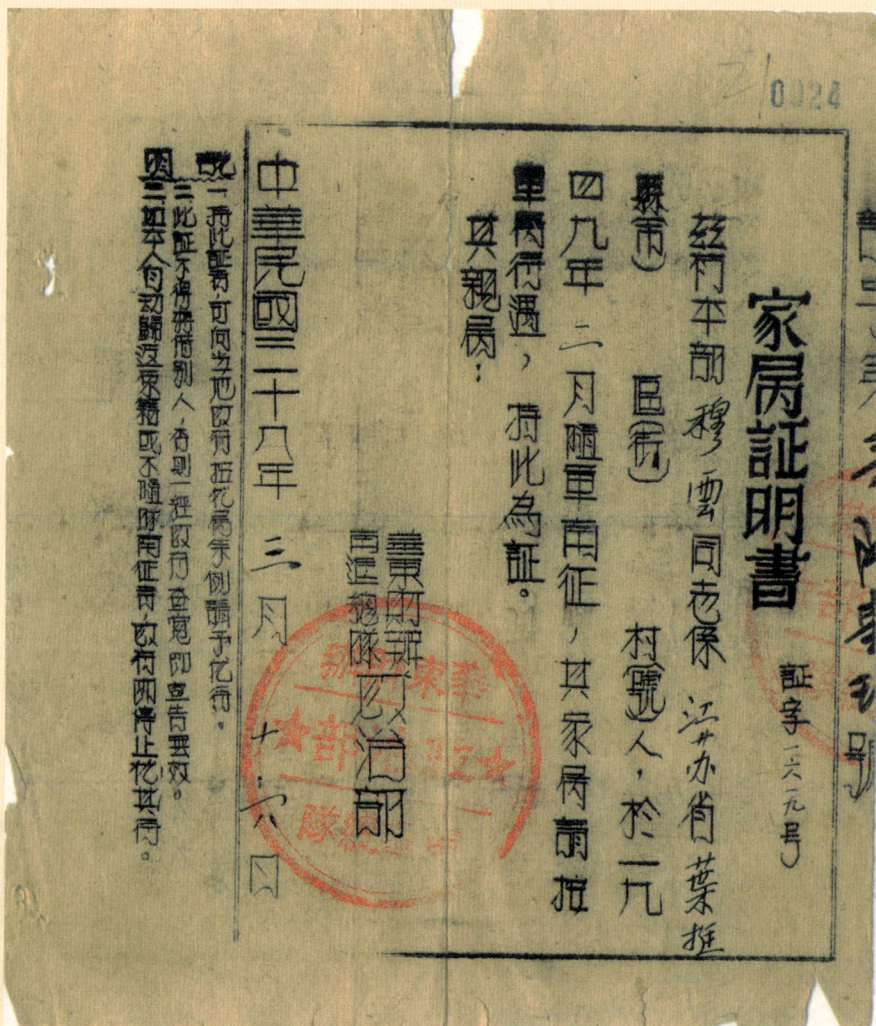

家属证明书

全文：

## 家属证明书

证字一六一九号

兹有本部穆云同志系江苏省叶挺县（市）　区（街）　村（号）人，于一九四九年二月随军南征，其家属请按军属待遇，特此为证。

其亲属：

华东财办南进总队政治部

中华民国三十八年三月十六日

说明：

一、持此证者，可向当地政府按优属条例请予优待。

二、此证不得转借别人，否则一经政府查觉，即宣告无效。

三、如本人自动归返原籍或不随队南征者，政府则停止优其待。

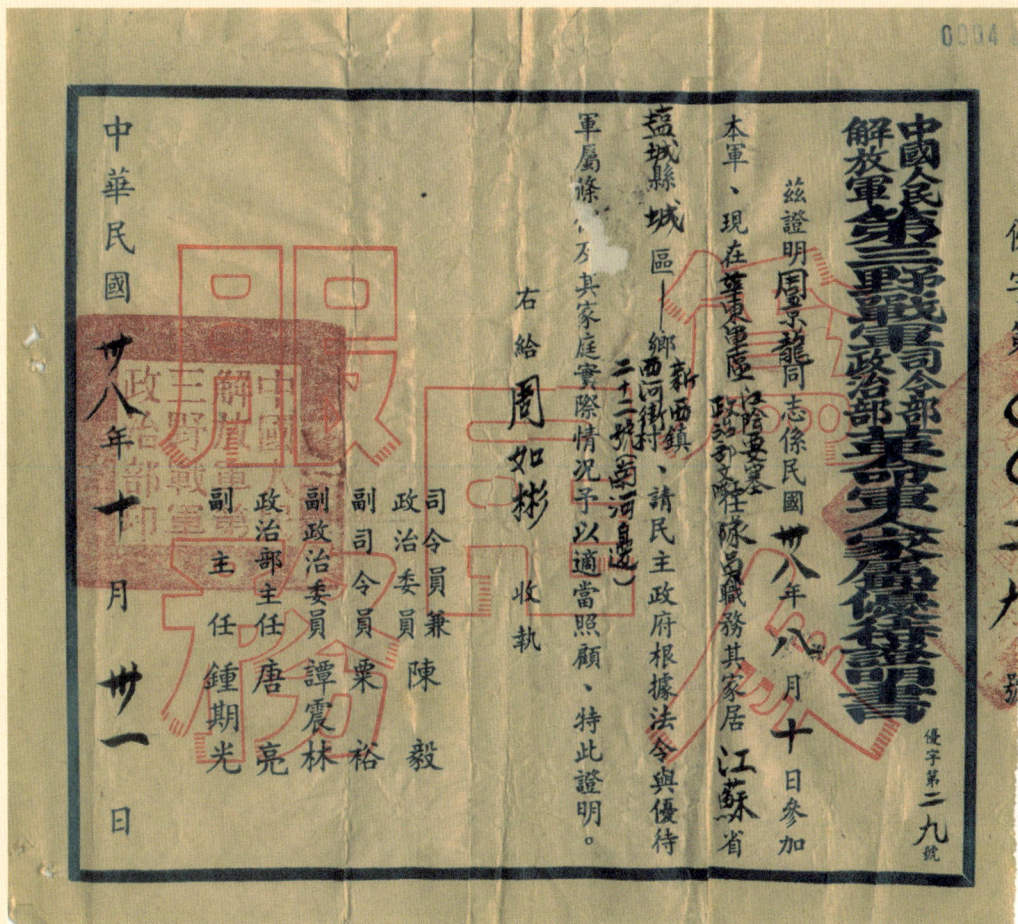

第三野战军革命家属优待证明

全文：

# 中国人民解放军第三野战军司令部、政治部革命军人
## 家属优待证明书

优字第二九号

　　兹证明周景龙同志系民国三十八年八月十日参加本军、现在华东军区江阴要塞政治部文工队任队员职务，其家居江苏省盐城县城区新西镇西河街村二十二号（南河边）、请民主政府根据法令与优待军属条例及其家庭实际情况予以适当照顾、特此证明。

　　右给周如彬收执。

司令员兼政治委员　　陈　毅

副司令员　　粟　裕

副政治委员　　谭震林

政治部主任　　唐　亮

副主任　　钟期光

中华民国三十八年十月三十一日

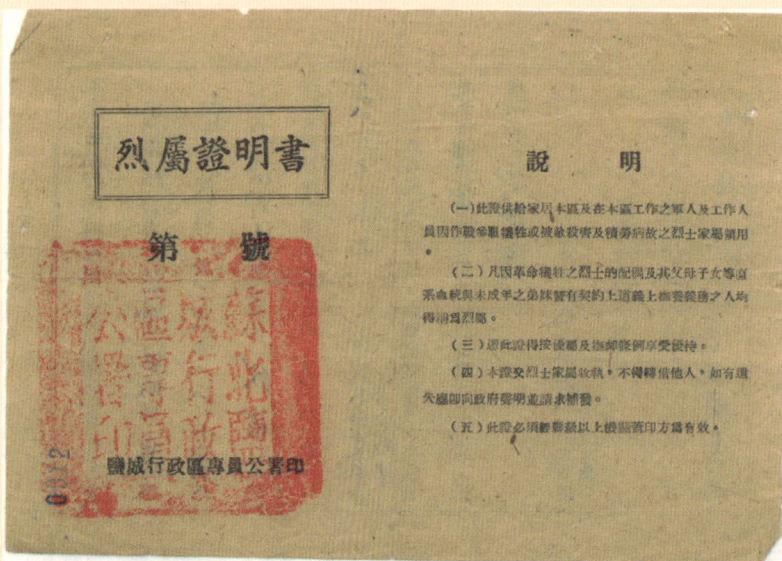

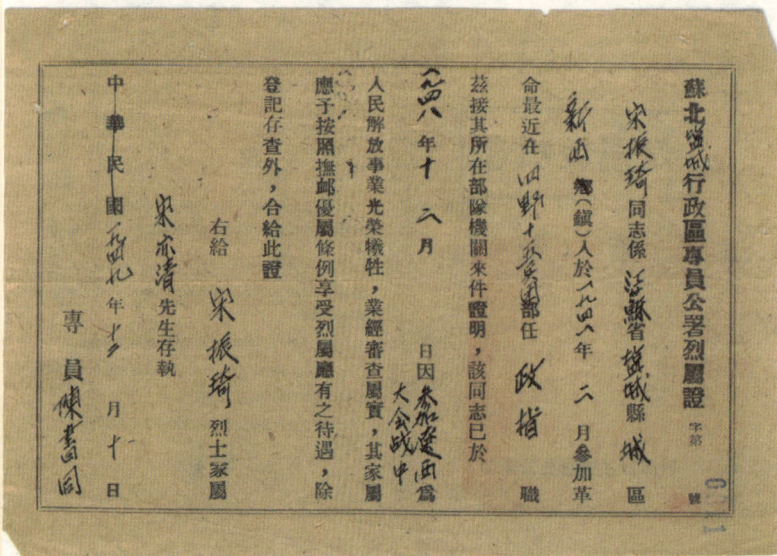

苏北盐城行政区专员公署烈属证

全文：

**苏北盐城行政区专员公署印**

**苏北盐城行政区专员公署烈属证**

字第 号

　　宋振琦同志系江苏省盐城县城区新西镇人，于一九四一年二月参加革命，最近在四野十五兵团部任政指职，兹接其所在部队机关来件证明，该同志已于一九四八年十二月 日因参加辽西大会战中为人民解放事业光荣牺牲，业经审查属实，其家属应予按照抚恤优属条例享受烈属应有之待遇，除登记存查外，合给此证。

　　右给宋振琦烈士家属宋亦清先生存执。

一九四九年十二月十日

专员 陈书同

**烈属证明书**

第 号

说　明

　　（一）此证供给家居本区及在本区工作之军人及工作人员因作战参战牺牲或被敌杀害及积劳病故之烈士家属领用。

　　（二）凡因革命牺牲之烈士的配偶及其父母子女等直系血统与未成年之弟妹暨有契约上道义上抚养义务之人，均得称为烈属。

　　（三）凭此证得按优属及抚恤条例享受优待。

　　（四）本证交烈士家属收执，不得转借他人，如有遗失应即向政府声明并请求补发。

　　（五）此证必须经县级以上机关盖印方为有效。

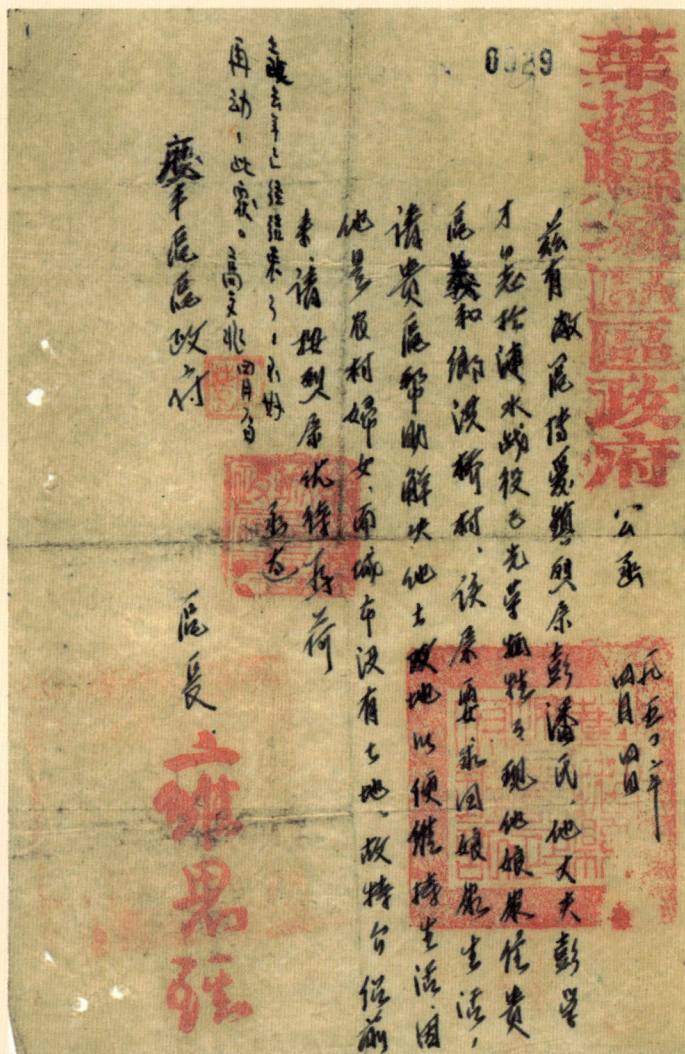

叶挺县城区区政府公函

全文：

## 叶挺县城区区政府公函
一九五〇年四月四日

　　兹有敝区博爱镇烈属彭潘氏，她丈夫彭学才同志于涟水战役已光荣牺牲了，现她娘家住贵区义和乡洪桥村，该属要求回娘家生活，请贵区帮助解决她土改地，以便维持生活。因她是农村妇女，而城市没有土地，故特介绍前来，请按烈属优待为荷。
　　函达。

庆丰区区政府

区长　雍思琪

　　土改去年已经结束了，不好再动，此复。

高文兆

四月六日

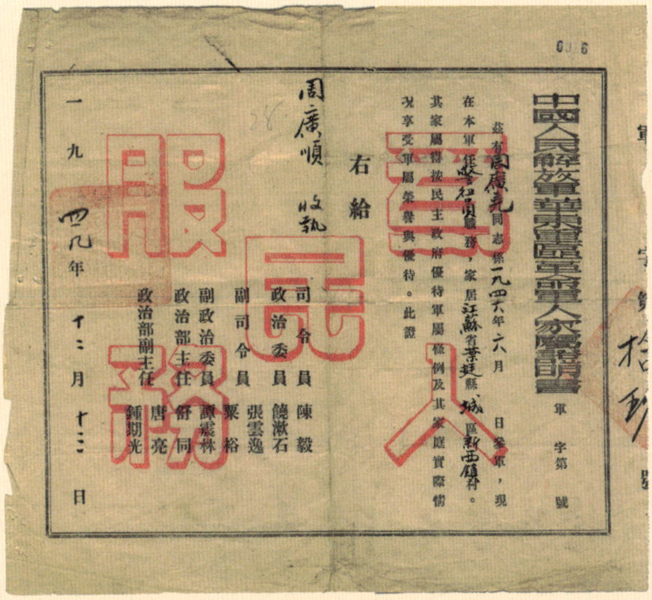

中國人民解放軍華東軍區革命軍人家屬證明書

軍 字第 號

茲有周廣先同志係一九四六年六月 日參軍，現在本軍任參謀職務，家居江蘇省東臺縣城區新西鎮村。其家屬得按民主政府優待軍屬條例及其家庭實際情況享受軍屬榮譽與優待。此證

右給 周廣順 收執

司令員 陳毅
政治委員 饒漱石
副司令員 粟裕 張雲逸
副政治委員 譚震林
政治部主任 舒同
政治部副主任 唐亮 鍾期光

一九四九年十二月十二日

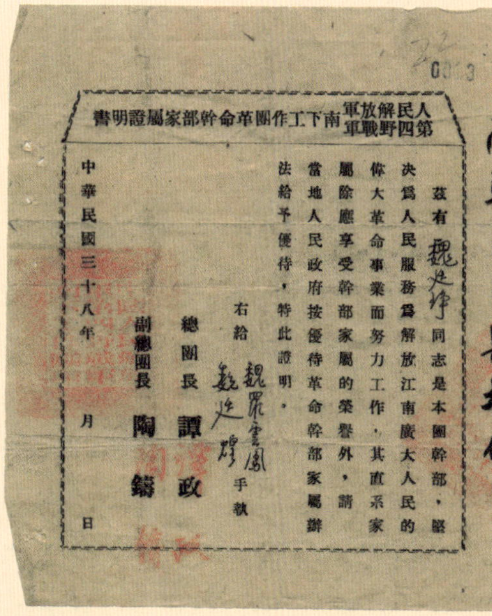

中國人民解放軍第四野戰軍南下工作團革命幹部家屬證明書

茲有魏廷璋同志是本團幹部，堅決爲人民服務爲解放江南廣大人民的偉大革命事業而努力工作，其直系家屬除應享受幹部家屬的榮譽外，請當地人民政府按優待革命幹部家屬辦法給予優待，特此證明。

右給 魏罷雲 手執

總團長 譚政
副總團長 陶鑄

中華民國三十八年 月 日

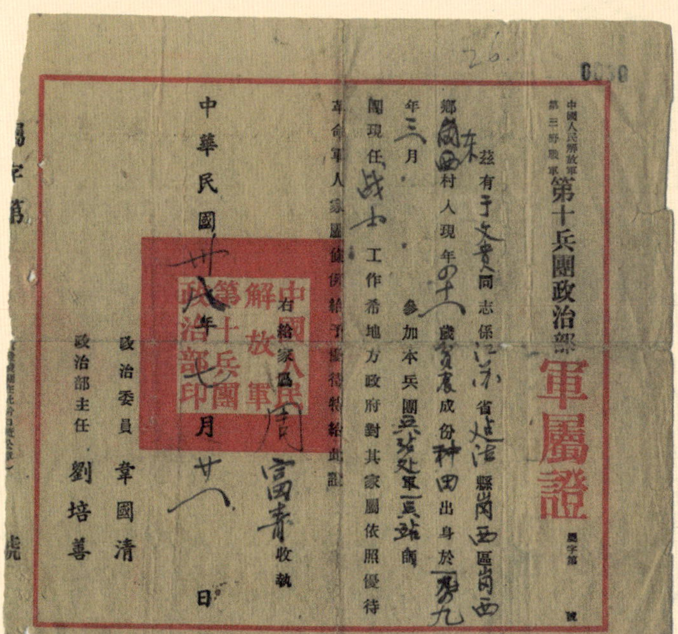

中國人民解放軍第三野戰軍第十兵團政治部

軍屬證

軍字第 號

茲有于文貴同志係江蘇省延陵縣西區西鄉西村人現年四十歲家庭成份種田出身於一九四九年三月參加本兵團某某處軍需站部隊現任戰士工作希地方政府對其家屬依照優待革命軍人家屬條例給予優待特給此證

右給家屬 周富青 收執

政治委員 韋國清
政治部主任 劉培善

中華民國廿八年七月廿八日

军烈属证

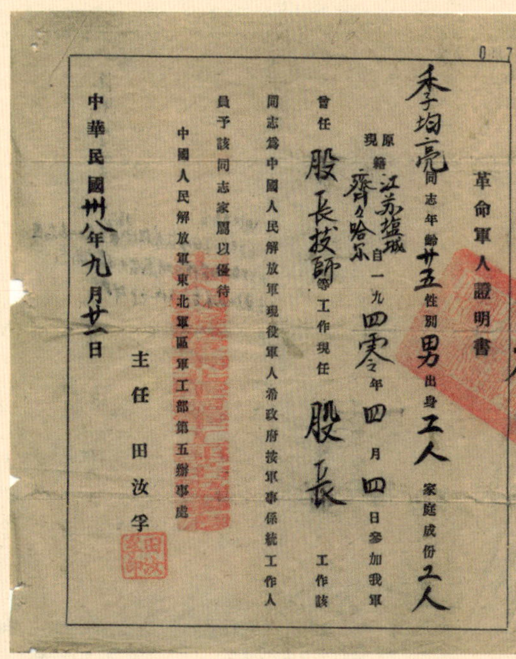

革命軍人證明書

李均亮同志年齡廿五性別男出身工人家庭成份工人

原籍江苏盐城 現籍齊齊哈尔 自一九四零年四月四日參加我軍

曾任股長技師等工作現任股長工作該

同志爲中國人民解放軍現役軍人希政府按軍事系統工作人員予該同志家屬以優待

中國人民解放軍東北軍區軍工部第五辦事處

主任 田汝孚

中華民國卅八年九月廿一日

# 《与国统区通邮暂行办法》

**保管单位：** 盐城市档案馆

**内容及评价：**

　　解放区与国统区通邮是解放战争时期稳定军心和民心的一项重要措施，也是中国共产党和国民党有识之士对国共通邮这一利国利民举措的实践。该档案记录了1949年3月18日华中行政办事处根据现实需要，决定扬州、通州、泰州三地城市邮局为华中解放区与国统区通邮的总进出口邮局的相关历史。并在《与国统区通邮暂行办法》中，明确了通邮范围、要求、注意事项等相关细节。该档案是研究我国邮政发展史，尤其是解放区与国统区通邮历史的第一手史料，具有重要的参考价值。

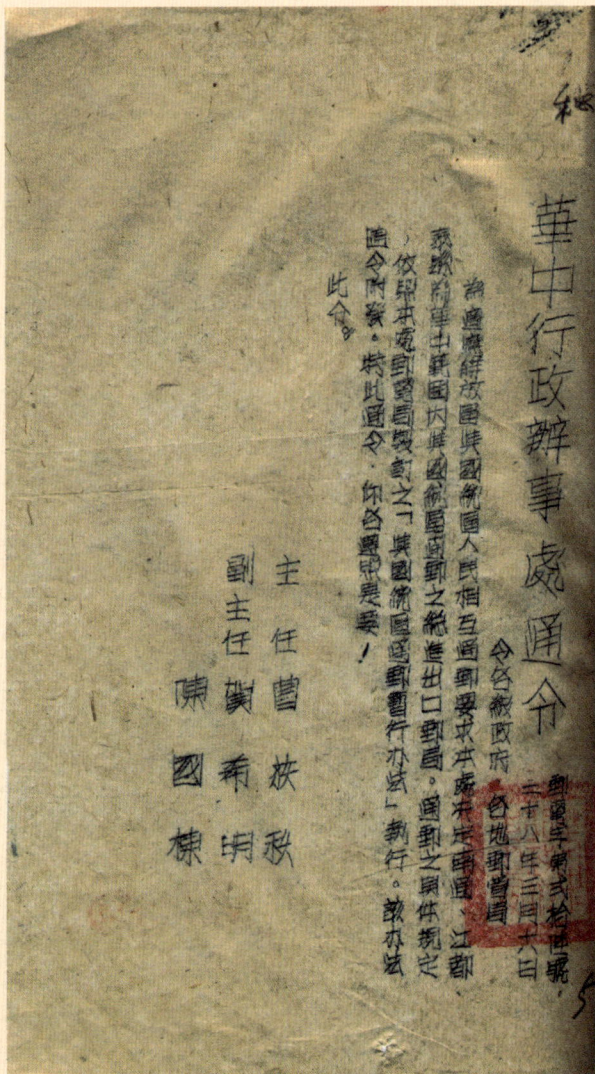

华中行政办事处通令

**全文：**

### 华中行政办事处通令

邮电字第贰拾陆号

民国三十八年三月十八日

令各级政府、各地邮电局：

　　为适应解放区与国统区人民相互通邮要求，本处决定南通、江都、泰县为华中范围内与国统区通邮之总进出口邮局。通邮之具体规定，依照本处邮电局制订之"与国统区通邮暂行办法"执行。该办法随令附发。特此通令，仰各遵照是要！

　　此令。

　　　　　　　　主　任　曹荻秋
　　　　　　　　副主任　贺希明
　　　　　　　　　　　　陈国栋

# 與國統區通郵暫行辦法

為團惠解放區反國民黨國統區内廣大群眾郵寄通信要求上級團示准予我華中解放區與國統區通郵，本局特制定以下暫行辦法。

一、根據目前華中地區形勢，暫規定：揚州、通州、泰州三地城市郵局，為我華中解放區與國統區通郵進出郵件總交換口局，為了避免匪方郵務人員深入我解放區内地，進行反革命的非法活動，本應由揚、通、泰三地城市郵局設或在長江北岸各建立一個郵局郵件交換站（站設立的具體地點由各市局自己選定）

二、各郵局郵件交換站的人事配備應配一個政治方面較强的，能對匪方郵工人員做政治工作的站長一人，政治可靠業務熟練的收發一人，根據工作實際需要一定數量的交通員。

三、與國統區通郵後通寄郵資，由郵局統辦

德國機郵件（平信掛號信）凡匪方之宣傳印刷品等及其他郵政業務，絶不與團辦。如匪方郵局要求在我解放區外郵務站郵外之郵件我方統辦郵口局及郵務站應在總收匣，就照匪方未納的郵工費回去。

四、與匪方郵局通郵後，雙方進出口郵件封運、由匪方郵局一方寄递、即是國統區群眾郵寄到解放區的郵件由匣方郵局收入递到刊郵站站、我方出口之郵件由三地總交換口局，打好封包交到各站，由匪方郵局递寄納郵工清回。

五、凡匪口郵件貼有「戰光像了的郵票，我方各總交納口局及郵務站，要起起按递，如發现封面郵件貼有「戰光像」之郵票者，我方統納轉口局，在郵件上加蓋「戰死郵票、解放區禁寄」職不回色封退回（職子由匯建局發的）

六、與國統區通郵後，凡到統區郵來信函親之郵件我華中解放區各地方郵局，要周轉由匣區民及解放區人民寄到國統區的郵件（德国類）我華中各地方郵局，統予收寄。

七、三處對外總郵口局為防止将解放區郵政郵件統寄至國統區，在封發出口郵件時應做到。

①、将机关郵件挟社会公家郵件，嚴格執行分開封袋。

②、凡至國統區郵件、在檢交稱封時、各設封口局政稱人、周測自退目检查，以免誤交。

八、在與國統區通郵後，匪方假自寄來此机會借國郵資、進行反革命宣傳及特務活動，因此暫時規定凡国統區與解放區之來往郵件、如欲執行嚴格的檢查制度、或辦法：凡寄收缺核匣時、由當地縣（市）具权級以上的郵局机关通知或封色资交当地国级公安部門負責检查，及由公安部門指定或同意郵寄部門某一位同志負檢查权利、郵寄部門任何幹部不得直接检查郵件，但必頒做到有問题之郵件、非得检查以後方得发還匣批。

九、三處郵口局，在郵第一次内外建立通郵关係時一律按管理局親定之匯郵國地書资至对方郵局

華中郵國管理局

一九四九年三月十九日

与国统区通邮暂行办法

全文：

# 与国统区通邮暂行办法

为适应解放区及国统区的广大群众邮寄通信要求，上级电示准予我华中解放区与国统区通邮，本局特订定以下暂行办法：

一、根据目前华中地区形势，暂确定扬州、通州、泰州三地城市邮局为我华中解放区与国统区通邮进出邮件总的转口局，为了避免匪方邮讯人员深入我解放区内地，进行反革命的非法活动，决定由扬、通、泰三地城市邮局负责在长江北岸各建立一个前哨邮件交换站（站设立的具体地点由各市局自己选定）。

二、各前哨邮件交换站的人事配备要配一个在政治方面较强的、能对匪方邮工人员做做政治工作的站长一人，政治可靠业务较熟练的收发一人，根据工作实际需要设一定数量的交通员。

三、与国统区邮局通办邮务范围，目前只试办信函类邮件（平信、挂号信），凡匪方之宣传印刷品等及其他邮政业务，绝不与其通办。如匪方邮局转来在我规定通办邮务范围外之邮件，我方总的转口局及前哨站应拒绝收运，说服匪方来的邮工带回去。

四、与匪方邮局通邮后，双方进出口邮件转运由匪方邮局一方负责，即是国统区群众邮寄到解放区的邮件由匪方邮局派人送到我前哨站，我方出口之邮件由三地总的转口局，打好封包交前哨站，给匪方邮局派来的邮工带回。

五、凡进口邮件贴有"战犯像"之邮件，我方各总的转口局及前哨站，要拒绝投递，如发现转来邮件贴有"战犯像"之邮票者，我方总的转口局在每件上加盖"战犯像邮票，解放区禁寄"戳子捆包封退回（戳子由管理局发给）。

六、与国统区通邮后，凡国统区转来信函类之邮件我华中解放区各地方邮局，要负责转运与投递，凡解放区人民寄到国统区的邮件（信函类），我华中各地方邮局概予收寄。

七、三处对外总转口局为防止将解放区军政邮件误发至国统区，在对发出口邮件应做到：1. 将机关邮件与社会公众邮件，严格执行分开封发。2. 发至国统区邮件，在最后包封时，各处转口局负责人，应亲自过目检查，以免错发。

八、在与国统区通邮后，匪方很可能乘此机会空函邮寄，进行反革命宣传及特务活动，因此暂时规定凡是国统区与解放区之来往邮件，均需执行严格的检查制度，其办法：凡寄收与投递时，由当地县（市）局及县以上的邮电机关通知或封包寄交当地同级公安部门负责检查，没有公安部门指定或同意，邮电部门某一位同志有检查权利［力］，邮电部门任何干部不得随便检查邮件，但必须做到有问题之邮件，非得检查以后方得投递和寄出。

九、三处转口局，在第一次对外建立通邮关系时一律按管理局拟定之通邮通知书寄至对方邮局。

华中邮电管理局

一九四九年三月十九日

# 华中大学南移停招公函

**保管单位：**盐城市档案馆

**内容及评价：**

华中大学，是中共华中工委于1948年12月在盐城创办的一所大学，是一所"抗大"式的新型学校，主要为渡江南下接管新区培养干部。华东野战军华中指挥部司令员管文蔚亲自担任校长。大学内设14个大队，有学员千余人，多为来自"国统区"和新解放区的青年学生和少数社会青年，经过革命理论和城市政策的学习，1949年3月编入两淮总队（当时的南下干部总队）。当年4月21日至23日，随三野十兵团横渡长江，被分配到苏州的有400余人，在军管会统一部署下，分别进入工业、文教、政法、财经等系统开展工作。该档案真实记录了渡江战役前，华中大学随军南移的历史，并有时任校长管文蔚的印章，是研究战时办校情况、华中大学校史以及渡江战役的重要资料。

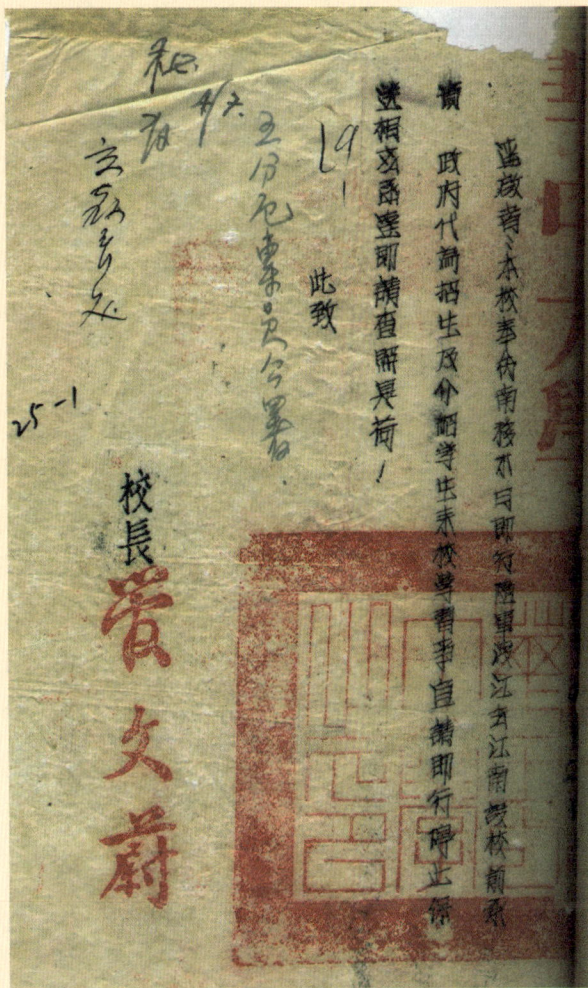

华中大学南移停招公函

**全文：**

### 华中大学公函

第 号

迳启者：

本校奉命南移，不日即行。随军渡江去江南设校，前承贵政府代为招生及介绍学生来校学习事宜，请即行停止，保送相应函达，即请查照是荷！

此致

五分区专员公署

校长 管文蔚

卅八年四月七日

# 《盐城专区营业税征收细则》

**保管单位：** 盐城市档案馆

**内容及评价：**

为执行苏北行署颁布的《营业税征收暂行办法》，苏北盐城行政区专员公署根据盐城经济发展现状，于1949年4月颁布《盐城专区营业税征收细则》，以此规定了营业税的征收范围、免征范围、征率与起征标准、控制方法与征收方法、征收手续等，使盐城税收趋于合理。在平衡工商业负担的同时，也提高了农民、小手工业者的生产积极性，增加了政府的财政收入，繁荣了国民经济。本档案内容翔实、权威，是研究解放前夕盐城地区税收政策以及当时当地社会经济发展的重要史料。

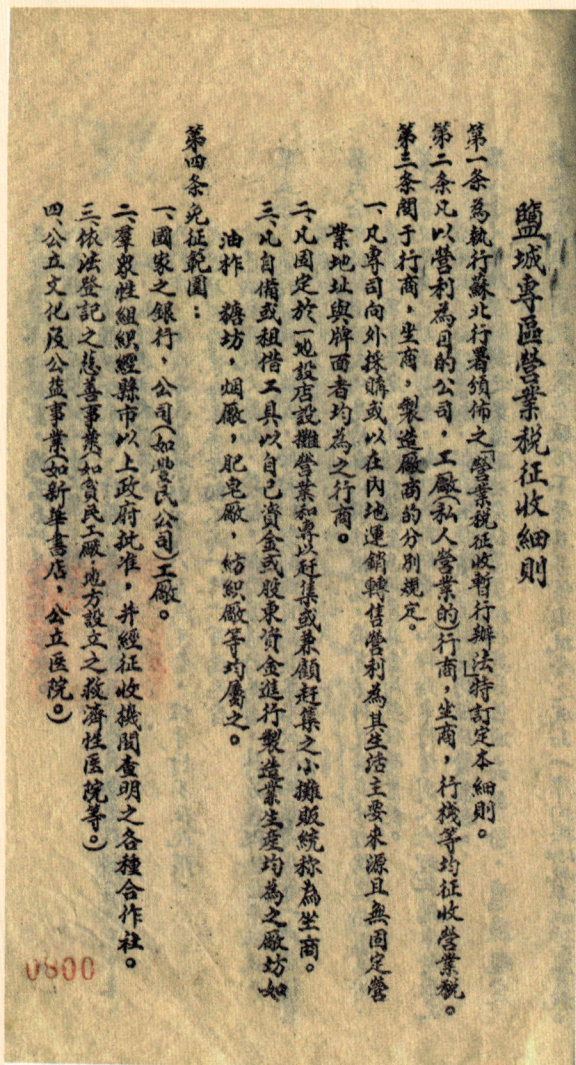

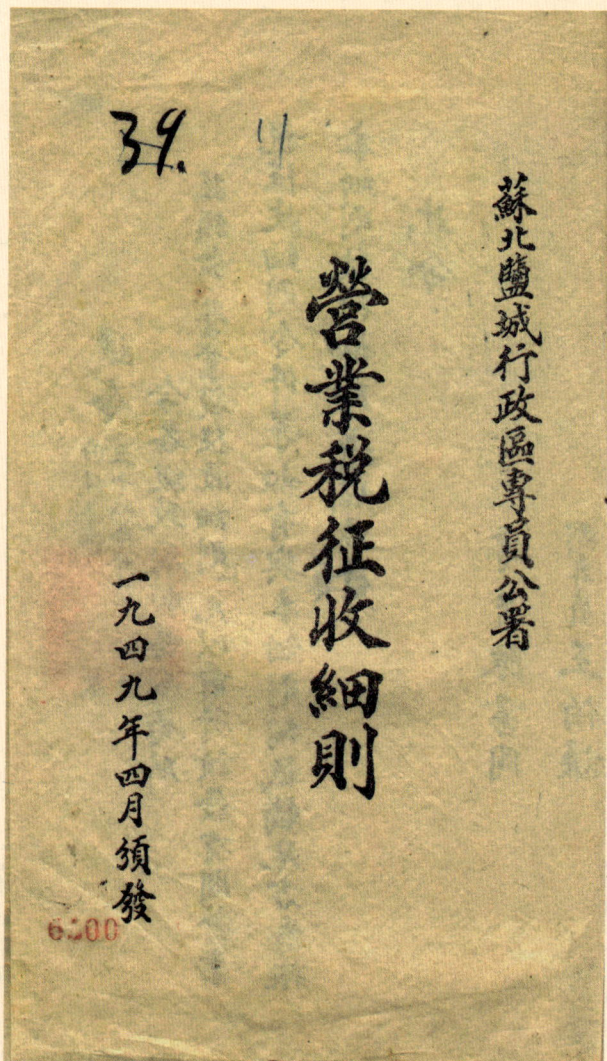

盐城专区营业税征收细则

五、製造或修理機器，機器另件及農具事業。

六、機關部隊及家庭之手工業，付業。

七、肩挑負販總營米穀、什糧、菜蔬、家禽及自造自營之糕餅店，瓦、木、銅、鐵匠店或衣舖等。

八、行商、坐商每季營業額不滿八百萬元者，但牙行不在此限。

九、廠坊製造業每季營業額不滿一仟六百萬元者

第五条 凡賣於部隊、機關、學校以營利為目的設立之公司工廠商店等一律照征營業稅。

第六条 免征範圍第五項是指專以製造機器，機器另件農具或修理機器另件，農具之事業而定，凡販賣機器其者均照征營業稅。

第七条 凡憑自己技術勞動，如醫生診斷費，和騾踏車行營別入修理腳踏車所取之費用均不計營業額，但其有售賣成品部份仍照征營業稅。

第八条 凡已納座銷稅之製造廠坊免征營業稅但其另售成品部份，應照規定稅率折半征收之。

第九条 免抵座銷稅之製造廠坊 不營具另售與批發之成品一律均換15%稅率收征營業稅。

第十条 征率與起征標準：

一、公司，坐商，行商按營業額征收百分之三，起征標準為每季營業額滿八百萬元者。

二、廠坊製造業按營業額征收百分之一.五。(已征座銷稅者，祇征另售部份)起征標準為每季營業額滿一千六百萬元者。

三、牙行按佣金額征收百分之十五，無起征額。

第十一条 控制方法與征收方法：

一、行商①依據本身以前發放營業金征所掌握的材料為主，同時參酌就地政府戶口發記，查明所轄境內之行商數字，並通過船管局船業公會等進行了解以為查征之行商②對行商營業稅控制與征收，均按居住地，不得沿途隨貨附征與見貨查征。

二、坐商、製造廠商：①各轄征分局所必須經帶了解坐商製造廠商(主要是設有稅所之城鎮)營業情況以便季終核計各業營業額時有所依據，必要時可採用檢查賬簿等的方法。②對已征座銷稅之製造廠坊，須要其訂立批發與另售兩本賬簿以便檢查與季終核計。③分散在鄉村和小集鎮之坐商及製造廠商於季終由其自報營業額由征收機關酌定征收之。

盐城专区营业税征收细则

三、牙行：①凡在设有稽征分局所城镇之牙行，不分类别均於季终由行主自报佣金额，经民主评议最後由评委会核定征收之。②分散在乡村和小集镇之牙行，一律採用季初征收。由征收机关依实际情况估计每季营业额按税率计祘征收之。

第十二条 征收手续与时间：

一、凡公司私人经营的行商、坐商、製造厂商，行栈之营业税，均於每季季终十天内征收结束。

二、凡行商外出经营，不能遵兹纳税期限回者，得依据实际提早或延期征收之。

三、凡应纳营业税之各业，须在每季季终三天内将本季营业额或佣金额据实申报，就地征收机关作为评议和稽查之根据。

四、凡行商外出经营，一律以其售货时间为标準，确定该售货值营业额属於那一季。

五、各业营业额或佣金额申报营经评委会评议核定後得由征收机关公告限期缴纳营业税。

第十三条 凡营业时间未满三个月但营业额已足起征标準者，得於其营业结束时由经营者自报营业额，经征收机关酌定征收之。

第十四条 营业之季节：确定二三四月为春季五六七月为夏季，八九十月为秋季，十一月至翌年元月为冬季。

第十五条 凡营业额已足起征标準以上，而遭遇非人力所能抗拒之灾害以致无力缴纳者，经申报查明，按其损失程度，酌予减征或免征。

第十六条 评委会组织成员之确定，政府代表一人，征收机关代表一人、职工会代表一人（无职工会之地区由政府聘请之）商会代表一人（无商会之地区，由商店推选之）地方公正人士一人由政府聘请之。

第十七条 组织评委会地点之确定：盐城、淮城、东坎、益林、东沟、合德、大冈、伍佑、阜宁、湖垛十处。

第十八条 本细则自颁佈施行日起施行，如有未尽事项由本署以命令修正之。

盐城专区营业税征收细则

全文:

# 苏北盐城行政区专员公署
## 营业税征收细则
一九四九年四月颁发

盐城专区营业税征收细则

第一条　为执行苏北行署颁布之"营业税征收暂行办法"特订定本细则。

第二条　凡以营利为目的的公司、工厂、（私人营业的）行商、坐商、行栈等均征收营业税。

第三条　关于行商、坐商、制造厂商的分别规定。

一、凡专司向外采购或以在内地运销转售营利为其生活主要来源且无固定营业地址与牌面者均为之行商。

二、凡固定于一地设店设摊营业和专以赶集或兼顾赶集之小摊贩统称为坐商。

三、凡自备或租借工具以自己资金或股东资金进行制造业生产均为之厂坊，如油柞、糖坊、烟厂、肥皂厂、纺织厂等均属之。

第四条　免征范围：

一、国家之银行、公司（如丰民公司）、工厂。

二、群众性组织经县市以上政府批准，并经征收机关查明之各种合作社。

三、依法登记之慈善事业（如贫民工厂，地方设立之救济性医院等）。

四、公立文化及公益事业（如新华书店、公立医院）。

五、制造或修理机器，机器零件及农具事业。

六、机关部队及家庭之手工业，副业。

七、肩挑负贩经营米谷、什粮、菜蔬、家禽及自造自营之糕饼店、瓦、木、铜、铁匠店成衣铺等。

八、行商、坐商每季营业额不满八百万元者，但牙行不在此限。

九、厂坊制造业每季营业额不满一仟六百万元者。

十、已纳产销税之厂坊，免征，但有另售行为者，其另售部分折半征收。

第五条　凡属于部队、机关、学校以营利为目的设立之公司、工厂、商店等一律照征营业税。

第六条　免征范围第五项是指专以制造机器、机器零件农具或修理机器、机器零件，农具之事业而定，凡贩卖机器零件、农具者均照征营业税。

第七条　凡凭自己技术劳动，如医生诊断费，和脚踏车行替别人修理脚踏车所取之费用均不算营业额，但其有售卖成品部分仍照征营业税。

第八条　凡已纳产销税之制造厂坊免征营业税但其另售成品部分，应照规定税率折半征收之。

第九条　免征产销税之制造厂坊不管其另售、批发之成品一律均按1.5%税率收征营业税。

第十条　征率与起征标准：

一、公司、坐商、行商按营业额征收百分之三，起征标准为每季营业额满八百万元者。

二、厂坊制造业按营业额征收1.5%。（已征产销税者，抵征零售部分）起征标准为每季营业额满一千六百万元者。

三、牙行按佣金额征收百分之十五，无起征额。

第十一条　控制方法与征收方法：

一、行商：①依据本身以前发放营业证所掌握的材料为主，同时参考就［当］地政府户口登记，查明所辖境内之行商数字，并通过船管局船业工会、渔业工会等进行了解以船为家的行商。②对行商营业税控制与征收，均按居住地，不得沿途随货附征与见货查证。

二、坐商制造厂商：①各稽征分局所必须经常了解坐商、制造厂商（主要是设有税所之城镇）营业情况以便季终评定各业营业额时有所依据，必要时可采用检查账簿的方法。②对已征产销税之制造厂坊，须要其订立批发与零售两本账簿以便检查与季终核算。③分散在乡村和小集镇之坐商及制造厂商于季终由其自报营业额由征收机关酌定征收之。

三、牙行：①凡在设有稽征分局所城镇之牙行，不分类别均于季终由行主自报佣金额，经民主评议最后由评委会核定征收之。②分散在乡村和小集镇之牙行，一律采用季初征收，由征收机关依实际情况估计每季营业额按税率计算征收之。

第十二条　征收手续与时间：

一、凡公司（私人营业的）行商、坐商、制造厂商、行栈之营业税，均于每季季终十天内征收结束。

二、凡行商外出经营，不能遵于纳税期间返回者，得依据实际情况提早或延期征收之。

三、凡应纳营业税之各业，须在每季季终三天内将本季营业额或佣金额据实申报，就［当］地征收机关作为评议和检账之根据。

四、凡行商外出经营，一律以其售货时间为标准，确定该售货价值营业额属于那［哪］一季。

五、各业营业额或佣金额申报书经评委会评议核定后得由征收机关公告限期缴纳营业税。

第十三条　凡营业时间未满三个月但营业额已足起征标准者，得于其营业结束时由经营者自报营业额，经征收机关酌定征收之。

第十四条　营业之季节：确定二三四月为春季，五六七月为夏季，八九十月为秋季，十一十二月至翌年元月为冬季。

第十五条　凡营业额已足起征标准以上，而遭遇非人力所能抗拒之灾害以致无力缴纳者，经申报查明，按其损失程度，酌于减征或免征。

第十六条　评委会组织成员之确定，政府代表一人，征收机关代表一人，职工会代表一人，（无职工会之地区由政府聘请之）商会代表一人，（无商会之地区，由商店推选之）地方公正人士一人由政府聘请之。

第十七条　组织评委会地点之确定：盐城，淮城，东坎，益林，东沟，合德，大冈，伍佑，阜宁，湖垛十处。

第十八条　本细则自颁布日起施行，如有未尽事项由本署以命令修正之。

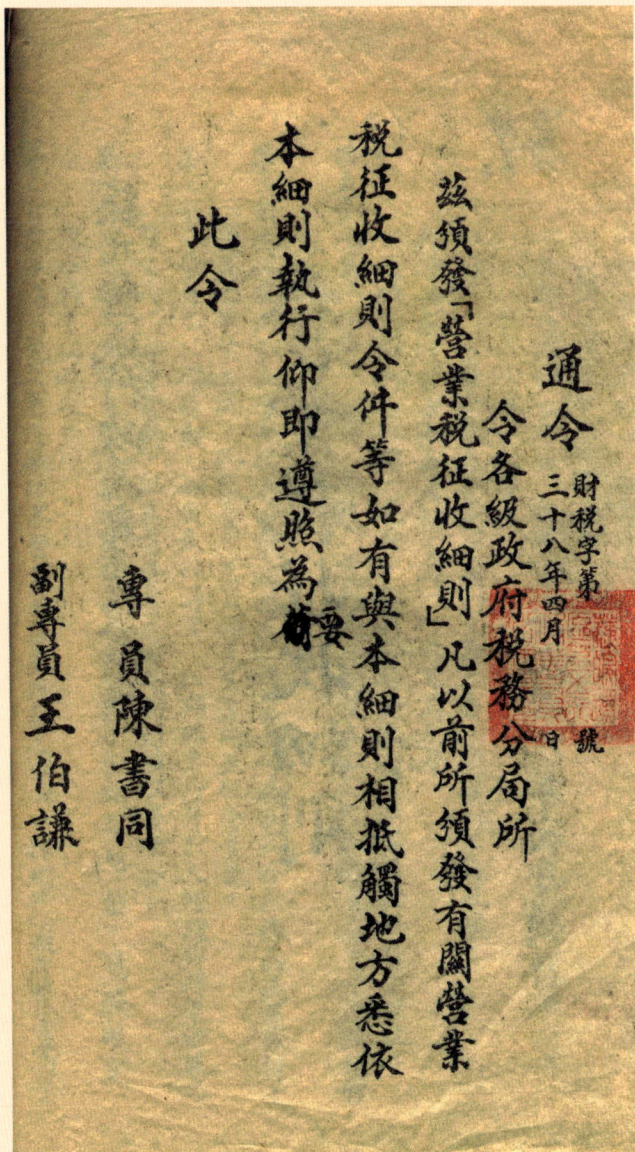

通令

全文：

**通 令**

财税字第　号

三十八年四月　日

令各级政府税务分局所：

　　兹颁发《营业税征收细则》，凡以前所颁发有关营业税征收细则令件等，如有与本细则相抵触地方，悉依本细则执行，仰即遵照为要。

　　此令。

专　员　陈书同

副专员　王伯谦

# 苏北军区司令部、政治部
# 关于严肃入城军纪的命令

**保管单位：**射阳县档案馆

**内容及评价：**

　　苏北地区全面解放后，党中央制定了将部队工作重心移向城市的方针。苏北军区经华东局批准，将军区级机关向最近的城市移驻。为了防止部队进驻后，产生军民矛盾，苏北军区专门下达命令严肃军纪，并要求部队干部和党员带头遵守军纪，发扬优良的光荣传统，团结群众。该命令共十五条，展示了中国人民解放军军纪严明、爱国爱民的优良传统。苏北军区司令部、政治部关于严肃入城军纪的命令是研究中国人民解放军历史的第一手史料。

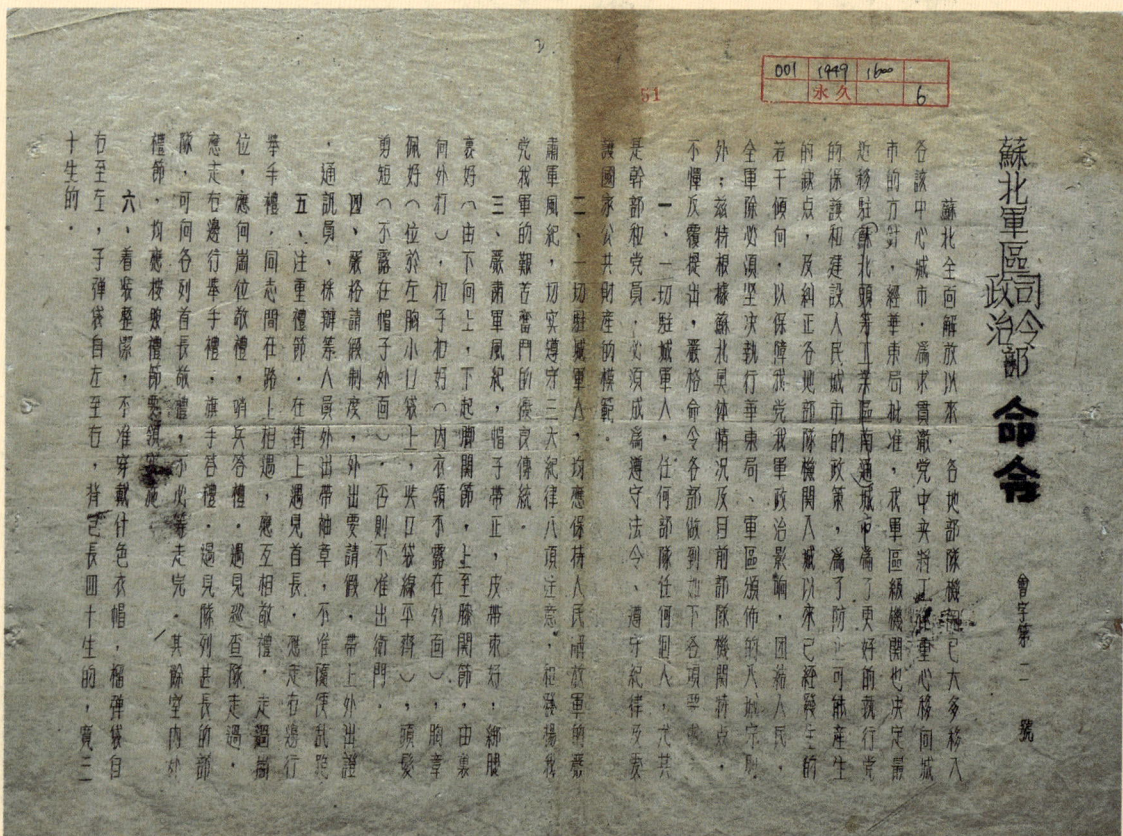

苏北军区司令部、政治部命令

七、注意內務衛生，住地週圍應打掃乾淨，清除垃圾雜草，室內和床舖要整得清潔，但大衛生也要檢察。

八、衛兵服務時，服裝整得，盡可能好，站立或坐臥而持槍，不准靠牆壁。長槍……刀，不准衛兵睡附近……唱歌、看書，應特別注意其行動……入睡應和氣……不准……任何賄賂……物有私自……外出遇反動派，也不准……衛兵對……

九、不准在街上吃東西、京張西望……眉弄眼、大聲說笑、吵罵打架、無故……

十、不准到妓院、賭場、大烟館、說書場等一切不正當操業所……不准到茶館吃吃唱唱（聽……許宴會例外），不准在牆壁上亂寫亂畫、亂畫標語，口院非亂西……袖圖像，不准借用具，不准……入民房，殘借用具……不准資金銀牙齒賣金銀戒子，不准求神問卜，問事……愛和氣、不准請理髮……

十一、要愛護一切公共建築及其附屬設備，以至一草一木，愛護公共房屋，不准亂拆牆開門窗，扣砫土、起爐灶……

十二、住房子嚴分配，非經特許，不准借用……隨便拆牆開門，醫院、學校、敬堂、社教團體……民房知居住工廠，禁止毀去其設備。

十三、凡駐固定的地開部隊，應建立集體辦公室、公共宿舍，部隊住至盡力求集中，少借而不住……慈善機關，禁止借走其房子。

民房，改善管理，建立集體班排，集中調教，以……師報草，改善給養、馬匹應飼養……高等可磨在空房或鄰外空屋，嚴禁分散稿房子，以

十四、住不勉强工作的原則下，教名勝古蹟，參觀……博物院等，或經上級批准後可組織集體往覽。

十五、因以營戲院劇場上演節目，大多未經改進……工廠，故一般禁止亂去看戲，待改進後，可組織集體

（以上十五條要求，只是在紀律其作風上……要方面的提出，切勿誤解為形式主義而忽視其重，政治意義，故應切實好乾淨，主要決定幹部其領導……切勿果上面不準表現目已標藏的自責紀律其作風，以至上……而以勢就我成為風氣，一定不能整頓下級，因此，我們幾台幹部……行了，於是成為風氣，自上而下的微積正……一切紀相反的現象，自上而下推劇全軍反對……我蘇北軍區幹部應……一般就過去在執行完……的欲深之系統教育其鍛鍊，但由教成員教育……部隊思想水平上，漂沒有若到人民軍隊有的高度……特別是某些幹部，亦犯了許多方面不夠徹觀的……有些同志閣個人間題，功臣自居、勞績享樂等情緒……正在滋長，部隊自然受其影响，若不加强教育……嚴加糾正，就不能保持我軍的嚴肅紀律其作風……依我，故各級幹部尤須認真學習這一……命令，保護到此十五條要求，堅決貫澈這一……我軍軍風紀其傳統，團結親這愛護……兩我軍風紀其傳統，圍結親愛護……佈置其威劾報告好當要……

育，開展批判與自我批判……律有成績者獎勵，並及時總結……賢、號召組織通組報告其……佈置其威劾報告好當要……

建立紀律委員會制度，保護公物友遵反紀律者處以至虐檢查制度……各部隊就命令後，應即提打香檔深入的反複教……

中華民國三十八年五月十一日

張震東
常玉清
蕭望東

賴毅

苏北军区司令部、政治部命令

全文：

# 苏北军区司令部、政治部命令

会字第2号

苏北全面解放以来，各地部队机关已大多移入各该中心城市，为求贯彻党中央将工作重心移向城市的方针，经华东局批准，我军区级机关也决定最近移驻城市。为了更好的执行党的保护和建设人民城市的政策，为了防止可能产生的缺点，及纠正各地部队机关入城以来已经发生的若干倾向，以保障我党我军政治影响，团结人民，全军除必须坚决执行华东局、军区颁布的入城守则外；兹特根据苏北具体情况及目前部队机关特点，不惮反复提出，严格命令各部做到如下各项要求：

一、一切驻城军人，任何部队任何个人，尤其是干部和党员，必须成为遵守法令、遵守纪律及爱护国家公共财产的模范。

二、一切驻城军人，均应保持人民解放军的严肃风纪，切实遵守三大纪律八项注意，和发扬我党我军的艰苦奋斗的优良传统。

三、严肃军风纪，帽子带［戴］正，皮带束好，腿裹好（由下向上，下起脚关节，上至膝关节，由裏向外打），扣子扣好（内衣领不露在外面），胸章佩好（位于左胸小口袋上，与口袋线平齐），头发剪短（不露在帽子外面），否则不准出卫门。

四、严格请假制度，外出要请假，带上外出证、通讯员、采办等人员外出带袖章，不准随便乱跑。

五、注重礼节，在街上遇见首长，应走右边行举手礼。同志间在路上相遇，应互相敬礼。走过岗位，应向岗位敬礼，哨兵答礼。遇见巡查队走过，应走右边行举手礼，旗手答礼。遇见队列甚长的部队，可向各列首长敬礼，不必等走完。其余室内外礼节，均应按照礼节要领实施。

六、着装整洁，不准穿戴什色衣帽，榴弹袋自右至左，子弹袋自左至右，背包长四十生的，宽三十生的。

七、注意内务卫生，驻地范围应打扫干净，清除垃圾杂草。室内和床铺要整齐清洁。个人卫生也要抓紧。

八、卫兵服务时，服装整齐，姿势端正，站立托枪或持抢，尽可能调整装上刺刀。不准倚墙靠壁或坐卧、吸烟、看书、唱歌。禁止闲杂人等停留附近，如遇可疑人物，应特别注意其行动，检查来往人员态度和气，不准收受任何贿赂，如有私自放走坏人者严办，也不准故意留难正当行人。卫兵对无外出证及差假证的军人，不许放行。

九、不准在街上吃东西、抽香烟、乘马驰驱、勾肩搭背、大声说笑、东张西望、吵骂打放枪。

十、不准到妓院、赌场、大烟馆、说书场等一切不正当娱乐场所游荡。不准到菜馆吃吃喝喝（特许宴会例外）。不准在墙壁上乱写乱涂，乱写标语口号和乱画领袖图像。不准闯人民房，强借用具。不准镶金牙齿戴金银戒指。不准求神问卜，问路要和气，不准请向导。

十一、要爱护一切公共建筑及其附属设备，以至一草一木。爱护公共房屋，不准乱搬其中用具，随便拆墙开门窗、扣牲口、砌炉灶。

十二、住房子服从分配，非经特许，不准借用民房和居住工厂、医院、学校、教堂、社教团体、慈善机关，禁止搬走其设备。

十三、凡较固定的机关部队，应建立集体办公室、公共宿舍，部队住屋也力求集中，少借或不住民房，以便管理，建立集体饭堂、公共茶水炉，以节粮草、改善给养。马匹应组织班排，集中调教，马房可选在空房或郊外空屋，严禁分散糟塌[蹋]房子。

十四、在不妨碍工作的原则下，对名胜古迹、工厂、博物院等，可经上级批准后可组织集体游览参观。

十五、因私营戏院剧场上演节目，大多未经改造，故一般禁止进去看戏，待改进后，可组织集体前往。

以上十五条要求只是在纪律与作风上必要方面的提出，切勿误解为形式主义而忽视其重大政治意义。故能否很好执行，主要决定[于]干部与领导。如果上面不能表现自己模范的自觉纪律与作风，而以特殊人物自居，就一定不能整顿下级，以至上行下效成为风气，很难纠正。因此，我们号召干部与各级领导，自上而下的[地]做模范去推动全军。反对一切与此相反的现象。

我苏北军区所属各部队，一般说过去在执行党的政策纪律上是好的，但由于成员较新，任务较繁，过去缺乏系统教育与锻炼，在纪律作风上也就是部队思想水平上，还没有达到人民军队应有的高度，加上进入城市与胜利形势，已产生了不少缺点。特别是某些干部，表现了许多方面不够做模范，如有些同志闹个人问题、功臣自居、松懈享乐等情绪，正在滋长，部队自然受影响。若不加强教育，严加纠正，就不能维持我党我军的严肃纪律与传统作风。故各级干部与每个党员，必须认真学习这一命令，保证做到以上十五条要求，坚决贯彻，以严肃我军军风纪与发扬优良传统，团结新区群众。

各部接此命令后，应即进行普遍深入的反复教育，开展批判与自我批判，建立政策纪律军风纪的检查制度，建立纪律赏罚制度，保护公物及遵守纪律有成绩者奖，破坏公物及违反纪律者批评以至处罚。号召组织遵纪模范，贯彻到底，并及时将动员布置与成效报告本部为要。

此令。部队发至排，机关发至科、股、室。

中华民国三十八年五月十二日

司令员　张震东

副司令员　常玉清

政治委员　萧望东

副政治委员兼政治部主任　赖　毅

# 苏北盐城行政区专员公署
# 关于成立盐城行政区的布告

**保管单位：**射阳县档案馆

**内容及评价：**

　　盐城历史悠久，两万多年前已成陆地，6000多年前已有先民在此生息繁衍。西汉元狩四年（公元前119年）因盐置县，名"盐渎"。东晋安帝义熙七年（411）改盐渎为盐城。唐末，为吴王杨行密所据，属楚州。明清两朝代均属淮安府。辛亥革命后废道府属省。1940年10月，八路军和新四军会师于此。1949年5月，苏北行政公署决定，自1949年5月25日起，将苏皖边区第五行政区改为盐城行政区。苏北盐城行政区专员公署据此发布公告，并将布告印发各区镇张贴。该档案是研究盐城地区行政区域划分的重要史料。

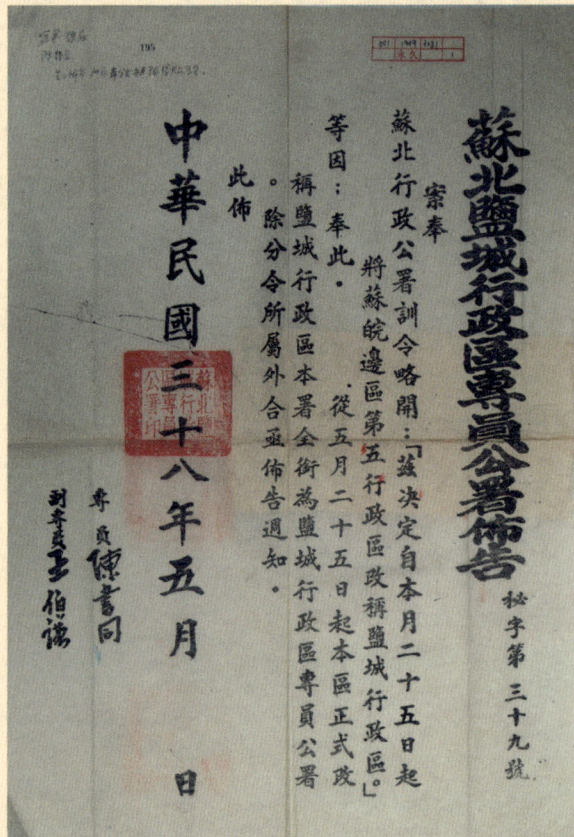

苏北盐城行政区专员公署布告

**全文：**

## 苏北盐城行政区专员公署布告

秘字第三十九号

　　案奉

　　苏北行政公署训令略开："兹决定自本月二十五日起将苏皖边区第五行政区改称盐城行政区。"等因。奉此，从五月二十五日起本区正式改称盐城行政区，本署全衔为盐城行政区专员公署。除分令所属外合亟布告周知。

　　此布。

中华民国三十八年五月　日

专　员　陈书同

副专员　王伯谦

# 阜东县政府关于烈士棺椁不予搬运的训令

**保管单位：** 滨海县档案馆

**内容及评价：**

　　1949年8月12日，阜东县政府根据苏北盐城行政区专员公署民政118号训令要求，明确在阜东地区牺牲的烈士，棺椁不予搬运回烈士原籍，统一由部队收殓并妥为安葬。该训令体现出当时军政、军民对"烈士棺椁搬运一事"同心同德，共同战胜困难、增收节支、共同支前、发展生产的可贵精神。对于借鉴历史，促进滨海老区和谐持续发展具有重要作用。

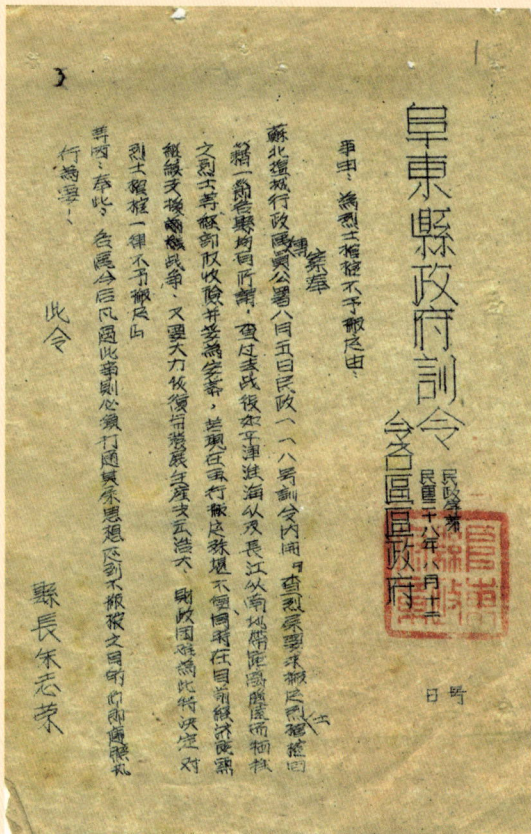

阜东县政府训令

**全文：**

## 阜东县政府训令

民政字第　　号

民国三十八年八月十二日

令各区区政府

事由：为烈士棺椁不予搬运由：

案奉

　　苏北盐城行政区专员公署八月五日民政一一八号训令内开"查烈属要求搬运烈士棺椁回籍一节各县均有所请，查过去战役如平津淮海以及长江以南地带距离遥远而牺牲之烈士等经部队收敛并妥为安葬，若现在再行搬运殊堪不便，同时在目前经济既需继续支援战争，又要大力恢复与发展生产支出浩大，财政困难为此特决定对烈士棺椁一律不予搬运"等因：奉此：各区今后凡遇此事则必须打通其属思想达到不搬棺之目的仰即遵照执行为要！

　　此令。

县长　朱志荣

# 《苏北区奖励节约惩治贪污暂行条例》

**保管单位：** 盐城市档案馆

**内容及评价：**

《苏北区奖励节约惩治贪污暂行条例》是解放初期，苏北行政公署颁布的刑事法规，是厉行节约、惩治贪腐，加强思想作风建设，保护、团结人民的一项重要武器，也是党领导下的苏北广大人民在艰苦的战争环境中，经过长期奋斗所取得的成果。《条例》制订了奖励、惩治相关细则，并在"执行"章节中，明确"二审判决后，即为确定，不得再行上诉"的两级终审制。该《条例》对研究盐阜地区法制建设有着重要的意义。

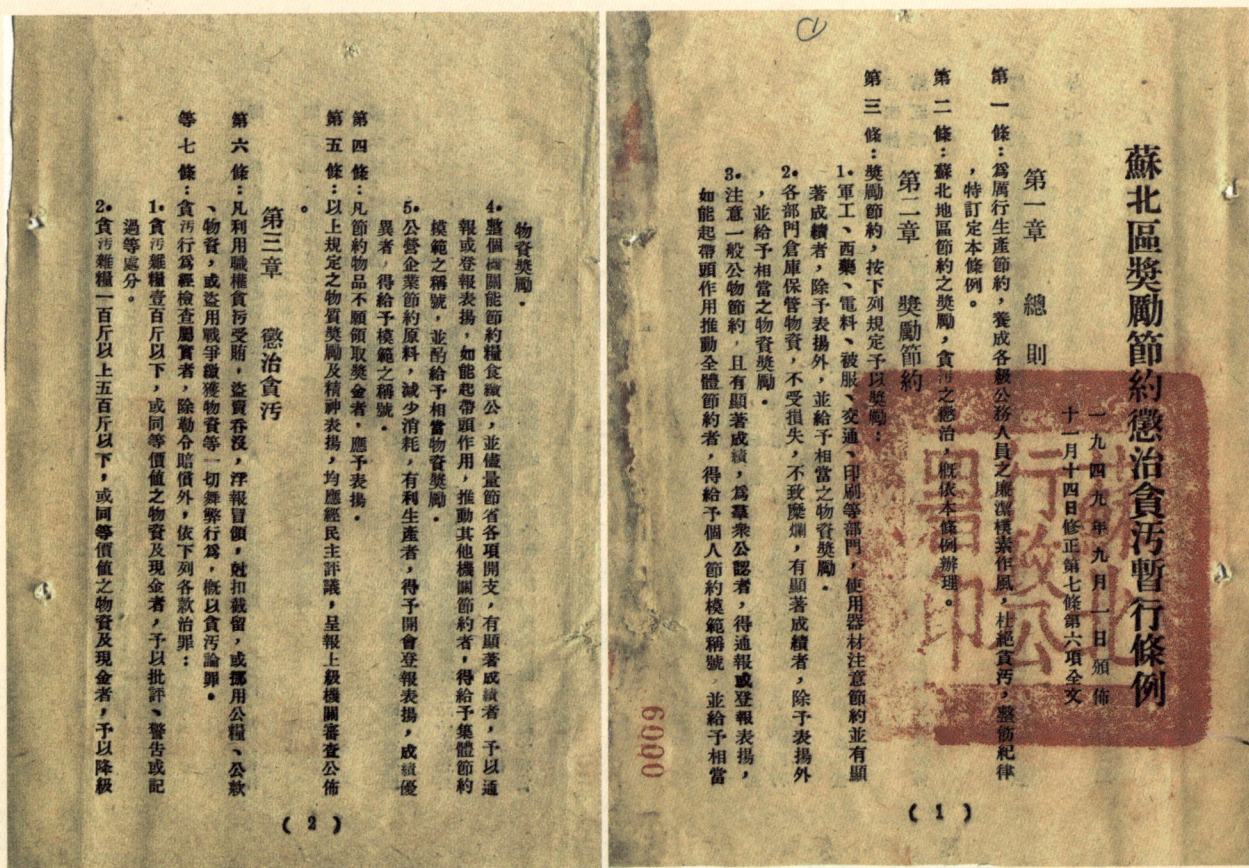

蘇北區獎勵節約懲治貪污暫行條例

一九四九年九月一日頒佈
十一月十四日修正第七條第六項全文

第一章 總則

第一條：爲厲行生產節約，養成各級公務人員之廉潔樸素作風，杜絕貪污，嚴飭紀律，特訂定本條例。

第二條：蘇北地區節約之獎勵，貪污之懲治，概依本條例辦理。

第二章 獎勵節約

第三條：獎勵節約，按下列規定予以獎勵：

1. 軍工、西藥、電料、被服、交通、印刷等部門，使用器材注意節約並有顯著成績者，除予表揚外，並給予相當之物資獎勵。
2. 各部門倉庫保管物資，不受損失，不致霉爛，有顯著成績者，除予表揚外，並給予相當
3. 注意一般公物節約，且有顯著成績，爲羣衆公認者，得通報或登報表揚，如能起帶頭作用推動全體節約者，得給予個人節約模範稱號，並給予相當

（1）

第四條：凡節約物品不願領取獎金者，應予表揚。

第五條：以上規定之物資獎勵及精神表揚，均應經民主評議，呈報上級機關審查公佈。

4. 整個機關能節約糧食繳公，並儘量節省各項開支，有顯著成績者，予以通報或登報表揚，如能起帶頭作用，推動其他機關節約者，得給予集體節約物資獎勵。
5. 公營企業節約原料，減少消耗，有利生產者，得予開會登報表揚，成績優異者，得給予模範之稱號。

第三章 懲治貪污

第六條：凡利用職權貪污受賄、盜賣吞沒、浮報冒領、剋扣截留，或挪用公糧、公款、物資，或盜用戰爭繳獲物資等一切舞弊行爲，概以貪污論罪：

1. 貪污行爲經檢查屬實者，除勒令賠償外，依下列各款治罪：

第七條：

2. 貪污雜糧一百斤以上五百斤以下，或同等價值之物資及現金者，予以降級過等處分。

（2）

苏北区奖励节约惩治贪污暂行条例

（右图）
使用或撤職處分。

3. 貪污雜糧五百斤以上兩千斤以下，或同等價值之物資及現金者，處一年以上三年以下有期徒刑。

4. 貪污雜糧二千斤以上四千斤以下，或同等價值之物資及現金者，處三年以...

5. 貪污雜糧四千斤以上五千斤以下，或同等價值之物資及現金者，處五年以上七年以下有期徒刑。

6. 貪污雜糧五千斤以上，或同等價值之物資及現金者，處死刑或十年以上有期徒刑。

第八條：嚴重破壞經濟制度，或任意浪費公款公物，遭受損失者，得按情節之輕重，分別予以批評、警告、撤職處分。

第九條：教唆貪污者，以主犯治罪，幫助貪污者，以從犯論罪，分別治罪，其餘得按情節輕重，分別治罪。

第十條：貪污行為除依上開規定治罪外，須追繳其貪污所得，補償軍糧或政府損失，分別處理。

第四章　執行

第十一條：本條例第三章執行權，屬於各級司法機關，被告不服得上訴於原審判機關之...

（８）

（左图）
第十二條：上級司法機關，一審判決後，即為確定，不得再行上訴。

第十三條：依本條例判處死刑者，須經蘇北行政公署核准後，始得執行。

第十四條：犯行政處分者，須呈報上一級之領導機關核准後，始得執行。批評、警告、記過、撤職......為保行政處分。

第十五條：本條例公佈後三個月內坦白反省，並決心改正者，除酌情追繳貪污財物外，得減免其處分。

第十六條：依本條例治罪之貪污人犯，坦白後又重犯者，應從重處刑。得視其覺悟程度進步表現，經專署以上政府之批准，減免其刑。

第五章　附則

第十七條：本條例由蘇北行政公署公佈施行，如有未盡事宜得隨時修正之。

蘇北行政公署
一九四九年十一月廿日
（４）

苏北区奖励节约惩治贪污暂行条例

**全文：**

## 苏北区奖励节约惩治贪污暂行条例

一九四九年九月一日颁布
十一月十四日修正第七条第六项全文

### 第一章　总则

第一条：为厉行生产节约，养成各级公务人员之廉洁朴素作风，杜绝贪污，整饬纪律，特订定本条例。

第二条：苏北地区节约之奖励，贪污之惩治，概依本条例办理。

### 第二章　奖励节约

第三条：奖励节约，按下列规定予以奖励：

1. 军工、西药、电料、被服、交通、印刷等部门，使用器材注意节约并有显著成绩者，除予表扬外，并给予相当之物资奖励。

2. 各部门仓库保管物资，不受损失，不致糜烂，有显著成绩者，除予表扬外，并给予相当之物资奖励。

3. 注意一般公物节约，且有显著成绩，为群众公认者，得通报或登报表扬，如能起带头作用推动全体节约者，得给予个人节约模范称号，并给予相当物资奖励。

4. 整个机关能节约粮食缴公，并尽量节省各项开支，有显著成绩者，予以通报或登报表扬，如能起带头作用，推动其他机关节约者，得给予集体节约模范之称号，并酌给予相当物资奖励。

5. 公营企业节约原料，减少消耗，有利生产者，得予开会登报表扬，成绩优异者，得给予模范之称号。

第四条：凡节约物品不愿领取奖金者，应予表扬。

第五条：以上规定之物质奖励及精神表扬，均应经民主评议，呈报上级机关审查公布。

### 第三章　惩治贪污

第六条：凡利用职权贪污受贿，盗卖吞没，浮报冒领，克扣截留，或挪用公粮、公款、物资，或盗用战争缴获物资等一切舞弊行为，概以贪污论罪。

第七条：贪污行为经检查属实者，除勒令赔偿外，依下列各款治罪：

1. 贪污杂粮壹百斤以下，或同等价值之物资及现金者，予以批评、警告或记过等处分。

2. 贪污杂粮一百斤以上五百斤以下，或同等价值之物资及现金者，予以降级使用或撤职处分。

3. 贪污杂粮五百斤以上两千斤以下，或同等价值之物资及现金者，处一年以上三年以下有期徒刑。

4. 贪污杂粮二千斤以上四千斤以下，或同等价值之物资及现金者，处三年以上五年以下有期徒刑。

5. 贪污杂粮四千斤以上五千斤以下，或同等价值之物资及现金者，处五年以上七年以下有期徒刑。

6. 贪污杂粮五千斤以上，或同等价值之物资及现金者，处死刑或十年以上有期徒刑。

第八条：严重破坏经济制度，或任意浪费公款公物，或因职务上疏忽，致使公款公物遭受损失者，得按情节之轻重，分别予以批评、警告、撤职处分。

第九条：教唆贪污者，以主犯治罪，帮助贪污者，以从犯论罪，集体贪污者，以其行政负责人为主犯，其余得按情节轻重，分别治罪。

第十条：贪污行为除依上开规定治罪外，须追缴其贪污所得，补偿群众或政府损失。

### 第四章　执行

第十一条：本条例第三章执行权，属于各级司法机关，被告不服得上诉于原审判机关之上级司法机关，二审判决后，即为确定，不得再行上诉。

第十二条：判处徒刑得易服强制劳役；其办法另订之。

第十三条：依本条例判处死刑者，须经苏北行政公署核准后，始得执行。

第十四条：批评、警告、记过、撤职，均系行政处分，须呈报上一级之领导机关核准后，始得执行。

第十五条：本条例公布后三个月内坦白反省，并决心改正者，除酌情追缴贪污财物外，得减免其处分，坦白后又重犯者，应从重处刑。

第十六条：依本条例治罪之贪污人犯，在徒刑执行期间，得视其觉悟程度进步表现，经专署以上政府之批准，减免其刑。

### 第五章　附则

第十七条：本条例由苏北行政公署公布施行，如有未尽事宜得随时修正之。

苏北行政公署

一九四九年十一月廿日

# 中华人民共和国成立后档案

# 中国人民银行苏北分行关于批准益林办事处将小额华中币、北海币兑换为人民币的函

**保管单位：** 盐城市档案馆

**内容及评价：**

抗日战争时期，我党已在山东、华中抗日根据地发行北海币、华中币，建立起独立自主的货币市场，战胜了敌伪在货币金融上的侵蚀和掠夺。解放战争时期，这两种货币为保证淮海战役的胜利起到了重要的作用，同时对解放区的经济建设做出过卓越的贡献，在根据地货币史上占有重要的地位。本档案记录了中国银行苏北分行益林办事处请求将小额华中币、北海币兑换为人民币，以保证该办事处业务正常办理的相关事宜。对研究解放战争时期，盐阜地区货币流通、经济发展，以及建国初期的货币流通具有重要的史料价值。

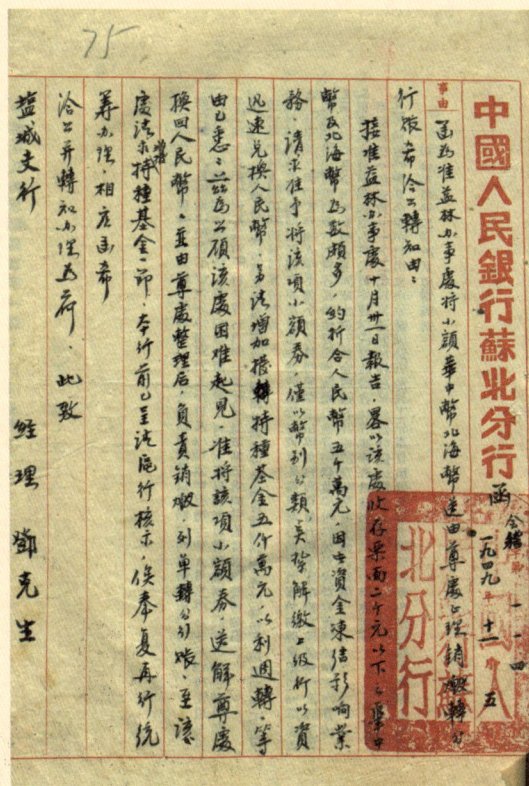

中国人民银行苏北分行函

**全文：**

### 中国人民银行苏北分行函

会稽字第一一四

一九四九年十一月五日

事由　函为准益林办事处将小额华中币北海币送由尊处整理销毁转分行账希洽照转知由：

接准益林办事处十月三十一日报告，略以该处收存票面二千元以下之华中币及北海币为数颇多，约折合人民币五千万元，因此资金冻结影响业务，请求准予将该项小额券，仅以币别分类，点紧 [扎] 解缴上级行以资迅速兑换人民币，另请增加拨特种基金五千万元，以利周转，等由已悉：兹为照顾该处困难起见，准将该项小额券，送解尊处换回人民币，并由尊处整理后，负责销毁，列单转分行账，至该处请求增拨特种基金一节，本行前已呈请区行核示，俟奉复再行统筹办理，相应函希。

洽照并转知办理为荷。

此致

盐城支行

经理　邓克生

# 《苏北盐城区一般经济概况调查》

**保管单位：** 盐城市档案馆

**内容及评价：**

　　盐城地处苏北战略要地，从抗日战争到解放前的十多年间，由于敌我拉锯对峙，发生多次战斗，饱受战争摧残。至盐城解放时，城内已然废墟一片。《苏北盐城区一般经济概况调查》是由苏北盐城行政区工商局整理而成，对1949年间的盐阜地区经济情况作以翔实记录，内容包括盐城的地理形势、行政区划分、人口与面积、农业发展、交通运输、工商业情况等，反映了解放初期盐城薄弱的经济基础与百废待兴的真实情况。该档案是当时地方政府了解盐城经济，恢复发展的重要参考资料，也是研究盐城经济社会发展的第一手资料，具有重要价值。

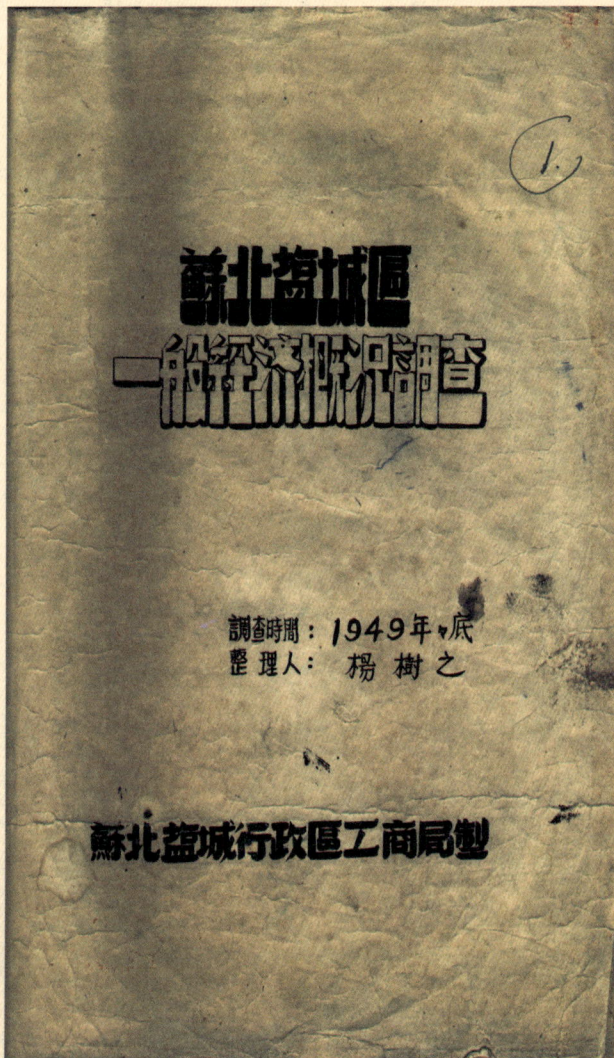

苏北盐城区一般经济概况调查

苏北盐城区一般经济概况调查

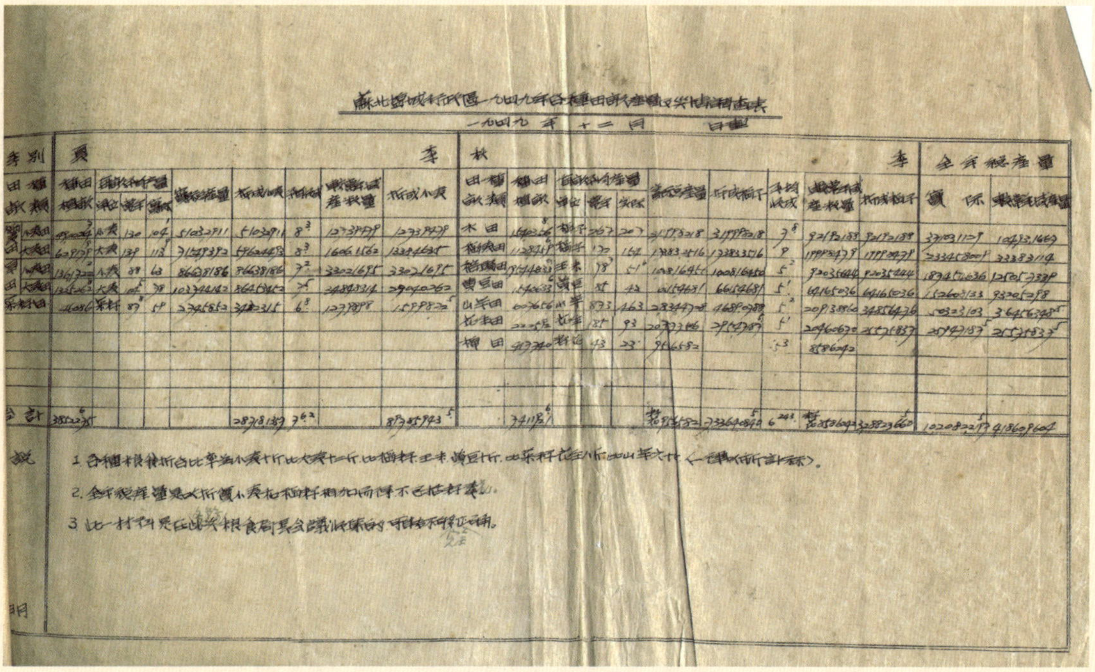

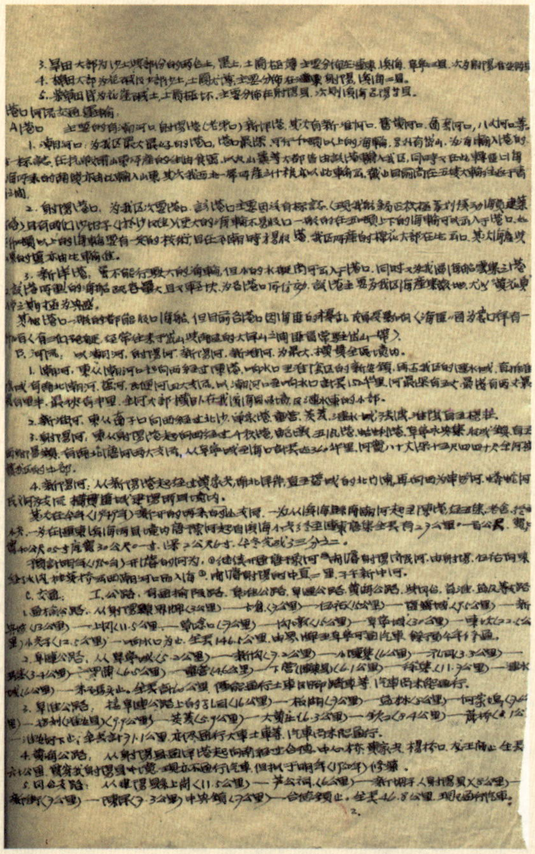

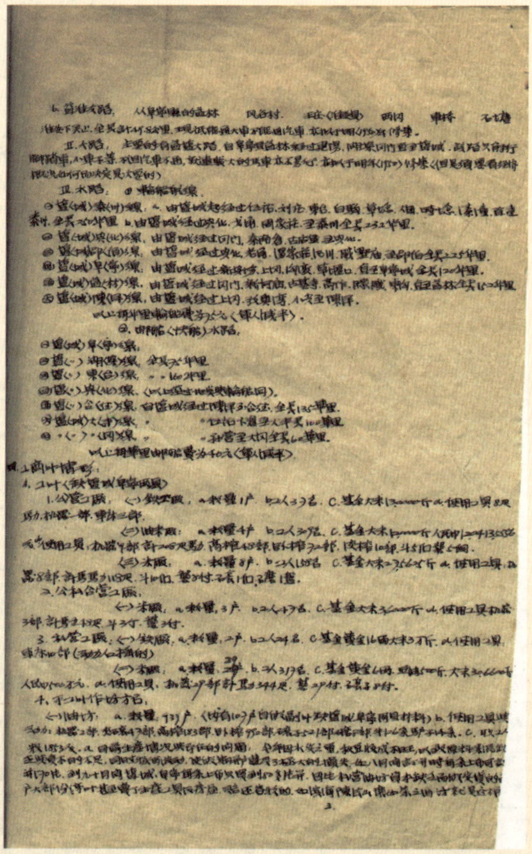

苏北盐城区一般经济概况调查

## 全文（节选）：

<h1 style="text-align:center">苏北盐城区一般经济概况调查</h1>

调查时间：1949年年底
整理人：杨树之
苏北盐城行政区工商局制

苏北盐城区一般经济概况

一、地理形势与行政区的划分：

A. 地理形势：本分区原为老盐阜区的旧址。东临黄海之边，南与扬、泰两区毗邻，西沿运河段向北接盐河与淮阴分区相接，北沿潮河而到海口，隔海口相距亦属淮阴分区。

全区东西横长约二百里，南北亦约二百里，其中西北地带如涟东县、滨海县全部或大部为沙旱地及滨海少部的棉田与海滩地，地势低洼，河道又少，故夏秋两季时遭水灾。其南淮安、阜宁两县又大部为沙旱地及少部水旱地。盐城、建阳两县都系水旱地区与少数的河荡地区，地势较高，河道较多，土质肥沃，为我区最美之区，东沿黄海边的射阳县，除部分水旱地外，并有广大的棉田与很大面积之海滩地区。

B. 行政区的划分：全分区计有七个县八十八个区，一千零九十一个乡，七十八个镇，五千八百零五个村（附表）

**盐城区各县区乡村分布统计表：**

| 县别 | 区数 | 乡 镇 数 | | | 村数 |
| --- | --- | --- | --- | --- | --- |
| | | 乡 | 镇 | 小计 | |
| 盐城县 | 11 | 139 | 13 | 152 | 820 |
| 建阳县 | 11 | 134 | 6 | 140 | 650 |
| 射阳县 | 18 | 186 | 10 | 196 | 857 |
| 阜宁县 | 10 | 150 | 17 | 167 | 926 |
| 滨海县 | 19 | 222 | 7 | 229 | 548 |
| 淮安县 | 11 | 179 | 20 | 199 | 1656 |
| 涟东县 | 8 | 81 | 5 | 86 | 348 |
| 合计 | 88 | 1091 | 78 | 1169 | 5805 |

二、人口与面积：

A. 人口：总计有男1664055人，女1688825人，男女共有3352870人。（附表）

**盐城区各县现有人口及军烈属分布统计表**

| 县别 | 人口数目 | | 小计 | 军 烈 属 | | | |
|---|---|---|---|---|---|---|---|
| | 男 | 女 | | 主力 | 地方 | 烈属 | 小计 |
| 盐城县 | 220895 | 219030 | 439925 | 5346 | 619 | 495 | 6460 |
| 建阳县 | 289357 | 290441 | 579788 | 6135 | 463 | 745 | 7343 |
| 射阳县 | 258772 | 253663 | 512435 | 11208 | 1240 | 1374 | 13822 |
| 阜宁县 | 191529 | 196637 | 388166 | 6479 | 1011 | 735 | 8225 |
| 滨海县 | 315098 | 311962 | 627060 | 12440 | 1558 | 1261 | 15259 |
| 淮安县 | 260767 | 283543 | 544310 | 4870 | 890 | 663 | 6423 |
| 涟东县 | 127637 | 133549 | 261186 | 4841 | 803 | 717 | 6361 |
| 合计 | 1664055 | 1688825 | 3352870 | 51319 | 6584 | 5990 | 63893 |

B. 面积:

1. 总面积计33282平方里

2. 田亩面积:

a. 总田亩数12181682.3亩

b. 耕地种类及其面积所占百分比

① 水田1622023.5亩,占总面积13.33%

② 稻麦田11166145亩,占总面积9.15%

③ 旱田5056145亩

④ 棉田435191亩

⑤ 柴田22738亩

⑥ 草田1487603.3亩

⑦ 柴草滩86751.4亩

⑧ 荒废田2345615.3亩

另附盐城区田亩种类分布统计表于后页。

**盐城区田亩数量及种类分布统计表**

1949.12

| 县名 | 单位 | 水 田 | | | | | | | |
|---|---|---|---|---|---|---|---|---|---|
| | | 熟田 | | 花窪 | | 熟荒 | | 小计 | |
| 盐城 | 亩 | 452246 | 9 | 25837 | 2 | 31632 | 4 | 509716 | 5 |
| 建阳 | 亩 | 468393 | | 13319 | 4 | 339145 | 6 | 521128 | 6 |
| 淮安 | 亩 | 153051 | 1 | 4303 | 6 | 4585 | 3 | 161940 | 1 |
| 阜宁 | 亩 | 42727 | 4 | | | | | 42727 | 4 |
| 射阳 | 亩 | 233687 | 2 | 6425 | 7 | 4128 | 4 | 244060 | 3 |
| 滨海 | 亩 | 142450 | 7 | | | | | | |
| 涟东 | 亩 | | | | | | | | |
| 合计 | | 1492555 | 9 | 49705 | 9 | 79761 | 7 | 1622023 | 5 |

接上表

| 稻 麦 田 | | | | | | | |
|---|---|---|---|---|---|---|---|
| 熟田 | | 花窪 | | 熟荒 | | 小计 | |
| 276570 | 4 | 35574 | 6 | 9790 | 3 | 321935 | 3 |
| 453699 | 7 | 21049 | 1 | 11959 | 8 | 486708 | 5 |
| 273179 | 3 | 13487 | 3 | 3834 | 3 | 290500 | 9 |
| | | | | | | | |
| 11136 | 7 | 4623 | | 1710 | | 17469 | 7 |
| | | | | | | | |
| | | | | | | | |
| 1014586 | 1 | 74733 | 9 | 27294 | 4 | 1116614 | + |

接上表

| 旱 田 | | | | | | | |
|---|---|---|---|---|---|---|---|
| 熟田 | | 花窪 | | 熟荒 | | 小计 | |
| 104955 | 9 | 72811 | 8 | 75799 | 1 | 253746 | 8 |
| 34368 | 4 | 10871 | 2 | 6033 | 4 | 51273 | 1 |
| 547231 | 1 | 239027 | 6 | 25348 | 1 | 811606 | 8 |
| 931803 | | | | | | 931803 | 1 |
| 677497 | 3 | 49404 | 2 | 15823 | 1 | 742723 | 6 |
| 1367215 | 1 | | | | | 1367215 | 1 |
| 906776 | 9 | | | | | 906776 | 9 |
| 4569846 | 7 | 372114 | 8 | 123183 | 6 | 5065145 | 1 |

接上表

| 棉田 | | 柴田 | | 柴草滩 | | 草田 | | 荒废田 | | 总计 | |
|---|---|---|---|---|---|---|---|---|---|---|---|
| 121 | 5 | 279 | 3 | 7281 | 1 | 50439 | 7 | 76900 | 1 | 1220420 | 1 |
| | | 689 | 1 | 57029 | 3 | 60213 | 6 | 109233 | 8 | 1286275 | 9 |
| | | 874 | 8 | 22355 | 1 | 12676 | 4 | 164609 | 9 | 1464563 | 8 |
| | | 982 | | | | 34737 | 6 | 221700 | 6 | 1231951 | 4 |
| 377795 | 4 | 15147 | 4 | 86 | 1 | 657821 | 9 | 692421 | 2 | 2747505 | 7 |
| 57274 | 2 | 4784 | 8 | | | 661437 | 2 | 727328 | 9 | 3064490 | 8 |
| | | | | | | 6276 | 9 | 253421 | 1 | 1166474 | 8 |
| 435191 | 1 | 22738 | 2 | 86751 | 4 | 1487603 | 3 | 2345615 | 3 | 12181682 | 3 |

说明：

1. 阜宁、滨海两县的少数稻麦田是并农旱田栏内统计的。

2. 射阳县的稻麦田数字系旧盐东县的，旧射阳县的少数稻麦田亦并在旱田栏内。

C土质概况：

1. 水田大部为粘土（油泥土），是最好的土质，主要分布在盐城、建阳两县，次为射阳、淮安等县。

2. 稻麦田大部为粘土与约有五分之一的白脚土（两合土），是稍次粘土质，主要分布在盐城、建阳、淮安三县。

3. 旱田大部为沙土与部分的两合土、黑土，土质极薄，主要分布在涟东、滨海、阜宁三县，次为射阳、淮安两县。

4. 棉田大部为花碱及少部沙土，土质尤薄，主要分布在涟东、射阳、滨海三县。

5. 柴草田皆为花窪碱土，土质极坏，主要分布在射阳县，次则滨海、建阳等县。

三、港口河流交通运输：

A. 港口：主要的有潮河口、射阳港、新洋港，其次有新淮河口、旧黄河口、畚套河口、八大河口等。

（略）

B. 河流：以潮河、射阳河、新洋河、新淮河为最大，横贯全区境内。

（略）

C. 交通：Ⅰ、公路：有通榆段路、阜淮公路、阜涟公路、黄海公路与冈合、益淮、益风等支路。

（略）

四、工商业情形：

A. 工业（缺盐城、阜宁两县）

1. 公营工厂：

<一>铁工厂：a. 数量1户；b. 工人37名；c. 基金大米130000斤；d. 使用工具8匹马力，机器1部，车床3部。

<二>油米厂：a. 数量4户；b. 工人309名；c. 基金大米120000斤；人民币1204135556元（旧币）；d. 使用工具：机器9部计208匹马力，高榨48部，卧榨72部，绞榨10部，斗5个，砻5个。

<三>米厂：a. 数量8户；b. 工人158名；c. 基金大米275625斤；d. 使用工具机器8部，计马力118匹，斗10个，砻8付，碾1个，石磨1个。

（略）

# 苏北盐城行政区专员公署关于东台、台北两县划归盐城行政区的通令

**保管单位：** 盐城市档案馆

**内容及评价：**

东台、大丰现为江苏省盐城市管辖的县级市，两市毗邻，地处长江三角洲江苏沿海中部地区，东抵黄海，西襟沃野，南望长江，北望徐淮，区位优势突出。两市曾多次被评为中国县域经济百强市。1950年1月12日，原泰州行政区的东台、台北两县划归盐城专区。1951年8月因"台北"与台湾省的台北市同名，故取原"大丰盐垦公司"中的"大丰"两字，正式更名为大丰。该档案为苏北盐城行政专员公署发文，文中转录了苏北行署关于改变东台、大丰行政区域隶属关系以及对人事、武装、财务等交接事项的情况说明。此档案为研究盐阜地区行政区域划分、历史沿革、风土人情以及编写相关地方史志的权威史料。

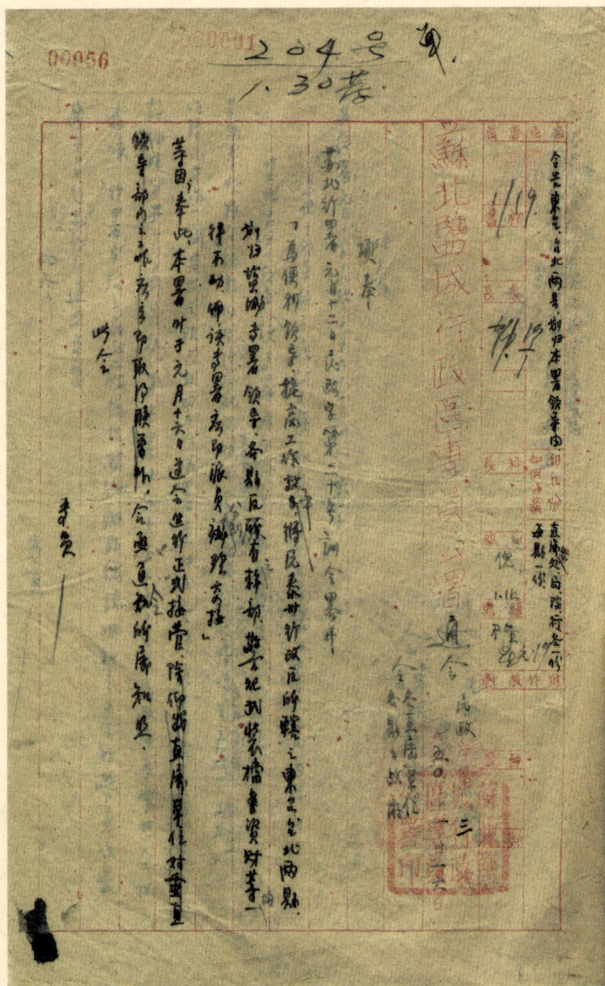

**全文：**

**苏北盐城行政区专员公署通令**

民政字第三号

一九五〇年一月十六日

事由：令告东台、台北两县划归本署领导由

令各直属单位、各县区政府：

顷奉

苏北行署元月十二日民政字第二十号训令略开"为便利领导，提高工作效率，将原泰州行政区所辖之东台、台北两县划归盐城专署领导，各县区原有之干部、警卫武装、档案资财等均一律不动，该署应即派员分别办理交接"。等因奉此，本署业于元月十六日遵令进行正式接管，令亟通令所属知照。

此令。

苏北盐城行政区专员公署通令

专员

# 阜宁县政府关于征收城镇政教事业费的布告

**保管单位：**阜宁县档案馆

**内容及评价：**

建国初期国内外局势动荡，经济基础相当脆弱，因此迫切需要统一财政收入，开辟财源，组织新的地方收入。《苏北区五一年城镇政教事业费征收管理暂行办法》适时出台，对公私工厂、商店、国营企业、工商业户和临时经商者予以征收城镇政教事业费，确保了社会公益事业和文教卫生事业的有序发展。该档案为阜宁县人民政府根据当时苏北人民行政公署办财字第103号训令，在全县范围内开征城镇政教事业费的布告，是研究建国初期苏北地区尤其是阜宁地区统一财政、发展经济、增加地方收入等相关情况的重要史料。

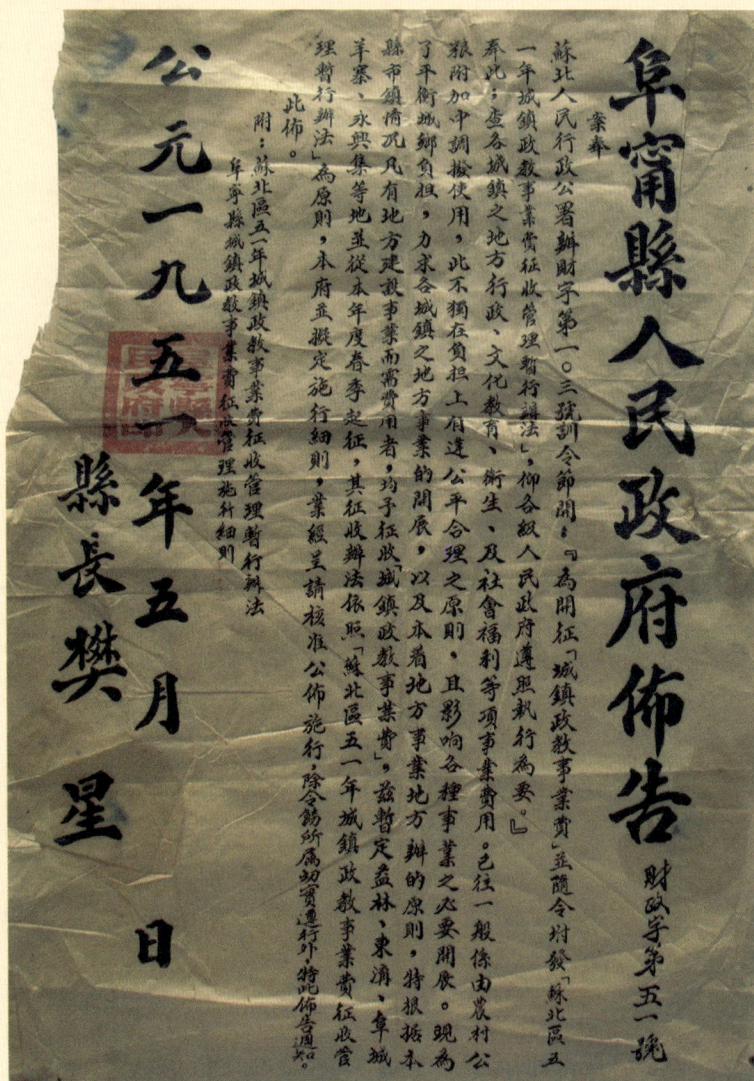

阜宁县政府关于征收城镇
政教事业费的布告

全文：

# 阜宁县人民政府布告

财政字第五一号

案奉

苏北人民行政公署办财字第一〇三号训令节开："为开征'城镇政教事业费'并随令附发《苏北区五一年城镇政教事业费征收管理暂行办法》，仰各级人民政府遵照执行为要。"

奉此：查各城镇之地方行政、文化教育、卫生及社会福利等项事业费用。已往一般系由农村公粮附加中调拨使用，此不独在负担上有违公平合理之原则，且影响各种事业之必要开展。现为了平衡城乡负担，力求各城镇之地方事业的开展，以及本着地方事业地方办的原则，特根据本县市镇情况凡有地方建设事业而需费用者，均予征收"城镇政教事业费"，兹暂定益林、东沟、阜城、羊寨、永兴集等地并从本年度春季起征，其征收办法依照《苏北区五一年城镇政教事业费征收管理暂行办法》为原则，本府并拟定施行细则，业经呈请核准公布施行，除令饬所属切实遵行外，特此布告周知。

此布。

附：苏北区五一年城镇政教事业费征收管理暂行办法

　　阜宁县城镇政教事业费征收管理施行细则

公元一九五一年五月　日

县长　樊　星

# 《苏北灌溉总渠工程报告》

**保管单位：** 盐城市档案馆

**内容及评价：**

苏北灌溉总渠位于淮河下游江苏省北部，西起洪泽湖边的高良涧，流经洪泽、阜宁等六县（区），全长168公里，是淮河排洪入海出口之一，又是引洪泽湖水发展废黄河以南地区灌溉，并辅助总渠北部地区排涝及兼有航运、发电等多功能的河道。该工程于1951年冬开工，1952年春完成。《苏北灌溉总渠工程报告》记载了盐阜人民响应国家号召，众志成城，不畏艰险，积极投身苏北灌溉总渠盐城段建设的历程，系统反映了该工程的时代背景、技术难点、人财物的投入与分配以及移民安置等情况。该档案是研究苏北灌溉总渠盐城段建设不可多得的重要资料。

苏北灌溉总渠工程报告

苏北灌溉总渠工程报告

全文：

# 苏北灌溉总渠工程报告

苏北盐城区治淮指挥部

一九五二年三月十六日

甲、灌溉总渠的一般情况：

为响应毛主席"一定要把淮河修好"的号召，为贯彻中央人民政府政务院"关于根治淮河水患的决定"，我们盐城区全体人民对接受开闸分泄淮水七○○流量的苏北灌溉总渠的工程任务，都引为无上光荣。

此渠是西起淮安高良涧，东至滨海扁担港入海，贯川〔穿〕西干渠运河，连接东干渠串场河，与南干渠通扬运河形成苏北南部的灌溉水系，以期排洪灌溉，发展生产，兼收航运发电之效，为祖国增强国防力量和经济力量。总渠全长一七○公里，除淮阴、泰州两友邻专区负担西段任务外，本区任务为西起淮安摇头河，东至滨海扁担港，全长九十八公里，宽七十八公尺，地下深三公尺，计方土三○三七○二八四公方，完成后不仅我区现有一一○○万亩耕地，永免水旱灾害，且可发展农田四○○万亩，每年可增产大米六亿二千万斤。毛主席这一英明措施，完全符合于历受洪水灾害的盐城区四百五十万人民的迫切要求，因而广大群众莫不为接受这一伟大艰巨任务而兴奋欢呼，在党与淮委的正确领导下，去冬已胜利完成了第一期工程，现正紧张的〔地〕进行第二期工程，预计在清明节前可完成全部任务。

乙、胜利完成民力动员任务：

为争取早日施工，早日完成，不影响今春大生产运动之开展，我们于去冬接受任务后，紧接着全区紧张的秋种、秋征与购棉、储棉等工作，即进行研究布置，在充分政治动员、启发群众思想自觉的基础上，根据"自动报名、民主评议、按劳出工、照顾困难"的原则，提出"治好淮河多增产，抗美援朝有力量"等政治动员口号，通过人民代表、干部、党、团员、积极分子、治水劳模以及群众大会等各种会议，结合中心任务，进行深入的宣传酝酿，普遍采用诉水苦、谈旱灾、追根源的办法，启发群众"比过去""看现在""望将来"从而认识到治好淮河与自己的关系，与国家建设的关系，确立治淮人人有责、修好淮河的信心与决心。因此在去冬二十八万五千多民工中，有十八万人系自动报名参加，约占总数百分之六十五，有些县区超过百分之八十；今春三十万零五百八十名民工，自动报名的即有百分之九十。在动员过程中，许多代表当场痛哭流涕，诉说水苦，指斥国民党反动派见灾不救、见水不治的罪行，激发了广大群众治水热情，淮安盐南区扩大会上二九二人有二九一人当场报名；盐城冈南区军属吴长焕，在一九五一年抗美援朝运动中，送一个儿子参军，这次又动员两个儿子参加治淮，争取立功。射阳潭北区有八个民工，为了响应毛主席"一定要把淮河修好"的号召，自觉自动延长了结婚日期。其他父送子、妻送夫的可歌可颂事例，不胜枚举。

丙、克服困难战胜淤土患工及气候障碍：

上级对灌溉渠的工程计划，不仅要地下引水，而且要漫滩排洪，这就决定我们必须紧紧掌握工程标准与技术的贯彻。因此我们除培养工程人员分头掌握，派出工程师实地指导，并组织各级干部边学习边检查，结合重点实验，推广全面外，更通过民工小组会，开展群众性的技术与标准的检查运动，使群众自己能真正掌握技术标准，发挥集体智慧，如阜宁、滨海民工用手抬清堆基什物，创造"样坯箱"作为进土标准。其他各区民工都在不断研究改进挑挖技术，调整劳动组合，并运用石磨、石礅代替石硪，以解决硪具不足等困难。

在施工过程中，由于连续的［地］加强爱国主义与治淮为谁的教育，民工们随着政治认识的提高，劳动热情也不断高涨，滨海五汛区有一百乡民工，不怕天寒水冷，站到半人深的淤泥里，手接手一捧一捧的向上传递，终于克服了淤泥患工。阜宁总队在全线民工三寸厚的冻土上，用火烘、用开水烫、用石礅夯、用棍撬，坚持搏斗，不管多大风雪，都能及时扫除工地积雪，使工程顺利进展，他们一致以"不怕冷、不怕冻、不怕冻土不好弄。"以志愿军同志在朝鲜前线为了保护我们人民利益，忍耐零下的严寒，爬山卧雪，奋不顾身的［地］与敌人英勇战斗，我们治淮这点苦算得了什么？只要这样一提，这样一比，每个民工，便都忘掉了困难，发挥出顽强战斗精神，克服了深雪厚冻水多淤深的患工，照常完成每天的任务。他们不仅如此紧张努力的［地］参加新中国的建设事业，而且由于经过三大运动的教育与锻炼，热爱祖国的思想更普遍的［地］提高，劳动效率也随之日益显著的［地］增加，并自觉自愿的［地］省吃俭用，掀起慰劳中国人民志愿军的捐献运动，据初步统计，已捐献出大米四十多万斤，即将寄自朝鲜前线，慰劳他们最亲爱的人——中国人民志愿军。这就是广大民工对开好灌溉渠为祖国建设、为抗美援朝、为广大人民永远利益所产生的伟大力量。

丁、大力完成供应任务：

我们在时间迫促、交通不便、工具落后，在整劳力已几乎全部去河工、劳力缺乏的情况下，曾以全民动员、全力以赴的突击姿态，在廿天内组织了帆船五千余条，牛、土车两万四千辆，并动员男女老幼半劳力将近九万名，及时完成了调运大米四千五百万斤、什粮二千九百万斤，伙草八千九百万斤的艰巨任务，保证了工程的顺利进展。

为了争取抗美援朝的迅速彻底胜利，和积累国家建设资金，铺平走向社会主义的道路，我们认真执行毛主席增产节约的伟大指示，掀起了热烈的增产节约运动，加强干什人员的三反教育外，并开展群众性的爱国治淮劳动竞赛，以缩短工作时日及早投入春耕生产，并以"前方发给民工口粮，后方拨付积余工资"的办法，节约运费蚀耗，普遍组织油盐供应站和流动服务组，减轻中间剥削，节省民工跑街时间，同时在不影响干部身体健康的原则下，根据实际需要，又紧缩编制，减用了工作人员二八四名，以及规定了统一购办日用品等各种制度，据初步统计节约了人民币四十五万亿八千多万元。

戊、深入开展卫生防疫工作，保证了民工的身体健康：

参加治淮的国家医院医生和民间医生共二四三人，都经过了深入的爱国主义教育，普遍订定［制定］了立功计划，绝大多数能够积极负责工作，认真贯彻"预防为主、治疗为辅"的方针，因而有力的［地］推动了群众性的卫生运动，使整个施工期间基本上达到了防止疫病流行、病员逐渐减少的要求，他们中也有不少生动感人的事例，如淮安有七个民医刺破指头捺血印上决心书，保证克服困难，完成任务。射阳民医张静波老婆生产，母亲病危，父亲来信要他："尽忠也要尽孝"，他们坚持到底，拒绝回去。盐城民医车鲁星对病人每天检查四五次，夜间还到工棚检查，替民工盖被子，其他借棉衣、棉被给病员的不一而是，民工纷纷感激说："只有在毛主席领导下，我们才会受到这样的关心，为了大家也是为了自己，我们一定要把淮河修好"。

己、做好河床移民工作：

根据统计本区河床移民计有三千二百三十三户，拆掉房子九千二百八十六间，征用土地六万二千三百卅（三十）四亩，计发出搬家费及土地损失补贴大米九一八三〇〇六斤。

　　河床移民工作，是一个艰巨而细致的工作，我们首先在群众中进行根治淮河的重大意义的宣传教育，针对河床居民思想顾虑，反复打通思想，提出"个人利益服从国家利益""一户麻烦、万家安稳""克服眼前困难，保证完成灌溉渠任务，更好的发展生产"等口号，并说明政府解决移民户生产、生活等具体办法，保证对移民户负责到底。同时在县、区领导上成立专门机构，负责移民工作，在邻村由邻村干部及移民代表成立移民委员会，负责登记、审查、研究解决移民户房屋、土地等困难问题，对于移民户拆毁房屋，由政府按家庭人口，每人补贴搬家费一八〇斤到二〇〇斤，对于河床征用的土地，则采用一切可能的办法以补偿其能耕种的土地。土质差或荒田，都予以补贴。

　　由于本地剩余土地不多，一般是尽先分给军工属，个别鳏寡孤独，以及无劳力贫苦户，有劳力的经济条件较好的，则尽量打通思想动员其向海边迁移，如羊寨区许庄乡就有八户集体移至滨海县临海区，十一户迁至临近区乡。由于政府这种负责到底的精神，不少群众反映："政府这样照顾我们，开河也是为自己，不搬也说不过去啊！"有些人说："志愿军在前方吃辛受苦，流血牺牲，为的是大家安居乐业，现在我们搬家，还能说话吗？"因此河床居民，普遍都能够愉快地做到早搬家、早安家，不误生产。

　　由于有了毛主席的伟大号召，上级党和政府的正确领导，抗美援朝运动的伟大胜利，鼓舞了我们广大人民，爱国主义热情的空前提高，保证了工程的顺利进行，因此我们能够在去冬完成了一千七百多万公方，超出上级布置任务的百分之十三。今春更有充分把握按时胜利完成全部任务，及时投入春耕生产。但是由于工程的艰巨复杂，我们又缺乏经验，以致在整个工作上不可避免的还存在某些缺点：如个别干部在掌握动员政策路线上的偏差，个别队组在工程标准执行的不够认真，部分干部还存在麻木［盲目］乐观、轻忽急躁等情绪，这些我们都必须在今后加强教育，予以彻底纠正。

一九五二年三月十六日

# "毛人水怪"谣言档案

**保管单位：**盐城市档案馆

**内容及评价：**

    "毛人水怪"谣言发生在新中国诞生之初，是当时中国最大的谣言之一，其传播范围跨越江苏、安徽和山东三省，涉及几十个县，上千万人口，从谣言的大规模爆发到结束，延续的时间超过一年，有百余人因此丧命，上千人被捕。该谣言在盐阜地区亦有较大范围的传播，波及到滨海、阜宁、建湖全县，射阳的大部分区乡，盐城城区及部分乡村和东台、大丰沿通榆路线的少数乡镇，严重影响到当地的社会治安和工农业生产。

    "毛人水怪"谣言系列档案记录了该谣言在盐阜地区散播以及平息的全过程，内容包括谣言产生的直接危害，谣言的传播路径、特点、发生规律、平谣经验以及相关注意事项等。该档案揭露了"毛人水怪"的事实真相，通过深入剖析，有助于稳定当时的社会环境，恢复生产。本档案是了解相关历史不可多得的重要史料，亦是学术界研究"谣言"行为的重要案例资料。

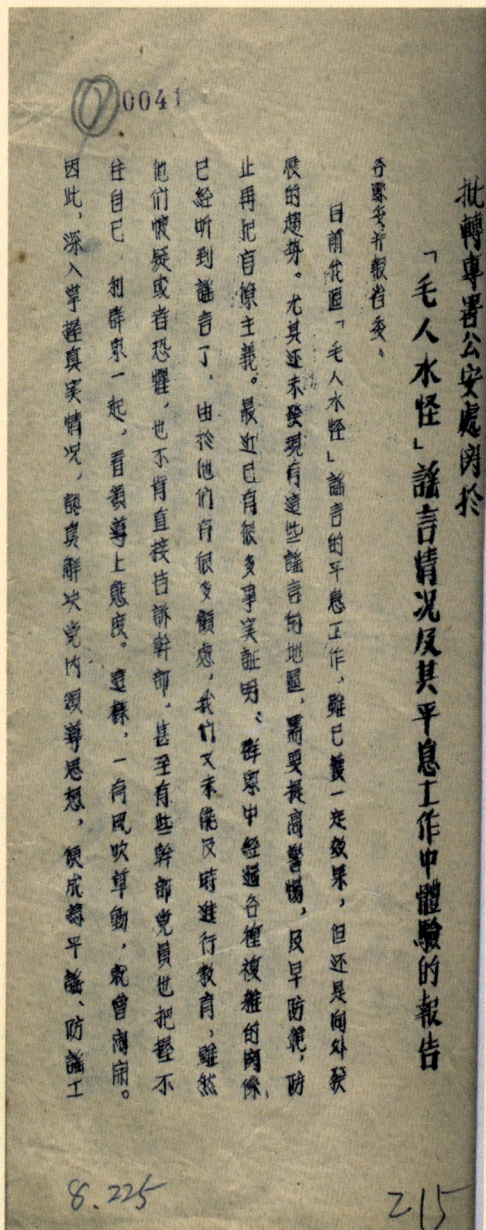

中共江苏省盐城地委批转专署公安处关于"毛人水怪"谣言情况及其平息工作中体验的报告

0042

（右上页）

……

中共江苏省盐城地委
一九五三年八月 日

0043

中共江苏省盐城地委批转专署公安处关于"毛人水怪"谣言情况及其平息工作中体验的报告

## 全文：

### 批转专署公安处关于"毛人水怪"
### 谣言情况及其平息工作中体验的报告

各县委并报省委：

目前我区"毛人水怪"谣言的平息工作，虽已获一定效果，但还是向外发展的趋势。尤其还未发现有这些谣言的地区，需要提高警惕，及早防范，防止再犯官僚主义。最近已有很多事实证明：群众中经过各种复杂的关系，已经听到谣言了，由于他们有很多顾虑，我们又未能及时进行教育，虽然他们怀疑或者恐惧，也不肯直接告诉干部，甚至有些干部党员也把握不住自己，和群众一起，看领导上态度。这样，一有风吹草动，就会闹开。因此，深入掌握真实情况，认真解决党内领导思想，便成为平谣、防谣工作的首要环节。这一点，除了省委、地委的历次指示已反复强调，各县也正在这样做以外，特将专署公安处关于"毛人水怪"谣言情况及其平息工作中体验的报告整理转发你们参考。这里的经验一般是可以采用的，只是要注意从实际出发，不要硬搬。至于宣传教育的口号问题，可参看省委最近的指示，一并研究执行。希各县及时报告谣言的平息和防范工作情况，并随时总结经验教训。

中共江苏省盐城地委

一九五三年八月二十一日

## 附：原报告

地委、专署党组、省公安厅：

兹将"毛人水怪"谣言情况及平谣工作中的几个体验续报于后：

（一）自七月十六日由滨海县的响水镇传开"毛人水怪"谣言后，截至八月二十日止，已蔓延了滨海、阜宁、淮安、射阳、建湖五县四十一个区的三百二十三个乡，其中已基本平息的九十五个乡，正在闹的七十六个乡，开始传谣的一百五十二个乡。因闹水怪，群众自相惊扰或制造事件而致伤亡的计六十七人：其中打伤六十二人，打死四人，淹死一人。跑失踪一人。具体情况是：

一、滨海县最严重，现已蔓延全县，至八月二十日止，全县二百二十八个乡：其中基本平息的八十个，包括响水、双港、黄圩、六套四个区（内响水区的王港乡从未开闹，现正帮助总结经验），正在闹的有七个区五五个乡（潘荡十七个乡，三坝十八，东坎七，滨淮四，糜滩五，八巨三，獐沟一），开始传谣的九三个乡（滨淮十一、糜滩十、五汛十六、獐沟十七、八滩十七、临海十二、八巨十），截至十八号止，全县已打伤四十三人，打死二人，目前还很紧张，各项工作都已停顿，集中全力进行平息工作。

二、阜宁县至八月二十号止，已蔓延了六个区（羊寨、马集、三灶、郭墅、新沟、硕集）、羊寨、马集闹得较厉害，计打伤十一人。羊寨现已基本平息，在十三号夜间，新沟区的沿河乡薛庄开闸"水怪"时，有人打了两枪惊动附近三乡也打了很多乱枪，致打伤一人，打死一人。在葛桥村淹死一小孩，另一老奶奶跑失踪尚未找到。该区毛湾子有一小学生（年龄姓名不详）到阜宁中学投考，十九日傍晚回来，经过同区的射阳乡时，有四个人盘问他，他跑了，被追到豆田内戳死（四人已捕押，正查明情况，拟将为首的严厉惩处）。全县已打伤十七人，打死二人，淹死一人，失踪一人。

三、建湖县喻口区的大垦、庙安、喻口、新沟、许湾五个乡，沟墩区的集合、阜岗、陈桥、三合、平民、宝塔、陈林七个乡亦流传"毛人水怪"谣言，影响较大的已发生群众自相惊扰，误伤人身两起，查获喻口区有一坏人装鬼，有一个阜宁县未帮助秋收的人扩大谣言。

四、淮安县郝渠区的宋集、大董、条河三乡，从涟水县传来"水怪"谣言，由于事先预防工作做得较好，传言传来后，县已立即派员前往平息，群众尚无恐慌情绪。另淮城河下镇五个街、盐南区东吴乡以及嘉树、顺河、泾口、车桥、丁澄五个区亦均有两三个乡不等，正在流传。

五、射阳县陈坎区西洋乡也开始流传水怪谣言，已派员前往平息。在这一时期，地委负责同志及我处正副处长、专区检察长等均先后去滨海、阜宁等县检查帮助，各县均召开了紧急会议，贯彻省委、地委指示精神，县的党政负责同志均去出事地点亲自掌握，并抽出县直大批干部下去全力进行平谣和全面部署预防工作。

（二）据周刚同志的来信，他们在滨海等地的平谣、防谣工作中有如下的体会：

一、平谣工作虽然是艰苦的，但已摸到了一些有效办法（这些办法，在过去的指示通报中已谈到了），防谣工作比平谣还要困难，特别是占领思想阵地问题，不容易一下子解决，因为这不仅是基层干部党员和群众的思想，要经过一个深入细致的教育过程，就是解决各级领导思想也是不简单的。防谣工作已经提出来或者谣言已开始传播了，只要还没有形成紧张局面，大家仍然会很麻痹的，满不在乎，即使他们也开会布置一些防谣工作，但检查起来，往往是不够具体细致的；可是当谣言一开闹起来，特别是发生了一两个事故以后，马上就会表现的（得）缩手无策，混乱、动荡，直到不断以破获了的造谣案件及受骗吃亏的事实教育他们，才会慢慢的或者也能很快的转变、稳定下来。这已成为一种规律。要主动解决这个问题，有效的办法之一，就是首先解决支部思想，和他们分析情况，估计发展趋势，结合本地外地已发生的问题，替他们打算盘、算损失账，具体研究对策。在搞通干部党员的思想基础上，在通过代表会座谈会及漫谈等方式教育群众，干部党员要关心群众疾苦，随时深入了解情况，团结教育他们，表示保护他们利益的决心。只要这些工作做到家了，群众就会紧紧地团结在支部周围，有什么问题会及时向支部反映。

二、迅速侦察破案，弄清是非，是平谣工作由被动转为主动的重要关键。滨海县自"水怪"谣言发生以来，组织了专门力量做侦破工作，已查明的大小案件一百余起，逮捕了现行的造谣破坏分子十五人，有力地击破了敌人的谣言攻势。这样干部讲话有力，群众也肯相信。

三、平谣防谣工作，必须大众旗鼓、雷厉风行，才能更好的解决问题。"新三反"以后，不少干部因为怕犯强迫命令的错误，对积极造谣、制造事件的坏分子也不敢迅速果断处理，致坏分子敢于为非作歹，毫无顾忌，这是谣言不易平息甚至是蔓延的重要原因之一。因此，必须教育干部，根据政策（包括批准权限），对积极造谣破坏分子，打死打伤人的凶手，特别是属于反革命分子和阶级敌对分子的，迅速予以逮捕法办，以镇压邪气。滨海县采取"快审、快判、快宣"的办法，在已受到谣言影响的地区开群众大会宣判（东坎区曾开五千人的群众大会），收效甚大。但会前必须充分准备，防止草率。

四、平谣防谣工作中，宣传教育的口号和提法上要注意完整，不要一般的提出防特务造谣破坏的口号，因为今天群众对"特务"这个名词还不易理解，很多地方对"水怪"已不相信了，但仍然很紧张，集体睡觉"防特务"，一遇风吹草动，还是乱喊乱打，不断发生事故。所以，应该明确提出保卫秋收、防止残余的反革命分子、不法地主的破坏活动，这样对象明确了，也不会太紧张。

江苏省人民政府盐城区专员公署公安处

一九五三年八月二十日

平息「毛人水怪」謠言情況及今後意見的報告

密件
第54號

中共江苏省盐城地委关于平息"毛人水怪"谣言情况及今后意见的报告

中共江苏省盐城地委关于平息"毛人水怪"谣言情况及今后意见的报告

中共江苏省盐城地委关于平息"毛人水怪"谣言情况及今后意见的报告

二、正确解决生产和反谣言斗争的关系。除了在思想上要普遍贯彻着关怀的一致性以外，在对谣和平谣必须很好地顾到于群众生产，在平谣中间也要懂得爱护群众的生产，必须像在平谣同义务。但在群众的要求和解释晚下还是可以做些生产活动的，早学晚学许领着群众下田集中生产，晚上组织民兵站岗放哨，就是很好的例证。平谣以后群众的生产要求更迫切，领导上必须有计划地把象解决他们在生产中存在的各种关键问题，并远远处理平谣工作善后。

三、在反谣斗争中的自得反映，迫逗群生事人犯的处理均亦就事论是，不要随便分析提高，否则党会引起思想或扩大政人力量，增加平谣工作困难。有些地方就一切谣言事故"都是坏份子造的"或者说"此地没有一个坏人"，都是不好的。

四、加强民兵活动，应在充分教育，群众要求下面进行，否则很会感觉突然，增加群众感慌，对民众要懂通防谣思想，加强纪律教育，专人负责领导，严格纪律，否则就会增加事故。

五、相互了解情况，随时总结经验，推动反谣斗争。滨海县首召开座谈会，邀请有关乡村干部、教员、或乡的群众代表会，阜学习利用处理造谣、破人罪犯的宣判大会召集全县性的群众代表会议。会上进行面教育之外，均有意识地组织代表互相介绍情况，把谣传捏造的事件指正校正之后，再组织他们回去宣传解释，效果很好。滨海等县并用开短会小会的办法，将支部或党员书分头系中闹会，通过回报讨谣导办法，均能收藏良补短之效，特别对防谣或新闹强地区的约、平工作推动很大。

当否，请省委指示。

中共江苏省盐城地委

一九五三年□□月□□日

中共江苏省盐城地方委员会（印）

中共江苏省盐城地委关于平息"毛人
水怪"谣言情况及今后意见的报告

全文：

# 平息"毛人水怪"谣言情况及今后意见的报告

省委并告各县委：

我区自七月中旬从滨海县响水区传入"毛人水怪"谣言以来，波及面已扩大到滨海、阜宁、建湖全县，射阳、淮安的大部分区乡，盐城城区及部分乡村和东台、大丰沿通榆路线的少数乡镇亦开始传布。闹得最早的滨海、阜宁虽已基本平息，但零星散户尚未解决问题，特别是后起的和沿海、沿射阳河的部分区乡，因为平息不久，可能或正在复发，闹得正凶的是：淮安七区三十六乡，射阳、建湖原各有三、五个区几十个乡镇，现已下降为个把区县十个乡还在闹集体住宿、其他区乡已开始平息；尚未开闹的仅剩盐城、东台、大丰三县。为尽速平息谣言，胡启［启］奎、陈宗烈、钱万新、朱映山等同志于八月底已去淮安、阜宁、滨海、建湖、射阳等县检查帮助，并从地专分区直属机关抽出科员以上党员干部近七十人去射阳、建湖、盐城协助平谣防谣工作。

这次谣言的发生，开始是从灌云、涟水、淮阴逐渐流传、蔓延至滨海、阜宁、淮安的，现在还没有材料证明是敌人有计划有组织的阴谋活动，也未捉到一个真正是造谣生事的特务。从滨海县不完全统计的八八件材料分析：查明属于反革命分子造谣的七起，地主分子造谣的二起，不满分子造谣的十二起，小偷造谣、破坏的各一起，为通奸被误为"毛人"或造谣惑众的各一起，一般群众造谣的六起，吹牛的五起，误会打枪五起，伤人四十起，怕追谣而制造事故的五起，其它二起。这些，如不能及时查明交代，都会被说成是"毛人水怪"，越传越真，越远越重。

谣言的特点：内容阴险反动，干群容易受骗，造成损失极大。谣言的内容一般是"毛人水怪"专要人眼人心、妇女奶头、小孩鸡巴、不见天的胎儿等等，是抗美援朝造"迷人弹"用的。射阳还有说是打台湾"做干粮"的，在淮安、射阳的少数区乡内竟传说是"毛主席要转老还童"、"马林科夫身体不好"要去做"补药"的。谣言的目的似乎是专为离间共产党、人民政府和群众之间的关系，是破坏中苏同盟的，如以各种各样办法硬说"毛人水怪"是政府放的，是干部、军队变的，是苏联要中国交多少人眼人心的……并且说这是上级布置的，底下没办法；上级瞒下级，底下不知道；政府通水怪，说话没得用，等等，结果使得上当的人互不推心，群众怀疑政府，下级怀疑上级（主要是少数村、组干部对乡、区干部）思想十分紧张，动辄受骗。因之，有些人埋怨政府"不该做这绝事，要人命！"盘查来往生人，甚至滨海一县即发生有不准乡长、区书进庄、监视区公所、打骂干部等事件数起。个别区、乡干部家属竟对自己的儿子、丈夫也存有戒心。严重地区，生产完全停顿，经济开支特大。阜宁县解放乡有一千亩早稻，怕"毛人"未及时收割，飓风中损失一万多斤。滨海县响水区未成熟的玉米砍掉二十亩。六套区二十一乡估计损失约十亿元；据十四乡统计，修土炮六一五支，买电筒三三三只；新条乡三五零亩春豆碴子少耕一遍，少砍浆草一万五百斤，以及少积肥料等约计损失伍千万元。有些群众把吃粮甚至种籽卖光了买电筒，办大刀、长矛，修理土炮。普遍反映"能把命保下来就好，那有心肠生产！"互相惊扰已打死六人，淹死吓死各一人，伤人一百。滨海、淮安均有些孕妇准备堕胎，滨海已堕掉一个，淮安治淮模范纪XX老婆有孕，听谣传有一个乡妇联会长为了完成任务，剖嫂腹取胎，怕丈夫带头也想堕，经区委教育才罢。

谣言发生的规律：一般是从传谣、造谣到发生事故（坏人有意或群众误会造成），引起群众怀疑恐怖便集中住宿守夜，集中后人多嘴杂，神情紧张，一有风吹草动，都会变成"毛人水怪"，开闹不休。

加上坏分子有意从中渲染扩大，或者有些人为了避免嘲笑、推脱责任，也会把一切误会都说是"毛人水怪"，越闹越大、越多、越复杂。一庄一村如此，邻庄邻村也会迅速传染，轮番地反复地开闹下去、迄无宁夜。不管是当地发生的或外地传来的大小事故，如不及时查明交代，都会成为不解的疑团，无法平息，平息了遇有新的事故便又会重新闹开。谣言的蔓延，一般是通过亲朋往还关系，逐步推向四周，跃进现象不多，但也有一跳百数十里的，这大都是经由商贩及长途旅客传布的。

根据目前的谣言情况及已有的经验教训，我区的平谣防谣工作，应该是继续贯彻省委、地委的历次指示，研究仿行滨海、阜宁的平谣经验，并：

首先强调各级领导必须十分重视，认真部署、检查、贯彻这一工作。因为这已是当前广大群众生命财产安全的严重问题，不解决就不可能使群众安心生产生活下去，其他任何工作也将无法贯彻。自省委、地委指示以来，一般县委是重视的，发生谣言的县党政负责同志均能亲自动手，迅速组织力量，深入了解情况，及时帮助区乡解决平谣防谣中的口号、方法、作风等问题，收到一定效果。但在平谣防谣工作中也曾发生或还存在着许多麻痹大意和官僚主义的思想作风，特别是有些区乡领导上只要谣言还未开闹时，往往是不在乎的，不研究上级指示，研究了不很好贯彻，或者只是原文照搬地布置一番了事，有些县区曾满足于已得的表面成绩，没有进一步深入检查、巩固已得的思想阵地，致平后又起，后果很坏。如滨海县委在响水、双港等区基本平息以后，即麻痹地认为"没问题了"。召开总结会议，会尚未了，有些乡又闹起来，并迅速扩大到八十多乡，后又波及全县。射阳县委发了紧急指示，也开会布置预防工作，陈洋区委竟未研究下达，其它区委下达了，但有些支部又未开会贯彻，或者开会了不是人未到齐，就是内容空泛，没有解决问题，直至闹开了才发觉。

第二、谣言的发展是不断变化的，预防和平息工作必须抓紧每一个时机，每一个不同环节及时具体研究部署。滨海、阜宁、射阳等县的经验：凡是闹得时间越长问题越严重的，多系事前思想麻痹，事后措施无力所致。而其所以为此，又多由于领导思想未解决，政策、办法交代不具体；执行中又不根据当时当地不同情况，认真研究贯彻。为此：

一、未传、闹谣言地区的预防工作，应先着重解决党员干部思想，特别是乡村干部，这是能否作好平谣防谣工作的首要关键。他们的思想通了，平息容易，否则很难有效。尚未传谣地区，可在支部内进行下列教育：通过介绍已经开闹地区的"毛人水怪"谣言情况，主要说清楚是那些人作怪，造成多大损失，以及干部怎样麻痹、群众怎样受骗的，最好联系本地过去发生过的谣言事例，说明谣言是假的。讨论怎样预防，怎样才不上当，怎样去教育别人。支委与骨干分子可将本乡的反革命分子、管制分子、不安分地主及惯会造谣生事的人进行摸底，重点分工注意他们的行动，但不得乱找他们谈话、关押，引起混乱。

已传谣地区，除了在党支部要继续进行上述教育外，对青年团、民兵要进行同样教育，对一般群众的教育方法，可以开代表会或群众会，说明附近那［哪］些地方早已发生"毛人水怪"谣言，是那［哪］些人作怪的（用群众熟悉的或听得懂的本地与外地的过去和现在的各种典型事例，证明谣言是假的），当时当地的群众是怎样受骗吃亏的。号召大家注意坏人，不要上当。万一发生什么事故，不管是有意无意造成的大小问题，凡足以引起群众怀疑恐惧的，都应立即搞清楚，只要事实不错，都应将有关人犯迅速在受影响的范围内公开处理。

二、正在开闹地区的平谣工作，除了要继续大力进行思想教育，使干部党员坚定自己，沉着应付以外，最重要的工作应是：集中力量迅速查明本地和有关地区发生的事故真相，本着对阶级敌人打击从严、人民内部教育从宽的精神，凡查实属于无中生有，积极造谣惑众；或制造事件，影响很大；或打死打伤人（重伤）的凶手均应立即逮捕法办（除现行犯外，应经县委批准）。逮捕后且不问有无其他问题，均先就地大张旗鼓的［地］进行处理，令其当众坦白，来得及判定处分的即一并宣布，来不及的亦先坦白收谣，以后再给予应得处分。

凡不需要逮捕，但已造成不良影响引起群众不满的分子，也应根据影响大小，在一定范围内公开坦白悔过，收回影响。滨海县东坎区在开闹时三天内即有六十九处群众集中睡觉，但因抓紧在四小时内即破获三件影响较大的事件，当天组织了街头流动的小型坦白会（八处），次日又开四千多人的群众大会，县长具体说明党、政与人民的关系，保护人民利益的一贯政策及那［哪］些人造谣作怪等以后；公安机关说明破案经过；法院当场宣布逮捕二人，处刑五人，释放一人……当晚全区分散住宿，鸦雀无声（从开闹到平息仅七天时间）。之后，又开了船民会；布置旅馆、浴室等从业人员对顾客进行辟谣宣传的具体内容；运用乘凉讲座、有线广播等办法，深入反谣斗争的宣传教育，对巩固内部思想阵地，教育四乡群众均起了很大作用。这些方法，是可以根据各地条件参照仿行的。

三、已平息的地区，主要是反对新的麻痹思想，迅速把群众组织到生产中去。通过研究解决生产问题、联系在党内外总结反谣斗争，算损失账找出上当原因，想出补救办法，对党员干部应分别予以适当表扬或批评，批判糊涂思想和错误行动，个别情节严重的应予必要处分，以树立正气，鼓励他们积极领导群众搞好生产。同时要深入了解干群思想问题是否已改正彻底解决，是否还有未了事故或新发生的问题，应办的反革命分子、不法地主等是否已经处理等等，均应搞透，防止再起。阜宁县三灶区在平息以后又重闹起来的教训，除了官僚主义，就是党内思想未全搞通（还有党员信谣，动员别人集中住宿）、坏分子未彻底处理、群众还有疑虑造成的。事实上滨海、阜宁部分地区在平息以后，又传着"毛人子回头了"、"三月好躲，三天难防"、"一期二期不碍事，三期狠呢"等等新的煽动性的谣言，不注意是免不了重闹的。

第三、还有几点也是应该注意的：

一、平谣防谣是一场复杂的激烈的政治思想斗争，必须及时解决参加反谣斗争人员的思想问题，才能取得彻底胜利。这些人的思想规律一般是开始麻痹大意，不相信"毛人水怪"谣言会闹到这样严重，对防谣工作很少认真贯彻；等到闹起来又会手足无措，不知怎样平息，甚至有些基层干部也将信将疑，参加或竟领导群众开闹，使反谣的积极分子陷于孤立；初步平息以后，又会普遍产生新的麻痹思想。这些如不能及时解决，都会妨碍斗争的深入、前进。在这里除了要解决对谣言性质、危害的认识问题以外，还要切实解决政策思想和工作方法、工作作风问题。否则，不是没有办法没有信心和决心去教育别人，就是遇事束手束脚，不能有力打击谣言：如滨海潘荡区公所被信谣的群众监视了，在机关的干部无法向群众解释，只好进出都向监视的群众"报告"。八滩区有位青年团区委对群众提出能否"不让生人来往，把生人戳死"的问题也不敢教育批判，"要请示教导员"才能确定。有些司法干部还不能抓紧平谣的工作时机，相应的从严从宽惩处造谣罪犯，特别是从严惩处，拘泥于法律条款、办文手续，不能及时灵活的［地］体现政策。因此我们规定凡应从严惩处的造谣犯在与有关部门共同研究以后，由县委直接报告地委向省请示，免失时机。

二、正确解决生产和反谣言斗争的关系。除了在认识上要搞通两者关系的一致性以外，在防谣和平谣以后必须积极领导群众生产，使生产与反谣相结合，在平谣中间也应尽可能地领导群众生产。谣言开闹以后，要群众安心生产是不可能的，必须集中力量平谣；但在群众要求和干部领导下还是可以做些生产活动的。阜宁县有些乡干部领着群众下田集体生产，晚上组织民兵站岗放哨，使大家安心休息，得到群众拥护，就是很好的例证。平谣以后群众的生产要求更迫切，领导上必须有计划地抓紧解决他们在生产中存在的各种关键问题，并迅速处理平谣工作悬案，继续巩固已得的思想阵地。

三、在反谣斗争中的宣传及对造谣生事人犯的处理均应就事论是，不要随便分析提高，否则就会引起错觉或夸大敌人力量，增加平谣工作困难。有些地方说一切谣言事故"都是特务制造的"，或者说"此地没有一个坏人"都是片面的。

四、加强民兵活动，应在充分教育、群众要求下面进行，否则便会感觉突然，增加群众疑虑，对民兵要搞通防谣思想，加强纪律教育，专人负责领导，严格控制，否则就会增加事故。

五、相互了解情况，随时总结经验，推动反谣斗争。滨海县曾召开区或乡的群众代表会，阜宁曾利用处理造谣、杀人罪犯的宣判大会召开全县性的群众代表会议，会上进行正面教育之外，均有意识地组织代表互相介绍情况，把谣传捏造的事件相互校正之后，再组织他们回去宣传解释，效果很好。滨海等县并用开短会小会的办法，将支书或区书分点集中开会，通过回（汇）报讨论等办法，均能收截长补短之效，特别对防谣或新闹谣言地区的防、平工作推动很大。

当否，请省委指示。

中共江苏省盐城地委
一九五三年九月十一日

# 《中共盐城地方委员会批转阜宁县委关于1956年大面积旱改水工作的初步总结》

**保管单位：** 盐城市档案馆

**内容及评价：**

从20世纪50年代中期开始，江苏省和苏北地方政府开始有组织、有步骤地推行旱田改水田工程，希望能由此尽快改变当地的农业生产面貌。《中共盐城地方委员会批转阜宁县委关于1956年大面积旱改水工作的初步总结》直接反映了盐阜地区旱改水相关工作。旱改水推广作为一项重大农业改制工程，牵涉到盐阜地区的农业生产乃至民众生活的各个方面，需要政府的支持和规划。档案中记录了当时的盐城地委以阜宁县为典型，推广其有益经验，以推动盐阜地区大面积的旱改水工程。这也为盐城成为全省乃至全国的重要产粮地区奠定了坚实的基础。该档案对研究"旱改水"历史以及盐城农业发展史具有重要的参考价值。

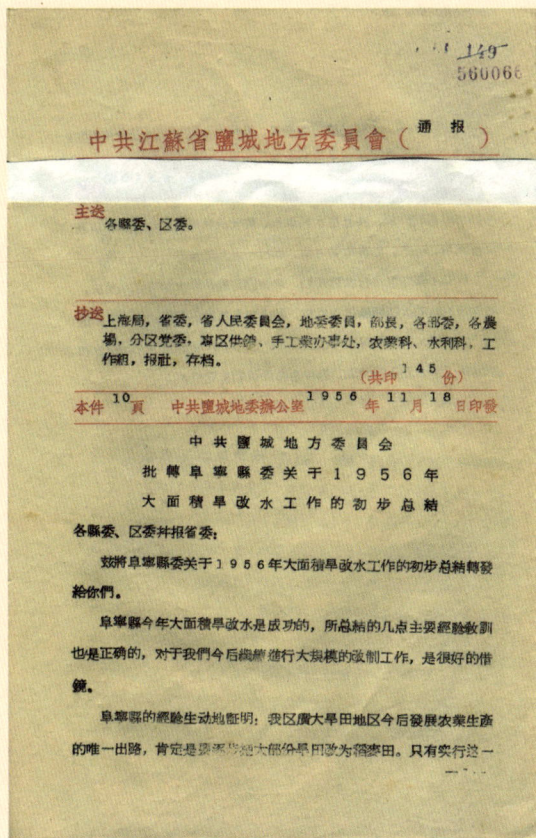

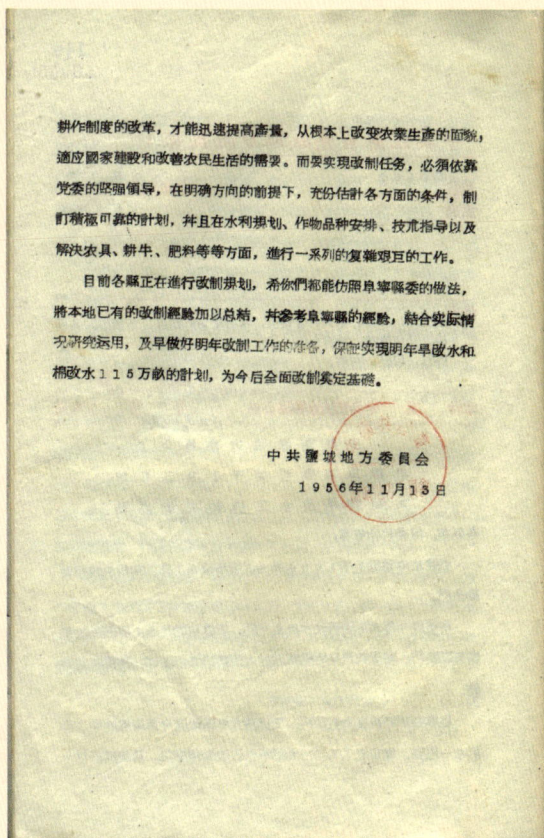

中共盐城地方委员会批转阜宁县委关于1956年大面积旱改水工作的初步总结

全文:

## 中共盐城地方委员会批转阜宁县委关于1956年
## 大面积旱改水工作的初步总结

各县委、区委并报省委:

兹将阜宁县委关于1956年大面积旱改水工作的初步总结转发给你们。

阜宁县今年大面积旱改水是成功的,所总结的几点主要经验教训也是正确的,对于我们今后继续进行大规模的改制工作,是很好的借鉴。

阜宁县的经验生动地证明:我区广大旱田地区今后发展农业生产的唯一出路,肯定是要逐步把大部分旱田改为稻麦田。只有实行这一耕作制度的改革,才能迅速提高产量,从根本上改变农业生产的面貌,适应国家建设和改善农民生活的需要。而要实现改制任务,必须依靠党委的坚强领导,在明确方向的前提下,充分估计各方面的条件,制订积极可靠的计划,并且在水利规划、作物品种安排、技术指导以及解决农具、耕牛、肥料等等方面,进行一系列的复杂艰巨的工作。

目前各县正在进行改制规划,希你们都能仿照阜宁县委的做法,将本地已有的改制经验加以总结,并参考阜宁县的经验,结合实际情况研究运用,及早做好明年改制工作的准备,保证实现明年旱改水和棉改水115万亩的计划,为今后全面改制奠定基础。

中共盐城地方委员会

1956年11月13日

# 杀害李公仆、闻一多凶手蔡云旗
# 审判卷宗档案

**保管单位：**盐城市中级人民法院

**内容及评价：**

本档案是审判杀害李公仆、闻一多之凶手蔡云旗的相关卷宗。被告蔡云旗系盐城县南洋区（现盐城市亭湖区南洋镇）人，先后任国民党排长、连长、少校团付，并任谍报组长、情报参谋等职，在谋杀民主人士李公仆、闻一多案件上，与稽查处长王子明、谍报队长陈国华，共同计议，预谋实施，并且在杀害李、闻二人过程中，蔡云旗又系直接行动中的领导者（组长）。1949年蔡回到家乡盐城，后被揭发逮捕。1957年7月2日，盐城地区中级人民法院对李公仆、闻一多被杀一案审理后，判处蔡云旗有期徒刑十年。此事经媒体报道后，各地群众多有反映，认为判刑太轻。成都叶孝铭曾就此事写信给当时的最高人民法院院长董必武。1957年8月8日，最高人民法院发函给江苏省高院，望该院即就此案判决加以审查。1958年1月6日，江苏省高院撤销盐城地区中级人民法院对于该案的刑事判决，发回重审。1958年2月22日，经盐城地区中级人民法院重新审理，判处蔡云旗死刑，立即执行。该档案还原了民主人士李公朴、闻一多被杀案的历史真相，真实记录了案件的审判过程，以及社会各界要求维护司法公正、伸张正义的相关情况，具有重要的历史研究价值。

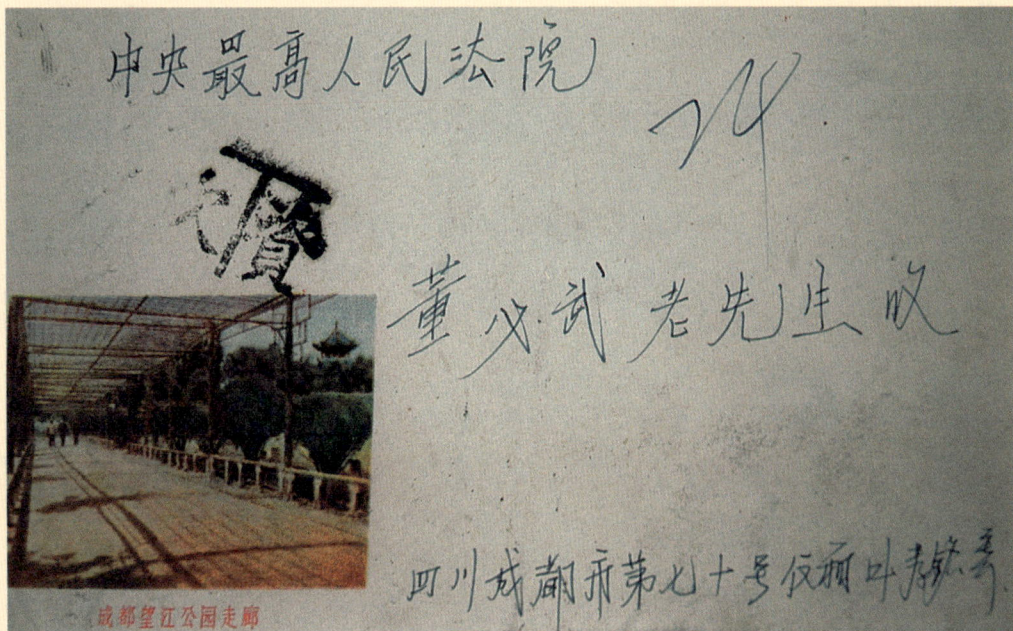

群众写给董必武的信

群众写给董必武的信

**全文：**

亲爱的董必武同志：

我在刚解放的时［候］，曾经参加过公安军，在镇压反革命运动中，我亲眼看到，在罪大恶极的反革分子被镇压的时［候］，工农群众是那么的拍手称快，都说"打得好，人民政府为民除害，真是人民的救星"。的确，我也深深体味到，这些罪大恶极的反革命分子，如果不加以严厉镇压的话，我们的革命胜利果实是很难巩固的。目前，全国各地到处都在严办刑事犯罪分子，强盗要犯、流氓、阿飞等，对这些罪犯都是破坏我们社会主义建设和扰乱社会秩序的坏分子。所以，对这些罪犯的惩办，广大群众是非常拥护的，我也经常听到人家说，像这样对刑事犯罪分子的如此处置，最好希望政府长期如此，并作为群众性的一项对犯罪分子监督任务。

但是，最近我也经常听到广大群众的对政府法律工作中的一个意见，未知是否，仅限参考，那便是政府对目前刑事犯罪分子处置虽然比过去做得好，希望继续下去，这样处理是很妥当的，但是对罪大恶极的反革命分子处理尚是不严，如对以前杀害我们革命领袖闻一多等同志的反革命分子，和美蒋派遣特务分子，对这种反革命分子，政府是有些宽容了。这种反革命分子，他是死心不甘的，如果它们的罪恶与流氓、阿飞相比，那的确它的罪是有些判轻了。我们要求严办这种与人民死心为敌的反革命分子。

我的文化程度很低，写得很不好，文不对题，希原谅。

最后祝您身体健康。

来信者成都第七十号信箱叶孝铭

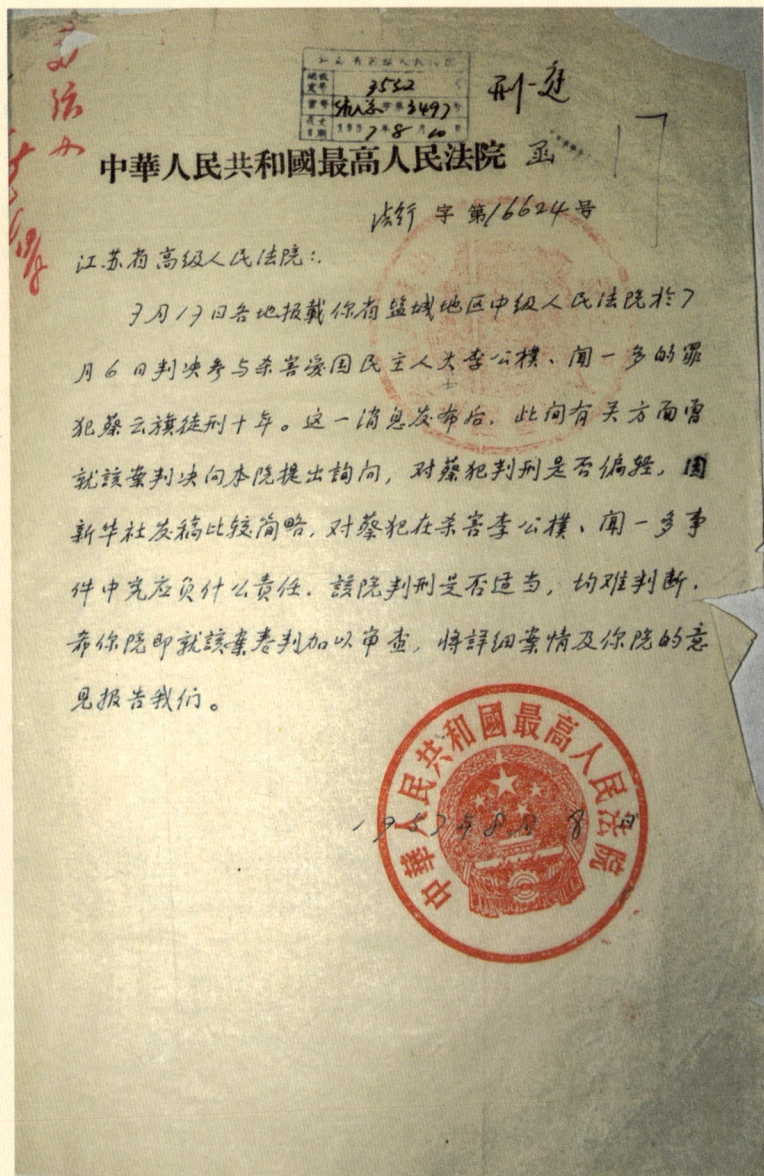

中华人民共和国最高人民法院函

全文：

## 中华人民共和国最高人民法院 函

法行字第16624号

江苏省高级人民法院：

　　7月17日各地报载你省盐城地区中级人民法院于7月6日判决参与杀害爱国民主人士李公朴、闻一多的罪犯蔡云旗徒刑十年。这一消息发布后，此间有关方面曾就该案判决向本院提出询问，对蔡犯判刑是否偏轻，因新华社发稿比较简略，对蔡犯在杀害李公朴、闻一多事件中究应负什么责任，该院判刑是否适当，均难判断，希你院即就该案卷判加以审查，将详细案情及你院的意见报告我们。

1957年8月8日

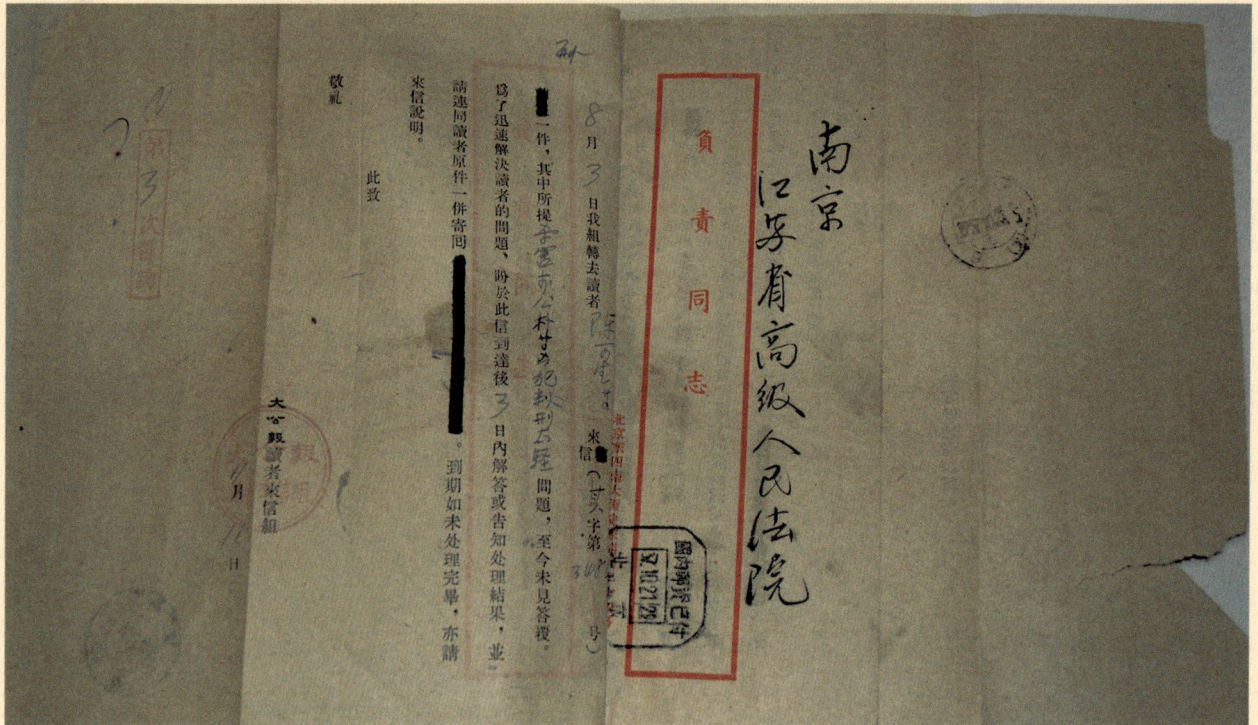

大公报读者来信

**全文：**

江苏省高级人民法院：

　　8月3日我组转去读者陈可生等来信（其字第348号）一件，其中所提杀害李公朴等凶犯判刑太轻问题，至今未见答复。为了迅速解决读者的问题，盼于此信到达后3日内解答或告知处理结果，并请连同读者原件一并寄回。到期如未处理完毕，亦请来信说明。

　　此致
敬礼！

大公报读者来信组

11月11日

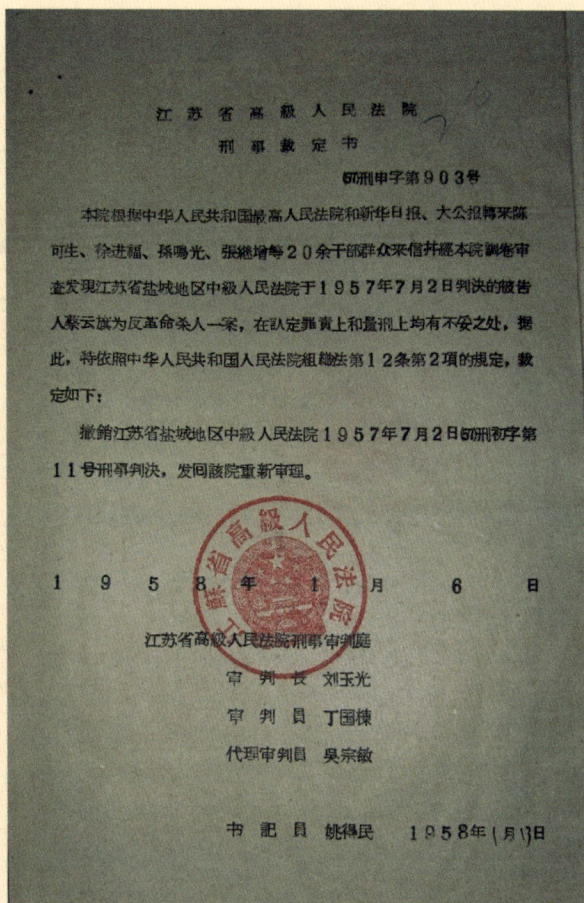

省高院发回重审的裁定书

全文：

## 江苏省高级人民法院刑事裁定书

（57）刑申字第903号

本院根据中华人民共和国最高人民法院和新华日报、大公报转来陈可生、徐进福、孙鸣光、张继增等20余干部群众来信并经本院调卷审查发现江苏省盐城地区中级人民法院于1957年7月2日判决的被告人蔡云旗为反革命杀人一案，在认定罪责上和量刑上均有不妥之处，据此，特依照中华人民共和国人民法院组织法第12条第2项的规定，裁定如下：

撤销江苏省盐城地区中级人民法院1957年7月2日（57）刑初字第11号刑事判决，发回该院重新审理。

1958年1月6日
江苏省高级人民法院刑事审判庭
审判长　刘玉光
审判员　丁国栋
代理审判员　吴宗敏
书记员　姚得民
1958年1月13日

江苏省盐城地区中级人民法院刑事判决 (58)刑初更字第1号

公诉人：江苏省人民检察院盐城分院检察员戚文琴。

被　告：蔡云崽，男，42岁，反动军官成份，富农出身。

住江苏省盐城县南洋区瞿尖乡。

辩护律师：盐城县法律顾问处付主任律师蔡栋。

本案依原中华人民共和国人民法院组织法第十二条第二项规定：

……江苏省高级人民法院刑审字第903号刑事裁定书略称："蔡云崽为反革命杀人犯一案，由中华人民共和国最高人民法院和新华日报、大公报等所采族可生、杨达芳、孙鸣光、眼继增等20余千群众来信。经本院原卷审查发现江苏省盐城地区中级人民法院于1957年7月2日判决蔡云崽反革命杀人犯，在认定事实上和量刑上均有不妥之处，撤销原判决，发回重新审理"。本案于1958年1月27日由院长奢大可担任审判长和人民陪审员……赵学俦组成合议庭，书记员刘籍铭担任职务，由检察员戚文琴出庭执行检察职务。在辩护律师蔡栋参加下，进行公开审理被告蔡云崽为反革命杀人犯。本案业经审理终结。

被告蔡云崽1937年参加国民党，1938年任匪军……长，营长，1941年任匪军少校团付，游击大队长，联络参谋，1946年任云南省昆明匪宪兵第二师谍报组长时，积极与匪谍报队长陈匪兴华同谋实施杀害爱国民主人士李公朴、闻一多二人，在1946年7月11日被告蔡云崽为杀害李公朴小组组长，率领匪特进行跟踪……

—1—

……省易，并与陈匪兴华商议布置暗杀。同日下午李公朴被其匪徒施暗枪射击殒命。同年7月15日被告蔡云崽率领匪特伪装混入闻一多主持的追悼李公朴大会会场，侦察闻之行动后，并即伏卷头伏击，当日闻一多行至西寓被害时，又被其匪徒李明三等乱枪击毙，闻子立凯，身负重伤。1948年被告蔡云崽任匪第十六绥靖区中将情报参谋时，与情报组长捕获我财粮员李荣，进行逼审，从中分得敌币50元。1949年被逮捕，回归狱乡。解放后一直隐瞒历史罪恶，拒不交代，同乡后在做小生意时，偷窃诈骗，破坏粮食统购统销。

本院认定

被告蔡云崽，历充匪军军官，并任谍报组长，情报参谋等职，危害人民革命事业，刺探杀害民主人士李公朴、闻一多二人案件上，与匪谍室处长王子明、谍报队长陈匪兴华，共同计议，预谋实施，且在杀害李、闻二人过程中，蔡云崽又系直接行动中的领导者（组长）之一，实属罪大恶极，解放后隐瞒罪恶，怙恶不俊。依照中华人民共和国惩治反革命条例第九条第四项之规定，特判决：

被告蔡云崽犯反革命杀人罪，判处死刑，立即执行。

审判员　奢大可
人民陪审员　李　冠
　　　　　　赵学俦

—2—

不服本判决，于收到判决书次日起，十日内向本院提出上诉状和副本上诉于

江苏省高级人民法院。

1958年　　月　22　日

本件证明与原本无异。　　书记员　刘籍铭

1958年2月22日

—3—

江苏省盐城地区中级人民法院刑事判决书

全文：

## 江苏省盐城地区中级人民法院刑事判决

（58）刑初更字第1号

公诉人：江苏省人民检察院盐城分院检察员颜文秀

被　告：蔡云旗，男，年42岁。反动军官成份、富农出身。住江苏省盐城县南洋区蔡尖乡。

辩护律师：盐城县法律顾问处副主任杨铁华

本案依照中华人民共和国人民法院组织法第十二条第二项规定：江苏省高级人民法院刑申字第903号刑事裁定书略称："蔡云旗为反革命杀人一案，由中华人民共和国最高人民法院和新华日报、大公报转来陈可生、徐进福、孙鸣光、张继增等20余干部群众来信，经本院调卷审查发现江苏省盐城地区中级人民法院于1957年7月2日判决蔡云旗反革命杀人案，在认定罪责上和量刑上均有不妥之处，撤销该判决，发回重新审理"。本院于1958年1月27日由院长胥大可担任审判长和人民陪审员李超、赵学德组成合议庭。书记员刘耀铭担任记录，由检察员颜文秀执行检察职务，在辩护律师杨铁华参加下，重行公开审理被告蔡云旗反革命杀人案，本案业经审理终结。

被告蔡云旗1937年参加国民党，1938年任匪军排长、连长、警长，1941年任匪军少校团付、游击大队长、联络参谋。1946年任云南省昆明匪预备第二师谍报组长时，积极与匪谍报队长陈国华同谋实施杀害爱国民主人士李公朴、闻一多二人，在1946年7月11日被告蔡云旗为杀害李公朴小组组长，率领匪特进行跟踪监视。并与陈国华等密议布置暗杀。同日下午李公朴被其匪徒汤士亮等枪击毙命。同年7月15日被告蔡云旗率领匪特尚福海、肖天保等混入闻一多主持的追悼李公朴大会会场。侦察闻之行动后，并埋伏巷头伏击，当日闻一多行至西苍坡时，又被其匪徒李明三等乱枪击死，闻子立鹤，身负重伤。1948年被告蔡云旗任匪第十六绥靖区中校情报参谋时，与情报组长捕捉我财粮员李某，进行敲诈，从中分得银币50元。1949年被遣散。回归家乡。解放后一直隐瞒历史罪恶，拒不交代，回乡后在做小生意时，偷税漏税，破坏粮食统购统销。

本庭认定：

被告蔡云旗，历充匪军军官，并任谍报组长、情报参谋等职。危害人民革命事业，对谋杀民主人士李公朴、闻一多二人案件上，与匪稽查处长王子明、谍报队长陈国华，共同计议，预谋实施，且在杀害李、闻二人过程中，蔡云旗又系直接行动中的领导者（组长）之一，实属罪大恶极。解放后隐瞒罪恶，怙恶不悛。依据中华人民共和国惩治反革命条例第九条第四项之规定，特判决：

被告蔡云旗犯反革命杀人罪，判处死刑。立即执行。

　　　　　　　　　　　　　　　　　　　　　　　　审判员　胥大可

　　　　　　　　　　　　　　　　　　　　　　　人民陪审贝　李　超

　　　　　　　　　　　　　　　　　　　　　　　　　　　　赵学德

不服本判决，于收到判决书次日起，十日内向本院提出上诉书和副本上诉于江苏省高级人民法院。

　　　　　　　　　　　　　　　　　　　　　　　　　　1958年3月22日

本件证明与原本无异。　　　　　　　　　　　　　　　书记员　刘耀铭

　　　　　　　　　　　　　　　　　　　　　　　　　　1958年2月22日

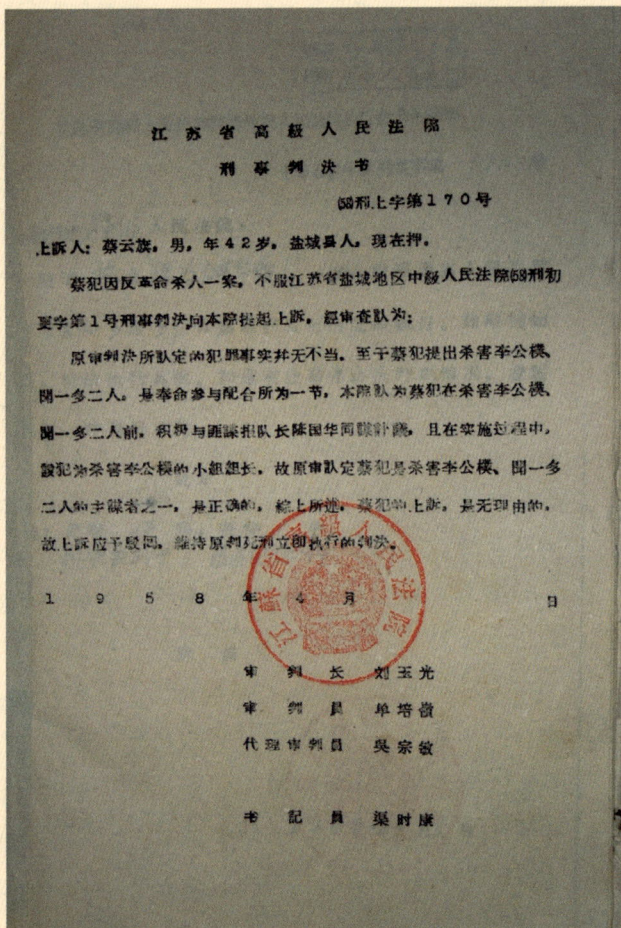

江苏省高级人民法院刑事判决书

全文：

## 江苏省高级人民法院刑事判决书

（58）刑上字第170号

上诉人：蔡云旗，男，年42岁，盐城县人，现在押。

蔡犯因反革命杀人一案，不服江苏省盐城地区中级人民法院（58）刑初更字第1号刑事判决，向本院提起上诉，经审查认为：

原审判决所认定的犯罪事实并无不当。至于蔡犯提出杀害李公朴、闻一多二人，是奉命参与配合所为一节，本院认为蔡犯在杀害李公朴、闻一多二人前，积极与匪谍报队长陈国华同谋计议，且在实施过程中，该犯为杀害李公朴的小组组长，故原审认定蔡犯是杀害李公朴、闻一多二人的主谋者之一，是正确的。综上所述，蔡犯的上诉，是无理由的，故上诉应予驳回，维持原判死刑立即执行的判决。

1958年4月　日

审判长　刘玉光

审判员　单培岭

代理审判员　吴宗敏

书记员　渠时康

全文:

## 江苏省盐城地区中级人民法院布告

（58）刑执字第　号

为宣布罪状事：

　　反革命杀人犯蔡云旗，男，年四十二岁，反动军官成份，富农出身，江苏省盐城县南洋区蔡尖乡人。

　　蔡犯于一九三七年参加国民党。一九三八年任匪军排长、连长、营长。一九四一年任匪军少校团副、游击大队长、联络参谋。一九四六年任云南省昆明匪预备第二师谍报组组长时，积极与匪谍报队长陈国华同谋实施杀害爱国民主人士李公朴、闻一多二人。蔡犯云旗为杀害李公朴小组组长，在一九四六年七月十一日，率领匪特进行跟踪监视，并与陈国华等密议布置暗杀。同日下午，李公朴被蔡犯同伙匪徒汤士亮等枪击毙命。同年七月十五日蔡犯云旗率领匪特尚福海、肖天保等混入闻一多主持的追悼李公朴大会会场，侦察闻一多行动后，又准备伏击，当日闻一多行至西苍坡时，被匪徒等乱枪击死。一九四八年，蔡犯云旗任匪第十六绥靖区中校情报参谋时，与情报组长捕捉我财粮员李xx进行敲诈，分得银币五十元。1949年全国解放后被遣散回家，长期隐瞒罪恶，拒不交待。查蔡犯云旗历充匪军军官，并任谍报组长，情报参谋，进行反革命特务活动，谋杀爱国民主人士，危害人民革命事业，实属罪大恶极，依据"中华人民共和国惩治反革命条例第九条第四项"规定，判处死刑，立即执行。蔡犯不服上诉，经江苏省高级人民法院审理驳回上诉，并报请中华人民共和国最高人民法院核准判处死刑立即执行。本院于一九五八年四月二十六日将蔡犯云旗验明正身，绑赴刑场，执行枪决。特此布告周知！

院长 胥大可
一九五八年四月二十六日

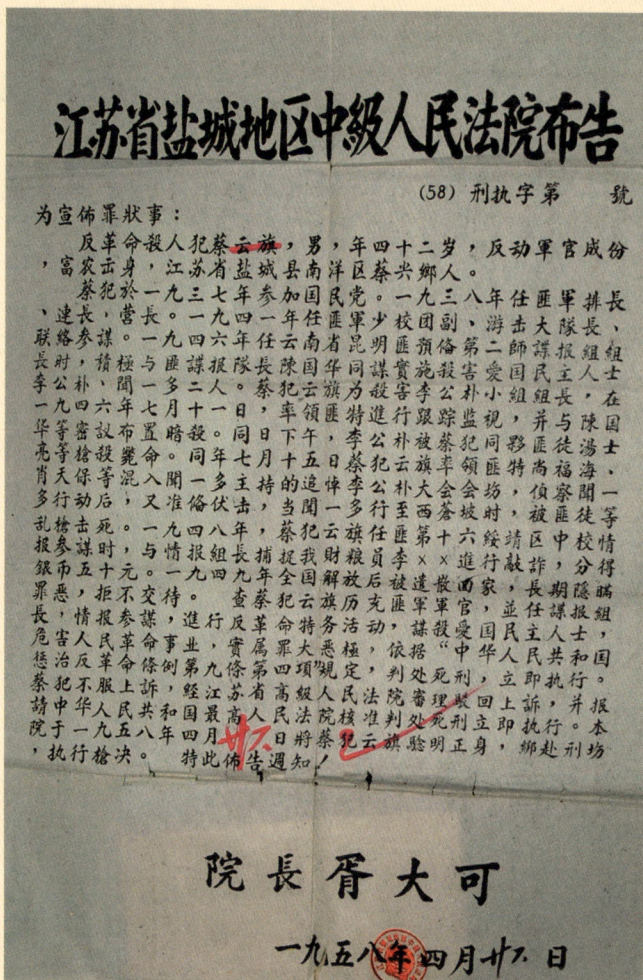

江苏省盐城地区中级人民法院布告

# 黄克诚给陈宗烈、徐植的签名信

**保管单位：**盐城市档案馆

**内容及评价：**

1958年时任国防部副部长的黄克诚同志就苏北部分退役老红军生活补助事宜给盐城地委陈宗烈、徐植的签名信。1940年10月，黄克诚率八路军第五纵队驰援新四军黄桥战役，与新四军北上部队会师于淮海、盐阜地区，开辟苏北抗日根据地，打通了华北、华中抗日根据地的联络。至1944年，黄克诚相继组织指挥高（沟）杨（口）、阜宁、两淮等战役，使苏北和苏中、淮南、淮北解放区联成一片。在坚持苏北敌后抗日的5年中，黄克诚与苏北人民结下了深厚的情谊。该档案记录了黄克诚对苏北退役老红军生活的关心和关注，体现了他对老红军战士的深情厚谊，是研究黄克诚同志生平的重要史料。

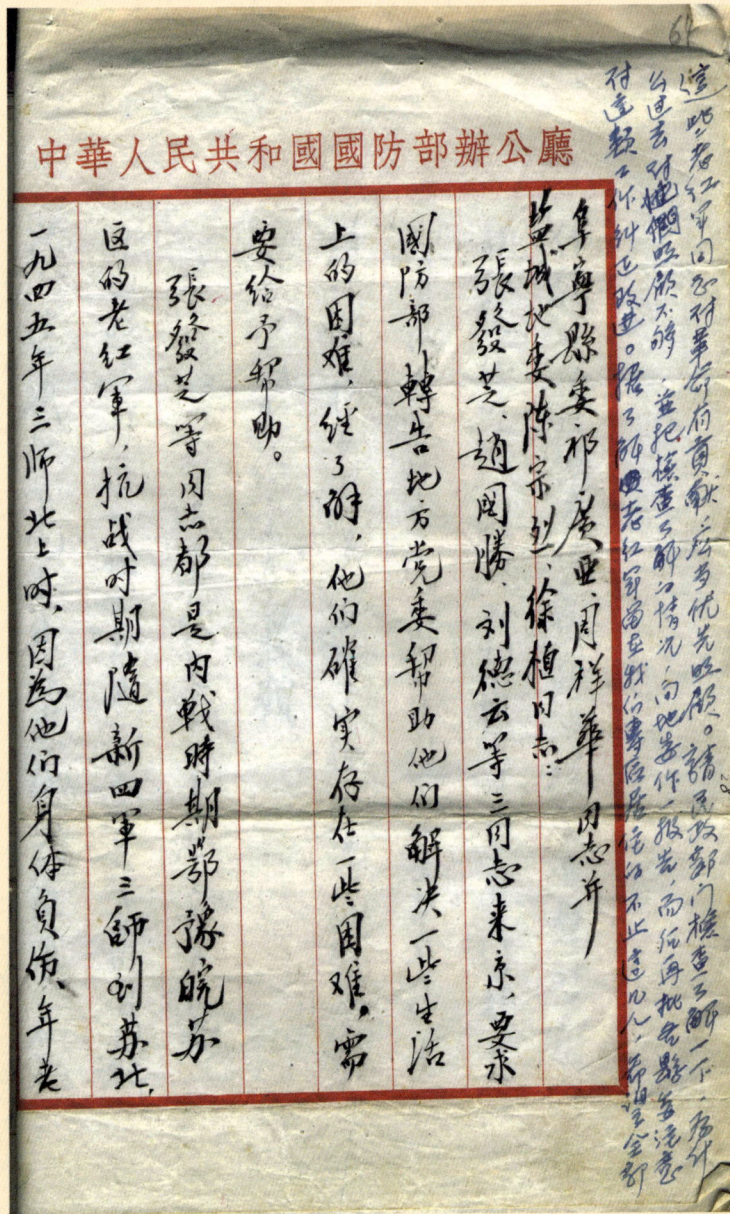

黄克诚的签名信

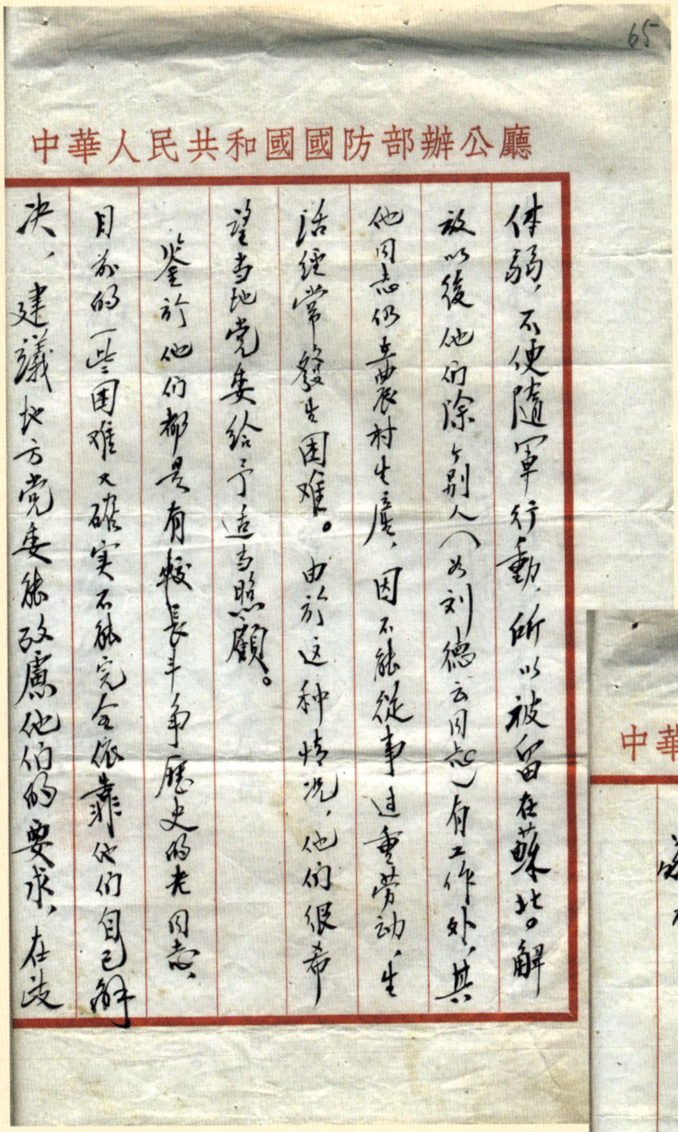

65

中華人民共和國國防部辦公廳

体弱,不便随军行动,所以被留在苏北。解
放以后,他们除个别人(以刘德云同志)有工作外,其
他同志仍要生活在农村中,因不能从事重劳动,生
活经常发生困难。由于这种特况,他们很希
望当地党委给予适当照顾。

鉴于他们都是有较长革命历史的老同志
目前的一些困难又确实无法完全依靠他们自己解
决,建议地方党委能照顾他们的要求,在这

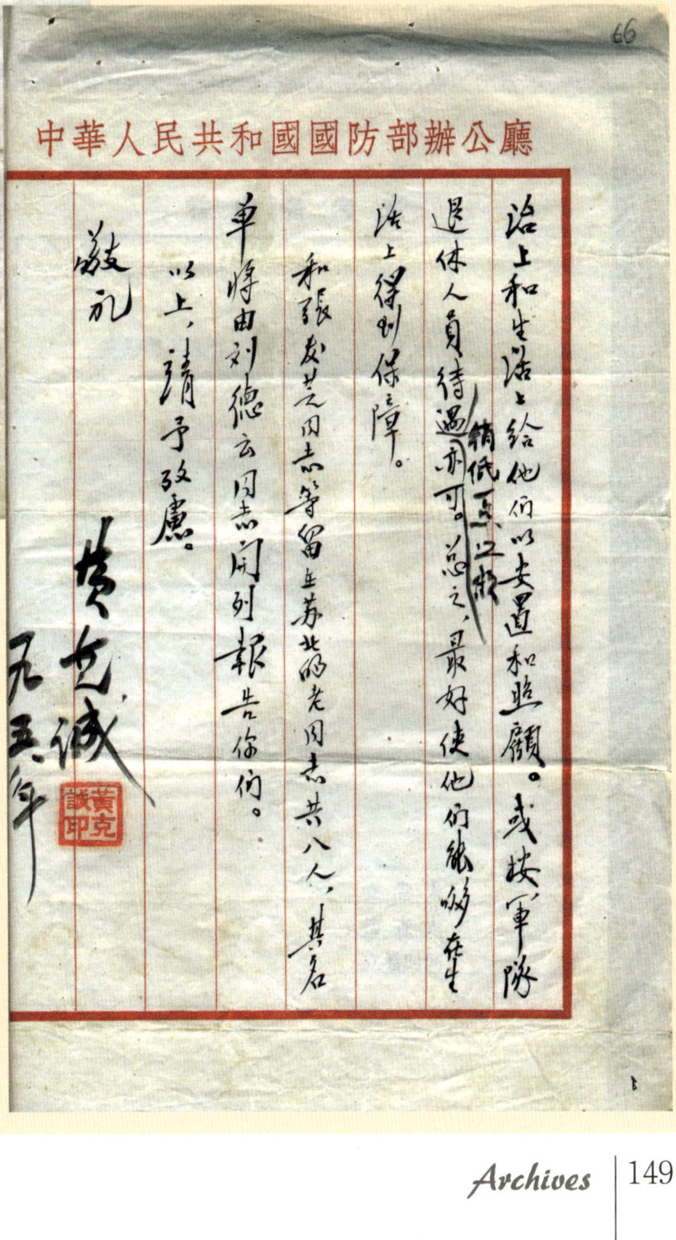

66

中華人民共和國國防部辦公廳

活上和生活上给他们以妥置和照顾。我枝军队
退休人员待遇过亦可,销低亦无之枇。总之,最好使他们能够在生
活上得到保障。

和张爱芝同志等留在苏北的老同志共八人,其名
单将由刘德云同志同时报告你们。

以上,请予致廳。

敬礼

黄克诚

五五年

黄克诚的签名信

**全文:**

阜宁县委祁广亚、周祥华同志并盐城地委陈宗烈、徐植同志:

张发芝、赵国胜、刘德云等三同志来京,要求国防部转告地方党委帮助他们解决一些生活上的困难,经了解,他们确实存在一些困难,需要给予帮助。

张发芝等同志都是内战时期鄂豫皖苏区的老红军,抗战时期随新四军三师到苏北,一九四五年三师北上时,因为他们身体负伤、年老体弱,不便随军行动,所以被留在苏北。解放以后他们除个别人(如刘德云同志)有工作外,其他同志仍在农村生产,因不能从事过重劳动,生活经常发生困难。由于这种情况,他们很希望当地党委给予适当照顾。

鉴于他们都是有较长斗争历史的老同志,目前的一些困难又确实不能完全依靠他们自己解决,建议地方党委能考虑他们的要求,在政治上和生活上给他们以安置和照顾。或按军队退休人员待遇稍低一点照顾亦可。总之,最好使他们能够在生活上得到保障。

和张发芝同志等留在苏北的老同志共八人,其名单将由刘德云同志开列报告你们。

以上,请予考虑。

敬礼

黄克诚

一九五八年

时任盐城地委领导批示:

这些老红军同志对革命有贡献,应当优先照顾。请民政部门检查了解一下,为什么过去对他们照顾不够,并把检查了解的情况,向地委作一报告,而后再批各县委注意对这类工作纠正改进。据了解老红军留在我们专区居住的不止这几人,希望全部

# 五十年代盐城境内铁路勘测设计档案

**保管单位：** 盐城市档案馆

**内容及评价：**

2002年,总投资62亿元,总长561公里的新长铁路全线建成,结束了盐城境内"地无寸铁"的历史。但在建国初期,地处苏北的盐城交通极其落后,主要依靠内河航运和公路运输,成为盐城经济社会发展的桎梏。为了改变盐城交通状况,盐城地委、行署积极协助铁道部、江苏省委对新锡铁路、通榆铁路的盐城境内路线进行勘测,并多次召开座谈会,就铁路建设的相关问题进行会商。五十年代盐城境内铁路勘测设计档案内容涉及铁路沿线勘测、铁路路线选择、站点布置以及相关的组织协调工作等。该档案是盐城改变其落后交通状况,开展铁路建设一手资料,丰富、完善了盐城交通史尤其是铁路发展史,对当前连盐铁路等工程的规划、设计也有一定的参考价值。

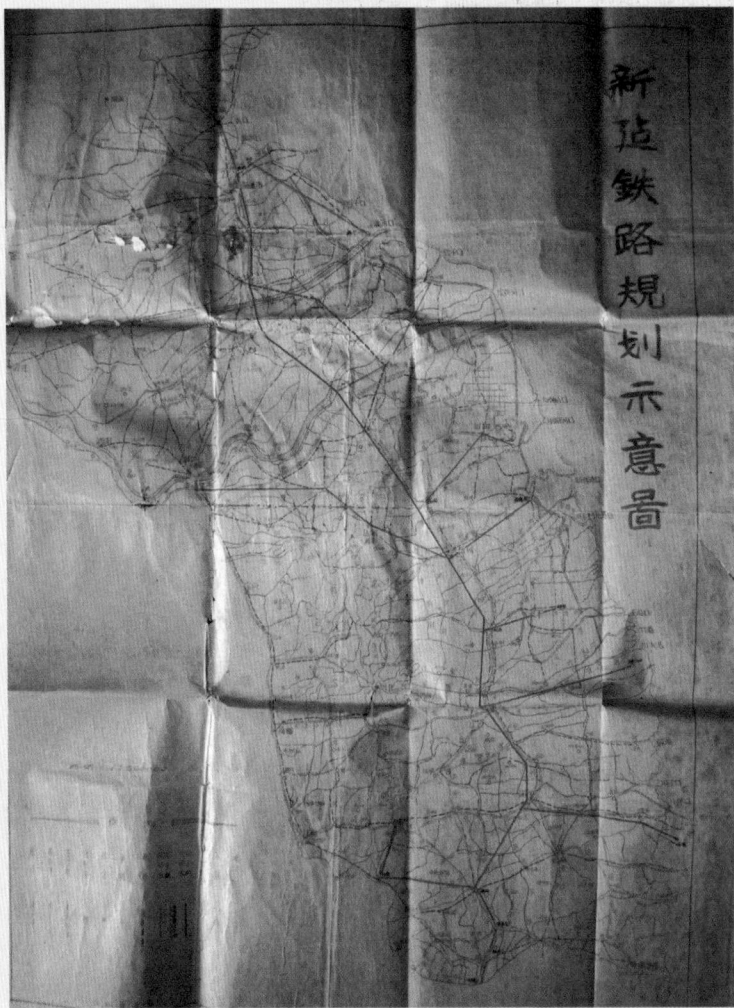

新建铁路规划示意图

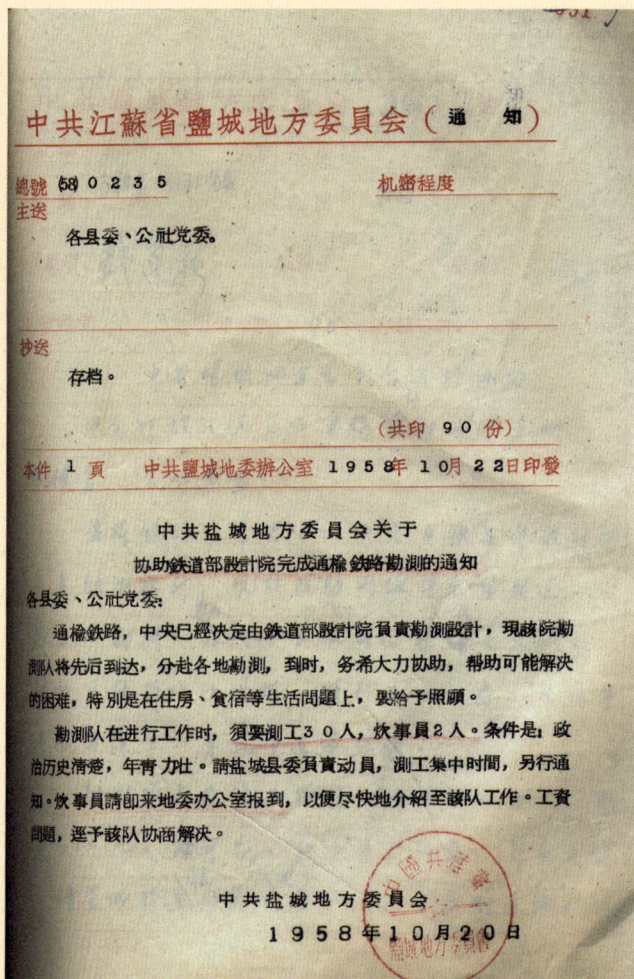

中共盐城地方委员会关于协助铁道部设计院完成通榆铁路
勘测的通知

全文:

## 中共盐城地方委员会关于
## 协助铁道部设计院完成通榆铁路勘测的通知

各县委、公社党委:

通榆铁路,中央已经决定由铁道部设计院负责勘测设计,现该院勘测队将先后到达,分赴各地勘测,到时,务希大力协助,帮助可能解决的困难,特别是在住房、食宿等生活问题上,要给予照顾。

勘测队在进行工作时,须要测工30人,炊事员2人。条件是:政治历史清楚,年青力壮。请盐城县委负责动员,测工集中时间,另行通知。炊事员请即来地委办公室报到,以便尽快地介绍至该队工作。工资问题,逐予该队协商解决。

中共盐城地方委员会

1958年10月20日

全文：

# 中共江苏省委交通工作部（函）

发文 58交字第003号 　　　　　　　　　　　　　　　机密程度 机密

主送机关：徐州、淮阴、盐城、南通地委

抄送机关：省委、省计委、省交通厅、省水利厅、徐州、淮阴、盐城、南通专署水利局、武汉铁道部第四设计院通榆铁路勘察队

事　由：检发关于通榆铁路定线座谈会记录的函

收文机关批办：

关于通榆铁路线路问题，十月初省里曾作初步研究，并由铁道部第四设计院派员至徐州、盐城、南通三专区联系。目前铁路定线测量急待进行，盐城、南通两专区通榆运河施工的准备工作已完成，为通盘考虑铁路和运河有关的问题，我们召集了有关单位的座谈会，兹将座谈会记录发给你们，请研究，如有意见希迅即告诉我们。

省委交通工作部

1958年11月3日

附件：座谈会记录一分（份）

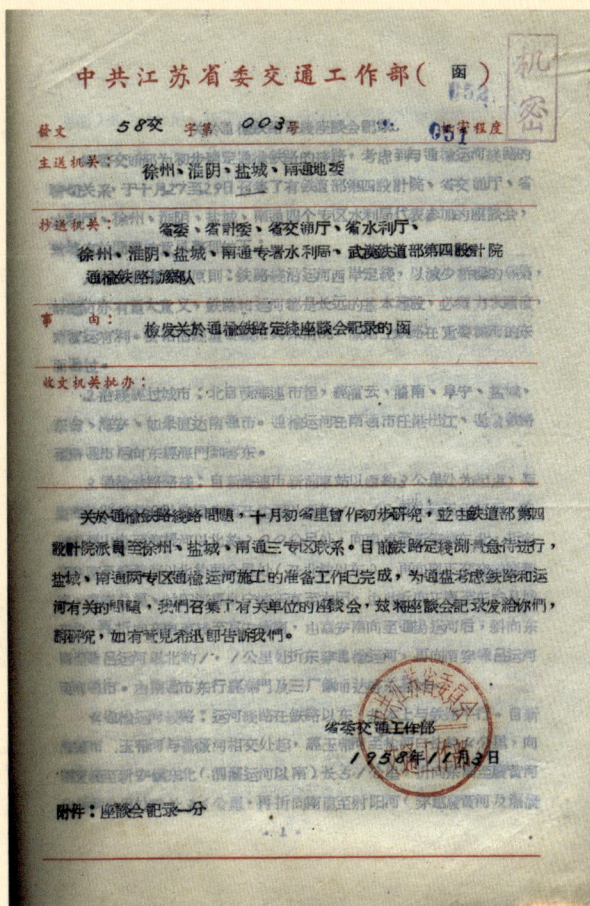

检发关于通榆铁路定线座谈会记录的函

# 关于通榆铁路定线座谈会记录

省委交通部为初步确定通榆铁路的线路，考虑到与通榆运河线路的密切关系，于十月27至29日召集了有铁道部第四设计院、省交通厅、省水利厅、徐州、淮阴、盐城、南通四个专区水利局代表参加的座谈会，兹将有关问题的意见整理如下：

1、铁路线选定的原则：铁路线沿运河西岸定线，以减少桥梁的建筑，对国防亦有重大意义，铁路和运河都是长远的基本建设，必须力求顺直，对营运有利。根据沿线重要城市具体情况，原则上铁路在重要城市的东面通过。

2、沿线经过城市：北自新海连市起，经灌云、灌南、阜宁、盐城、东台、海安、如皋直达南通市。通榆运河在南通市任港出江，通榆铁路至南通市后向东经海门到启东。

3、通榆铁路路线：自新海连市新浦车站以西约3公里处为起点，与陇海铁路接轨，以曲线向南在盐河以西约1.1公里处跨玉带河后，穿越锦屏山坳至海堤河以北约300公尺处，向南直至新安镇东北，折向东南直至废黄河以北约两公里处（在北沙以东），再向南正交穿越废黄河、灌溉总渠、射阳河经阜宁城东直至大团，由此折向正南至东台县城东北，再折向东南直线至富安镇南，由富安南向至通扬运河后，斜向东南至通吕运河以北约1.1公里处折东穿通榆运河，再向南穿通吕运河至南通市。由南通市东行经海门及三厂镇而达启东县城。

4、通榆运河线路：运河线路在铁路以东，基本上与铁路平行。自新海连市玉带河与蔷薇河相交处起，经玉带河至盐河口长约4公里，向南直线至新安镇东北（泗灌运河以南）长51公里，折向东南至废黄河北约两公里处计长36公里，再折向南直至射阳河（穿越废黄河及灌溉总渠）长23公里。利用射阳河一段向东南经阜宁城东直线至大团长77公里，再折向正南至东台县城东北约4公里处计长36公里，由此向东南直线至富安镇南长27公里，向南9公里达通扬运河，再斜向东南接通吕运河西口长66公里，由通吕运河西口折向西南约3.5公里在任港口出长江。

5、通榆铁路穿越的航运河道，各专区提出通航300吨轮船以上的计22条（不包括南通市至启东段铁路线在内），其中通航2千吨的为徐圩运河、泗灌运河、灌溉总渠、射阳河、新洋港、斗龙港、泰东运河、通扬运河、通榆运河、通吕运河等10条，通航1千吨的为废黄河、黄沙港、如泰运河、九圩港等4条，通航5百吨的为盐河、沭灌河、沭南河、海河、拼茶运河等5条，通航3百吨的为一帆河、中竖河、林吴河等3条。

为节省铁路投资和尽可能减少线路纵坡起伏，对以上这些航运河道的等级，希各地在能够满足航运要求情况下进一步研究。对一般排水灌溉河道及沟渠，在不影响河网化要求下，并希各地水利部门在规划布置方面采取措施，尽可能减少铁路桥涵建设。

6、铁路运河路基与结合问题：根据上述线路，由于铁路穿越通航河道很多，而通航河道曲度半径要求大。为保持铁路线的顺直，缩短建桥长度，虽两条线路大体上是平行的，但铁路线与运河线之间的距离最少的亦在400公尺以上，一般的在600至800公尺，最远的有1公里多。且目前铁路线尚未实测定线，纵坡及断面标准俱未定，而盐城、南通两专区通榆运河即将施工。因此，利用运河出土立即结合填筑铁路路基比较困难，各地可根据铁道部第四设计院通榆铁路设计测量队提出成果的时间决定能否结合。目前运河施工地段可将能填筑路基的好土出在河西，以便将来有可能利用。

C52

关於通榆铁路定线座谈会记录

省委交通部为初步确定通榆铁路的綫路，考虑到与通榆运河綫路的密切关系，于十月27至29日召集了有铁道部第四设计院、省交通厅、省水利厅、徐州、淮阴、盐城、南通四个专区水利局代表参加的座谈会，兹将有关问题的意见整理如下：

1.铁路綫选定的原则：铁路綫沿运河西单定綫，以减少桥梁的兴築，对国防亦有重大意义。铁路和运河都是长远的基本建設，必须力求顺直，对营运有利。根据沿綫重要城市具体情况，原则上铁路在重要城市的东面通过。

2.沿綫經过城市：北自新海连市起，經灌云、灌南、阜宁、盐城、东台、海安、如果直达南通市。通榆运河在南通市任港出江，通榆铁路至南通市后向东經海门到啓东。

3.通榆铁路綫：自新海连市新浦車站以西约3公里处为起点，与陇海铁路接轨，以曲綫向南至盐城以西约1.1公里处穿玉帶河后，穿越崬屏山坳至海堤以北约300公尺处，向南直至新安鎮东北，折向东南直至廢黄河以北约两公里处（在北少以东），再向南正交穿减廢黄河、灌溉总渠、射阳河經阜宁城东直至大团，由此向正南至东台县城东北，再折向东南直綫至富安鎮，由富安南向至通昌运河后，斜向东南至通呂运河以北约1.1公里处折东穿通榆运河，再向南穿通呂运河至南通市。由南通市东行經海门及三厂鎮而达啓东县城。

4.通榆运河綫：运河綫路在铁路以东，基本上与铁路平行。自新海连市，玉帶河与蔷薇河相交处起，經玉帶河至盐河口长约4公里，向南直綫至新安鎮东北（泗灌运河以南）长51公里，折向东南至廢黄河北约两公里处針长36公里，再折向南直至射阳河（穿越廢黄河及灌溉

·1·

C53

总渠）长23公里。利用射阳河一段向东南經阜宁城东直綫至大团长77公里，再折向正南至东台县城东北约4公里处計长36公里，由此向东南直綫至富安鎮南长27公里，向南9公里达通扬运河，再斜向东南接通呂运河西口长66公里，由通呂运河西口折向西南约3.5公里在任港口出长江。

5.通榆铁路穿越的航运河道，各专区提出通航300吨輪船以上的計22条（不包括南通市至啓东段铁路綫在内），其中通航2千吨的为徐塘运河、泗灌运河、灌溉总渠、射阳河、新洋港、斗龙港、泰东运河、通扬运河、通榆运河、通呂运河等10条，通航1千吨的为廢黄河、黄沙港、如泰运河、九圩港等4条，通航5百吨的为盐河、沐濯河、沐南河、海河、拼茶运河等5条，通航3百吨的为一帆河、中涵河、林嘴河等3条。

为节省铁路投資和尽可能减少綫路纵坡起伏，对以上这些航运河道的等級，希望各地在能够满足航运要求情况下进一步研究。对一般排水灌溉河道及沟渠，在不影响可航化要求下，並希各地水利部門在规劃布置方面采取措施，尽可能减少铁路桥涵建設。

6.铁路运河路基与结合問題：根据上述綫路，由于铁路穿越通航河道很多，而通航河道曲綫半径要求大。为保持铁路綫的顺直，縮短縬桥長度，虽两条綫路大体上是平行的，但铁路綫与运河綫之间的距離最少的亦在400公尺以上，一般的在600至800公尺，最远的有1公里多。且目前铁路綫尚未实測定綫，纵坡及断面标准俱未定，而盐城、南通两专区通榆运河即将施工。因此，利用运河出土立即結合修築铁路路基比较困难，各地可根据铁道部第四设计院通榆铁路設計測量队提出成果的时间决定能否結合。目前运河施工地段可能填

·2·

关于通榆铁路定线座谈会记录

7、几个具体问题：

（1）通榆铁路北端起点新海连市限于地形，车站布置以蔷薇河西作重点考虑。

（2）盐城专区代表和滨海县委提出铁路线由阜宁北上经滨海县境过响水口直至新海连市的意见，线路较短，但对河网化影响较大，穿越新沂河、灌河的河面宽，土质差；在经过城镇方面丢掉了灌云、灌南两个县城；两条线路互有得失，可作为第二线比较研究。目前暂定铁路线经灌云、灌南，将来可考虑敷设一条支线。

（3）淮阴专区代表提出通榆运河尽量利用盐河节省土方，至新安镇南以后再折向佃湖镇，按此布置运河线，则铁路线在运河以西难于布置，必须穿过运河走东岸，要多建一座大桥，线路也更长。请淮阴地委进一步研究。

（4）南通专区代表提出通榆铁路线在南通市穿越通榆运河地点适当北移或建斜桥，以利通榆航运和兴建第二道船闸的意见，请南通地委进一步研究目前所定线路是否必需变更，同时铁路勘测设计单位也作建斜桥及穿越地点适当北移的研究后，由南通地委与铁道设计测量队共同研究决定。

1958年10月29日

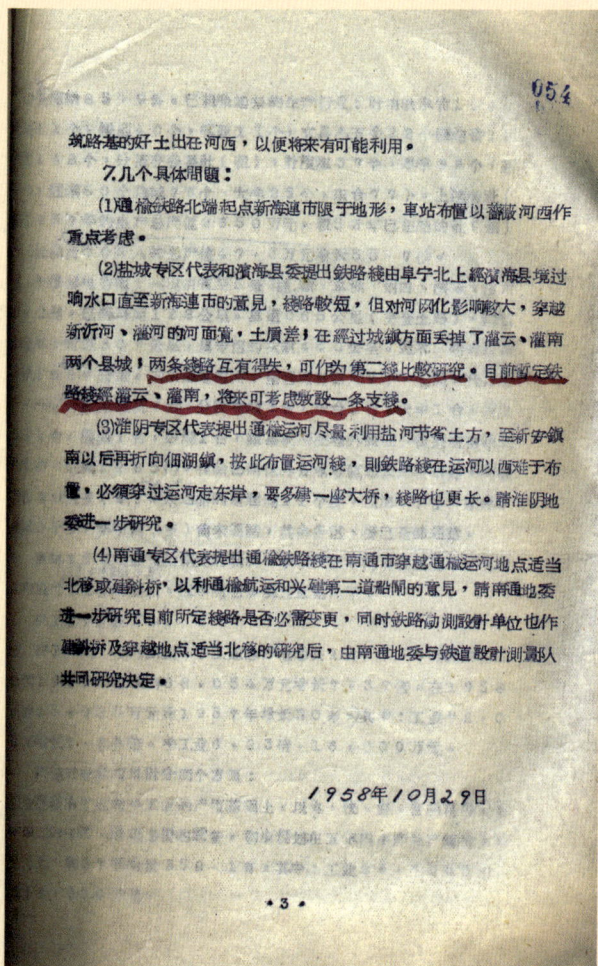

关于通榆铁路定线座谈会记录

全文：

## 中共江苏省盐城地方委员会报告

总号（59）0142

主送：江苏省委、中央铁道部。

抄送：省委交通工作部、省人委、交通厅、水利厅、地委常委、地委交通工作部、专署交通局、水利局、存档。

（共印20份）

本件3页　中共盐城地委办公室1959年5月16日印发

江苏省委、中央铁道部：

省委交通工作部於（于）本月9日派来新锡（新海连市至无锡）铁路工作组，提出省有关部门关於（于）新锡铁路盐城区境内的铁道线路规划意见，经地委研究同意：这个路线的规划，确定在通榆运河及现通榆公路以西，这是合理的适宜的。首先，铁道线规划在通榆公路以西，现有通榆公路可以不废，而且这条公路的路基、路面建设得比较好，这样对人力物力节省很大。

其次，在交通运输方面和水利系统方面，可以和通榆运河规划相结合，特别是排灌系统与大运河并不矛盾。

第三，对沿通榆路线的城镇（如盐城、阜宁城、东台等）发展与繁荣亦有好处，同时也有利於（于）交通运输，否则规划到大运河东，与现有城镇距离太远，而且又相隔一条巨大河流，这样就不利於（于）城镇的发展和繁荣。因此我们完全同意这个初步规划意见。但有几个具体问题，我们意见请省委在具体设计时能给予适当解决和照顾。

一，关於（于）沿途设站问题，我们意见设北沙、阜宁、沟灯（墩）、上冈、新星（兴）场、盐城、伍佑、刘庄、草堰、东台、安丰等站，各站站址，我们意见与城镇距离不能太远，我们意见一般车站与城镇距离不能超过三华里左右为宜，尤其是刘庄希能给予照顾，为照顾刘庄，铁路线虽然必须有一小湾，但我们认为仍须照顾，因为刘庄是大丰县物资进出咽喉，它不仅有大量棉花、海产需出口，而且还有大量的原盐，该县与上海农场合办一盐场，年产100万吨，现正施工兴建，中央还投资800余万元。同时大丰县级机关也将迁驻刘庄，因此，刘庄将来势必成为大

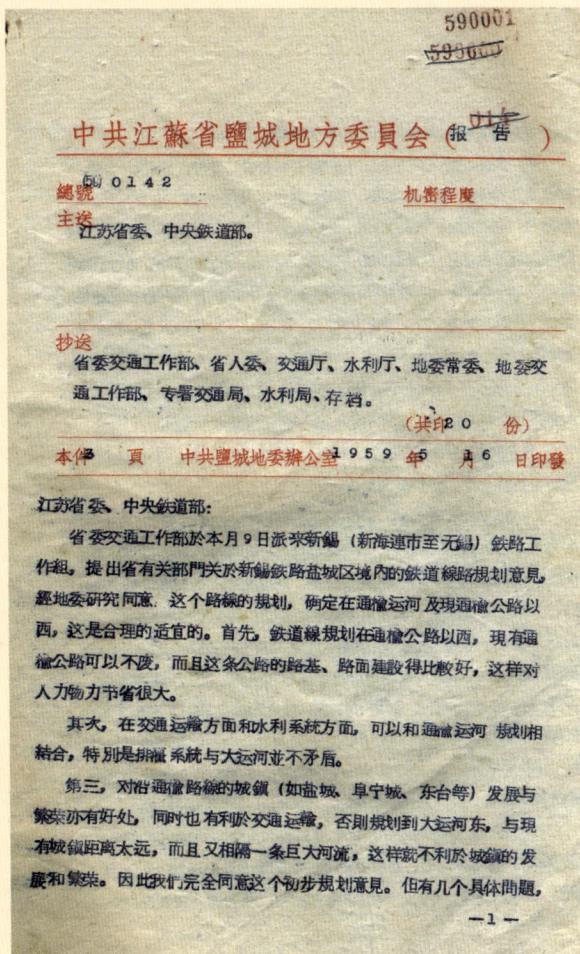

中共江苏省盐城地方委员会关于新锡铁路盐城段规划的报告

丰县政治、经济中心，故请省委考虑给予照顾。

另外对各个车站的设立，我们意见设在城镇以西，铁路以东，车站与城镇并立，不能交叉太远。

二、关於（于）铁道线问题，根据新锡铁路工作组代（带）来的规划，我们基本同意，虽然阜宁看起来紧靠铁路线边（铁路线在阜坎公路头）但我们认为对阜宁城市发展并无妨碍，市区可以向东向北发展，因此，我们考虑阜宁车站仍设阜坎路交叉处不变，若阜宁站再向西转，其他站即向西移得更远，尤其是在地理形势上代（带）来很大不利，路线稍微向西移动，则绝大部分即处於（于）老汧田（水田地区），淤泥层太深，一般均达二市尺左右，这就对铁道路基建设带来困难，不仅工程大，而且也不牢固，根据地区形势，我们意见最好将现在初步规划的路线，从阜宁向南，再向东移动一公里左右，这样铁道路基即全部处於（于）沙冈地带，有利於（于）路基建设。

三、关於（于）交通航线问题，我们意见基本上维持原有航道不变，现已通航的有八条航道，各河道的吨位我们意见是射阳河2000吨位，灌溉渠1000吨位，其余渔深河、北盐河、皮叉河、蟒蛇河、新界河、运盐河、车路河等均是100-300吨位。

四，关於（于）排灌问题，沿铁道线上的河道，据初步排队有75条，其中较大的河道有16条，水面宽达80-300公尺，其余河道水面宽度一般是80公尺以下15公尺以上。另外在兴化县边境，即丁溪至刘庄21公里长有10条较大的河道，其中有三条大河水面宽达50-100公尺，但我区大运河开凿后排灌系统即要

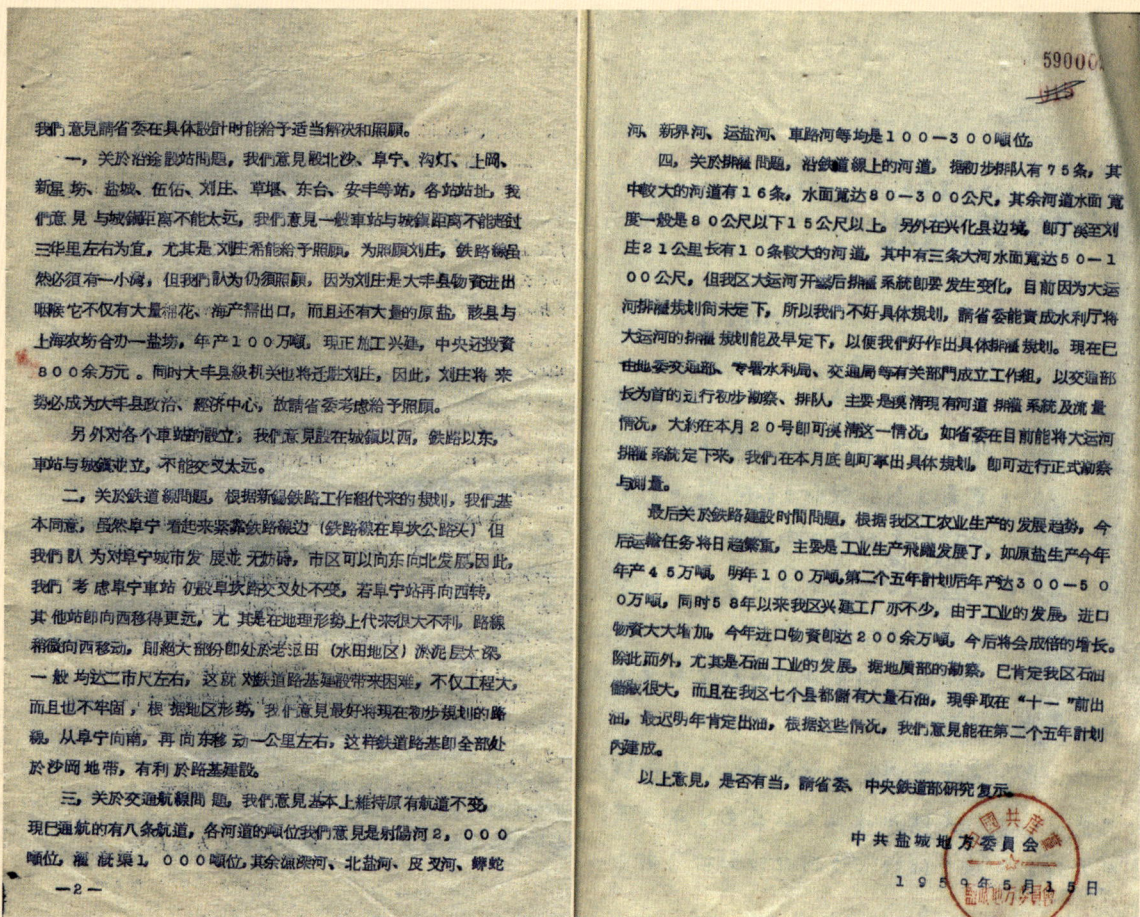

中共江苏省盐城地方委员会关于新锡铁路盐城段规划的报告

发生变化，目前因为大运河排灌规划尚未定下，所以我们不好具体规划，请省委能责成水利厅将大运河的排灌规划能及早定下，以便我们好作出具体排灌规划。现在已由地委交通部、专署水利局、交通局等有关部门成立工作组，以交通部长为首的进行初步勘察、排队，主要是摸清现有河道排灌系统及流量情况，大约在本月20号即可摸清这一情况，如省委在目前能将大运河排灌系统定下来，我们在本月底即可拿出具体规划，即可进行正式勘察与测量。

最后关於（于）铁路建设时间问题，根据我区工农业生产的发展趋势，今后运输任务将日趋繁重，主要是工业生产飞跃发展了，如原盐生产今年年产45万吨，明年100万吨，第二个五年计划后年产达300—500万吨，同时58年以来我区兴建工厂亦不少，由于工业的发展，进口物资大大增加，今年进口物资即达200余万吨，今后将会成倍的增长。除此而外，尤其是石油工业的发展，据地质部的勘察，已肯定我区石油储藏很大，而且在我区七个县都储有大量石油，现争取在"十一"前出油，最迟明年肯定出油，根据这些情况，我们意见能在第二个五年计划内建成。

以上意见，是否有当，请省委、中央铁道部研究复示。

中共盐城地方委员会

1959年5月15日

# 沿海军民围歼美蒋特务档案

**保管单位：** 射阳县档案馆

**内容及评价：**

1963年10月8日，美蒋匪特经过精心策划，派遣训练已久的特务10人，组成"江苏省反共救国军独立第十八纵队"，经公海潜入射阳县境内，在海通乡沟浜村海滩登陆。当地民兵发现后，立即奔赴县公安部门举报，公安部门当即与射阳的驻军联络，驻当地我人民解放军某连第一排及射阳县公安边防哨所，在兄弟部队和沿海的双洋、沟浜等村广大民兵的配合下，在很短的时间内生俘匪特9人，另一个匪特也在24小时内被活捉。计缴获卡宾枪8支、手枪1支、电台1部、登陆艇1艘及其他军用物资、各种伪造证件。这是一次军民联防反特战斗的胜利。这些档案以文字、照片等形式真实记录了沿海军民围歼美蒋特务的相关情况，具有重要的历史研究价值。

首先参加歼敌并俘虏敌特九名的某连一排及驻该地公安边防哨所的全体同志

### 把偷渡的蒋特歼灭在海滩上

一九六三年十月八日，美蒋匪帮经过精心策划训练已久的"江苏省反共救国军独立第十八纵队"特务十人，在苏北射阳地区登陆，驻当地我人民解放军某连第一排及该地公安边防哨所，在兄弟部队和广大民兵配合下，在一小时以内生俘蒋特九人，另一名蒋特也在廿四小时内被活捉。计缴获卡宾枪八支，手枪一支、电台一部，登陆小船一只及其他军用物资、各种伪造证件全部。这次胜利是毛主席军事思想的胜利，是政治思想、战备训练工作落实的体现。铁的事实证明，不管敌人一面在高唱"和平"，又一面如何阴险狡滑地进行偷渡破坏，但在我全体军民的面前，总是只有一条出路——全部彻底歼灭。

被活捉的十名美蒋特务

庆祝庆功大会会场

我军民缴获的军用物资

特务使用之小型电台

射阳地区全歼偷渡登陆美蒋武装特务的功臣代表合影（1963年11月12日）

功臣代表合影 ⊠年十一月十二日东台东风摄影部摄

# 盐城地区麻风病防治档案

**保管单位：** 盐城市档案馆

**内容及评价：**

　　盐城市曾是江苏省境内麻风病流行较重的地区之一，全市各县(市、区)均出现过麻风病人。经过50年综合防治，麻风病的流行得到有效控制。盐城地区麻风病防治档案记录了六、七十年代，针对盐阜地区麻风病进入高发期这一现实情况，采取隔离收治的方法，控制麻风病的传染、蔓延。档案详细记录了麻风病的治疗研究、收治原则、收容任务分配、麻风村选址、麻风村病人口粮解决等问题。该档案对于分析盐阜地区麻风病流行趋势及分布特征，以及对当前制定和改进麻风病防治对策和措施都有重要意义。

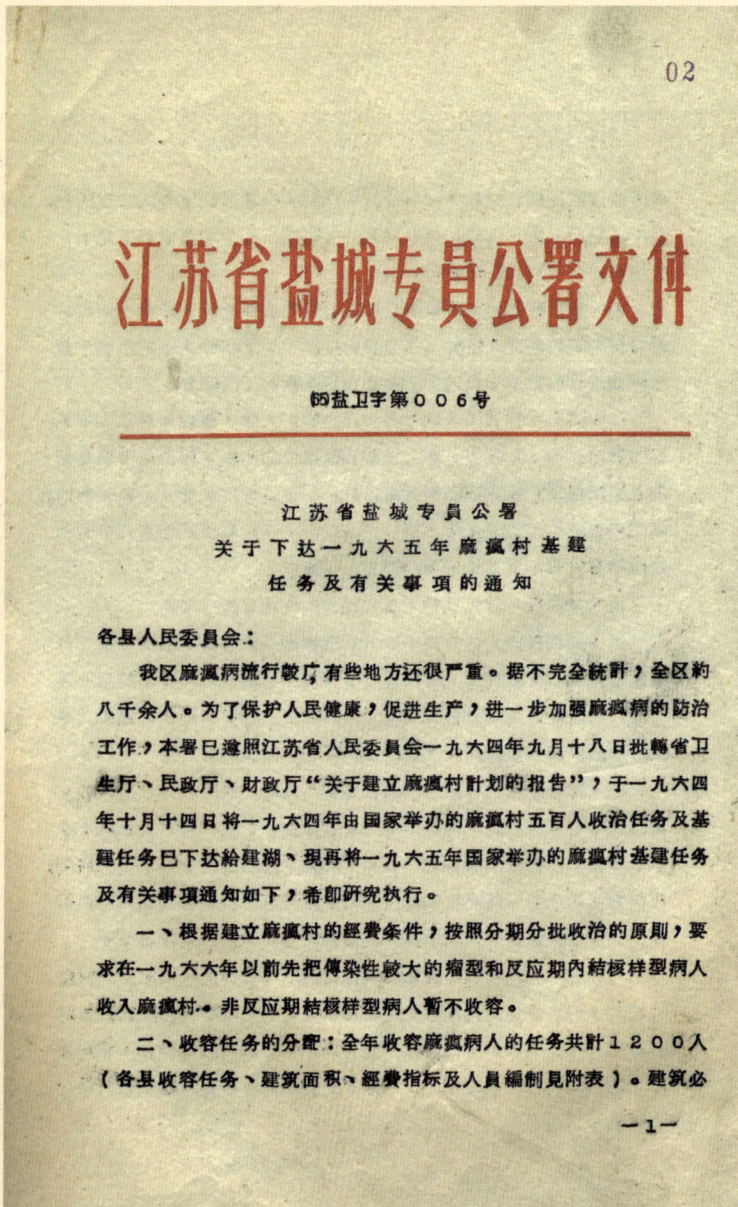

江苏省盐城专员公署关于下达一九六五年麻风村基建任务及有关事项的通知

全文：

## 江苏省盐城专员公署
## 关于下达一九六五年麻风村基建任务及有关事项的通知

各县人民委员会：

我区麻风病流行较广，有些地方还很严重。据不完全统计，全区约八千余人。为了保护人民健康，促进生产，进一步加强麻风病的防治工作，本署已遵照江苏省人民委员会一九六四年九月十八日批转省卫生厅、民政厅、财政厅"关于建立麻风村计划的报告"，于一九六四年十月十四日将一九六四年由国家举办的麻风村五百人收治任务及基建任务已下达给建湖，现再将一九六五年国家举办的麻风村基建任务及有关事项通知如下，希即研究执行。

一、根据建立麻风村的经费条件，按照分期分批收治的原则，要求在一九六六年以前先把传染性较大的瘤型和反应期内结核样型病人收入麻风村。非反应期结核样型病人暂不收容。

二、收容任务的分配：全年收容麻风病人的任务共计1200人（各县收容任务、建筑面积、经费指标及人员编制见附表）。建筑必须按规定程序设计报批，并保证施工质量。合理节约下来的建筑费用，可增建用房。生产生活用具补助费及医疗器械费个别县如感不足，可考虑动用今年麻风医疗减免费。

三、麻风村的地址，最好选择具有自然条件的隔离地带，如河套或居民少去的地方，但需具备必要的生产、生活条件，否则不利于麻风村的管理和巩固，同时还应结合考虑今后的发展规划。

四、麻风村使用的土地：可按照收容病人数，参照当地每人平均占有耕地面积，由县人委调正[整]安排相应数量的土地，归麻风村集体所有（建筑房屋使用的宅基及其周围非耕种的土地，不计算在耕种面积内）。从那个生产队划拨出土地，要相应减少那个生产队粮产征购任务。对麻风村暂免征收农业税，也不规定统购任务。

五、麻风村所需建筑材料，原则上由各地自行安排。

六、麻风村病人的口粮，在麻风村未能生产自给以前，由原生产队按本人基本口粮供应，另由县粮食部门补足到每天一斤的标准。入村病人的烧草和菜金要自带，如果病人经济上存有困难，通过本人生产、家庭资助、集体照顾，仍无法解决的，由民政部门给予救济。

七、建村时生产、生活用具补助费，是属于麻风村开办费性质。由建村单位掌握开支，每人50元。具体划分：生产补助费每人不少于35元，主要是购买耕畜、猪羊、农具、运输工具、种子、肥料等，以便为生产准备一些必要的物质基础；用于生活补助费的每人不超过15元，主要解决病床、炊具、病房和厨房的防蝇防蚊设备等。

八、各县人民委员会要加强对麻风病防治工作的领导。麻风村建立之初，行政上由县人民委员会直接领导。有关建村、收治病员和病员的生产、生活安排等问题，应当责成各有关部门分工负责，密切配合，不能单纯认为是卫生部门的事。动员病人进村是一项细致复杂的工作，要认真做好宣传教育和组织工作，有关公社（镇）、大队、生产队和群众组织要协同配合，对麻风村周围的群众和病人，病人家属做好思想工作，消除他们的顾虑，尽量做到使病人愉快进村；对于少数拒不进村，无理取闹的麻风病人，经过民政、卫生部门说服教育无效，公安部门应当积极协助，强制进村。在盲目外流人员中发现麻风病人，由县人民委员会责成有关部门遣送回原籍，进村治疗。麻风村的生产，要根据病人的特点合理安排，逐步实现生产自给，以减少国家开支，稳定病人生活，安心住村治疗。

当前由于经费有限，国家举办的麻风村，只能收治部分病人，为了将现有病人全部收容起来，实现隔离治疗，必须用两条腿走路的方法：一方面由国家举办；一方面由公社集体举办，从两个方面收治病人。当前各县人民委员会不仅要加强由国家举办的麻风村筹建工作的领导，而且要积极发动公社筹集资金举办麻风村，仿照建湖县社办麻风村的经验，通盘规划，从一九六五年起办好一批社办麻风村，争取二三年内将现有病人基本上全部收容起来。

以上通知贯彻执行情况，希于五月底以前向本署卫生处作一次报告。

附：麻风村收治任务和经费人员分配表。

一九六五年四月二十三日

抄送：省人委，本署卫生处、民政处、公安处、财政处、物资局、粮食局，计委。

## 麻风村收治任务和经费人员分配表
一九六五年四　日

| 县别 | 建村收治病人任务 | 房屋建筑面积（㎡） | 房屋建设经费（元） | 生产生活用具补助费（元） | 医疗器械费（元） | 工作人员 | 备注 |
|---|---|---|---|---|---|---|---|
| 合计 | 700 | 3600 | 180000 | 35000 | 17363 | 44 | |
| 滨海县 | 50 | 300 | 15000 | 2500 | 2024 | 2 | |
| 阜宁县 | 100 | 600 | 30000 | 5000 | 2780 | 6 | |
| 射阳县 | 100 | | | 5000 | 1000 | 4 | |
| 建湖县 | | | | | | 16 | |
| 盐城县 | 200 | 1200 | 60000 | 10000 | 5054 | 8 | |
| 大丰县 | 100 | 600 | 30000 | 5000 | 2715 | 4 | |
| 东台县 | 150 | 900 | 45000 | 7500 | 3790 | 4 | |
| 说明 | 射阳建村收治的100人，系省下达计划外的收治任务，房屋利用建湖县麻风村防治病院原有用房。生产生活补助费和医疗器械经费由专区调用65年麻风村专业人员工资解决。工作人员从省下达的64年、65年麻风村专业工作人员中调度解决。建湖县任务、经费和人员已在64年下达，工作人员原下达20人，现调整为16人，减少4人。各县人数均不包括现在麻风病防治院、组人员。 | | | | | | |

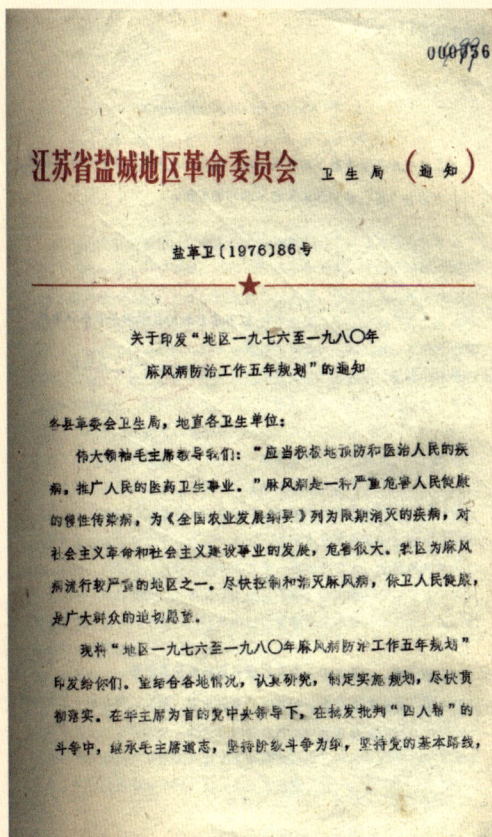

关于印发"地区一九七六至一九八〇年
麻风病防治工作五年规划"的通知

全文：

## 关于印发"地区一九七六至一九八〇年
## 麻风病防治工作五年规划"的通知

各县革委会卫生局，地直各卫生单位：

伟大领袖毛主席教导我们："应当积极地预防和医治人民的疾病，推广人民的医药卫生事业。"麻风病是一种严重危害人民健康的慢性传染病，为《全国农业发展纲要》列为限期消灭的疾病，对社会主义革命和社会主义建设事业的发展，危害很大。我区为麻风病流行较严重的地区之一。尽快控制和消灭麻风病，保卫人民健康，是广大群众的迫切愿望。

现将"地区一九七六至一九八〇年麻风病防治工作五年规划"印发给你们。望结合各地情况，认真研究，制定实施规划，尽快贯彻落实。在华主席为首的党中央领导下，在揭发批判"四人帮"的斗争中，继承毛主席遗志，坚持阶级斗争为纲，坚持党的基本路线，坚持无产阶级专政下的继续革命，深入开展卫生革命，为早日送走"瘟神"尽快控制和消灭麻风病作出贡献。

江苏省盐城地区革命委员会卫生局
一九七六年十二月四日

抄报：省革委会卫生局，中共盐城地委宣传部
抄送：地区民政、公安、人事、财政、农业、商业局，各县麻风病防治院。

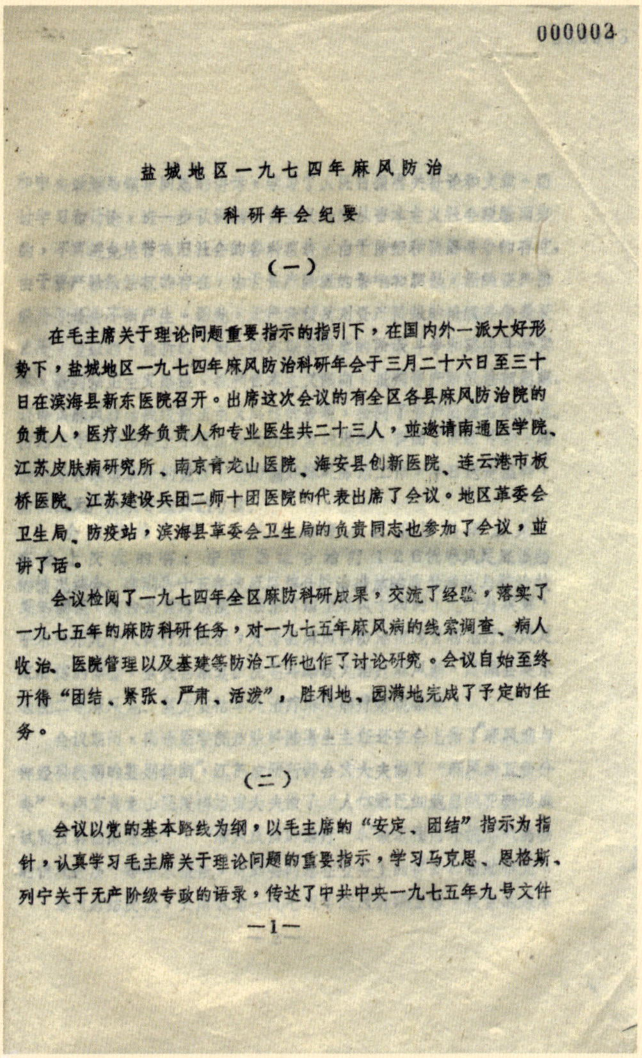

000003

**盐城地区一九七四年麻风防治**

**科研年会纪要**

**（一）**

在毛主席关于理论问题重要指示的指引下，在国内外一派大好形势下，盐城地区一九七四年麻风防治科研年会于三月二十六日至三十日在滨海县新东医院召开。出席这次会议的有全区各县麻风防治院的负责人、医疗业务负责人和专业医生共二十三人，并邀请南通医学院、江苏皮肤病研究所、南京肯龙山医院、海安县创新医院、连云港市板桥医院、江苏建设兵团二师十团医院的代表出席了会议。地区革委会卫生局、防疫站、滨海县革委会卫生局的负责同志也参加了会议，并讲了话。

会议检阅了一九七四年全区麻防科研成果，交流了经验，落实了一九七五年的麻防科研任务，对一九七五年麻风病的线索调查、病人收治、医院管理以及基建等防治工作也作了讨论研究。会议自始至终开得"团结、紧张、严肃、活泼"，胜利地，圆满地完成了予定的任务。

**（二）**

会议以党的基本路线为纲，以毛主席的"安定、团结"指示为指针，认真学习毛主席关于理论问题的重要指示，学习马克思、恩格斯、列宁关于无产阶级专政的语录，传达了中共中央一九七五年九号文件

—1—

盐城地区一九七四年麻风防治科研年会纪要

全文：

## 盐城地区一九七四年麻风防治科研年会纪要

（一）

在毛主席关于理论问题重要指示的指引下，在国内外一派大好形势下，盐城地区一九七四年麻风防治科研年会于三月二十六日至三十日在滨海县新东医院召开。出席这次会议的有全区各县麻风防治院的负责人，医疗业务负责人和专业医生共二十三人，并邀请南通医学院、江苏皮肤病研究所、南京青龙山医院、海安县创新医院、连云港市板桥医院、江苏建设兵团二师十团医院的代表出席了会议。地区革委会卫生局、防疫站，滨海县革委会卫生局的负责同志也参加了会议，并讲了话。

会议检阅了一九七四年全区麻防科研成果，交流了经验，落实了一九七五年的麻防科研任务，对一九七五年麻风病的线索调查、病人收治、医院管理以及基建等防治工作也作了讨论研究。会议自始至终开得"团结、紧张、严肃、活泼"，胜利地、圆满地完成了予定的任务。

（二）

会议以党的基本路线为纲，以毛主席的"安定、团结"指示为指针，认真学习毛主席关于理论问题的重要指示，学习马克思、恩格斯、列宁关于无产阶级专政的语录，传达了中共中央一九七五年九号文件和中央政治局领导同志的讲话，学习了人民日报有关社论和文章。通过学习和讨论，进一步认识到社会主义是刚从资本主义社会脱胎而来的，不可避免地带有旧社会的各种痕迹。由于阶级和阶级斗争的存在，由于资产阶级法权的存在，由于资产阶级的影响和腐蚀，新的资产阶级分子还会不断产生。因此，无产阶级反对资产阶级的阶级斗争是长期的，复杂的，曲折的。到会同志联系现实的阶级斗争和路线斗争实际，批判修正主义路线，批判资本主义倾向，批判资产阶级法权思想。还联系麻风防治战线修正主义路线的表现，批判了资产阶级名利观点、防治工作中的形而上学观点和无所作为的思想，提高了阶级斗争、路线斗争和继续革命的觉悟，决心搞好麻风防治工作，早日送走"瘟神"，为巩固无产阶级专政贡献力量。

会议总结交流了一九七四年全区麻防科研成果。在会上交流的有：中西医结合治疗126例麻风足底溃疡的情况综合；建湖县十五年来麻风综合防治措施的质量考核与防治效果的调查；东台县黄海医院泽漆治疗瘤型麻风十四例，九个月观察，手术矫形九十八例疗效观察；大丰县麻风病防治院蛇骨粉治疗麻风足底溃疡的体会；盐城县康复医院苍耳蛤蟆丸治疗麻风病，建湖县建东医院二号麻风丸、复方夏枯草丸治疗麻风病疗效观察等。

会议期间，南通医学院皮肤科陆惠生主任还在会上做了"麻风病与神经科疾病的鉴别诊断"，江苏皮研所舒会文大夫做了"麻风病五级分类"，南京青龙山医院楼焕寅大夫做了"人体淋巴细胞自然花瓣形成试验及其临床意义"，"麻风反应的治疗"和"最近国内外抗麻风药物的情况进展"等学术报告，对到会同志在业务上的提高和帮助很大。

通过总结交流，大家认为一九七四年麻风科研工作，在党的基本路线指引下，在上级卫生主管部门的重视和关心下，取得了一定成绩，一九七四年初制订的科研规划，大部分都实现了。这是麻风战线上的领导、广大卫生人员和广大麻风病员共同努力，密切配合，不断革命，勇于实践的结果。通过对交流材料的分析，有些研究课题的成果得到了初步的肯定，如中药溃疡膏治疗麻风足底溃疡，在彻底清创后敷于疡面，大部分能在三个月左右治愈，在一九七五年的溃疡防治科研中将扩大使用；又如泽漆膏治疗十四例瘤型麻风，初步观察有一些苗头，确定在一九七五年里扩大研究；麻风病流行病学调查是麻风防治工作的一项基本建设和基础工作，全省以及全国许多县、市都搞了，一九七五年在全区各县将开展这项工作。

为了迎接全省麻防科研年会的召开，经到会同志充分讨论，推荐一、中西医结合治疗126例麻风足底溃疡；二、泽漆膏治疗瘤型麻风14例九个月观察；三、建湖县十五年来麻风综合防治措施的质量考核与防治效果的调查等三份材料，参加省麻防科研年会。

（三）

形势在发展，革命在前进。与会同志乘革命的强劲东风，认真讨论落实了一九七五年全区麻风病防治研究计划，内容有：一、麻风足底营养性溃疡的治疗和预防复发的研究（265例，分六个治疗组）；二、全区麻风病流行病学调查；三、泽漆膏治疗麻风本病（东台、大丰、盐城、射阳四县协作）；四、复方泽漆治疗麻风本病（建湖、阜宁、滨海三县协作）。与会同志从思想上加强了协作观点，认识到社会主义大协作是社会主义制度无比优越性的表现，是我们能够用较少的人力、物力、财力和较短的时间，取得较大成绩的途径。各县麻风防治院的同志，在讨论时，都把协作研究的任务落实到人和建立相应的课题研究小组，做到安排人力，安排时间，安排药物器材，以保证任务的完成。

会议认为，麻风防治科研工作是麻风综合防治措施的重要组成部分。只要我们认真学好无产阶级专政理论，用毛主席的哲学思想指导医疗实践；发扬祖国医学遗产，坚持走中西医结合的道路；贯彻"百花齐放，百家争鸣"的方针，把革命精神与科学态度结合起来；坚持为无产阶级政治服务，为工农兵服务的科研方向，我们在麻防科研工作上一定能为人类作出贡献。

会议最后进行了小结，要求到会同志以党的基本路线为纲，以毛主席关于"安定、团结"的指示为指针，增强党的观念，加强党的领导，抓大事，促大干，"保持过去革命战争时期的那么一股劲，那么一股革命热情，那么一种拼命精神，把革命工作做到底"，为完成七五年的麻风防治工作和科研任务，为实现党的十届二中全会和四届人大提出的各项战斗任务，为巩固无产阶级专政而努力奋斗。

盐城地区麻防科研协作组

一九七五年三月三十日

滴水界由東朝南五徐姓腰墻後檐滴水

楊向榮名下子孫永遠遇業憑中議作當年

文共席盡字旦制錢肆千六百文出房起造旦制

千柴百文連蓋統計旦制錢陸拾五千五百文秘

原業俱歸業主收領派給與業主

咸豐　年　正月二十

文契

# 清代、民国时期盐城地契档案

**保管单位：**盐城市档案馆、盐都区档案馆、射阳县档案馆、滨海县档案馆

**内容及评价：**

　　清代、民国时期盐城地契档案是近年来由盐城市档案馆和各县（市、区）档案馆征集、保管的，数量近百件，时间跨度从清咸丰八年（1858）起到1949年。此系列地契作为我国清代、民国时期买卖房地实物，双方办理必要手续的见证，有其完整性和连续性。其内容涉及土地买卖过程中的赋税、人情世故、纠纷调解以及职能机关运作程序、惩戒机制等，为研究该时期盐城地区民间契约文化以及土地、房产流转情况，提供了真实范本和实物资料。

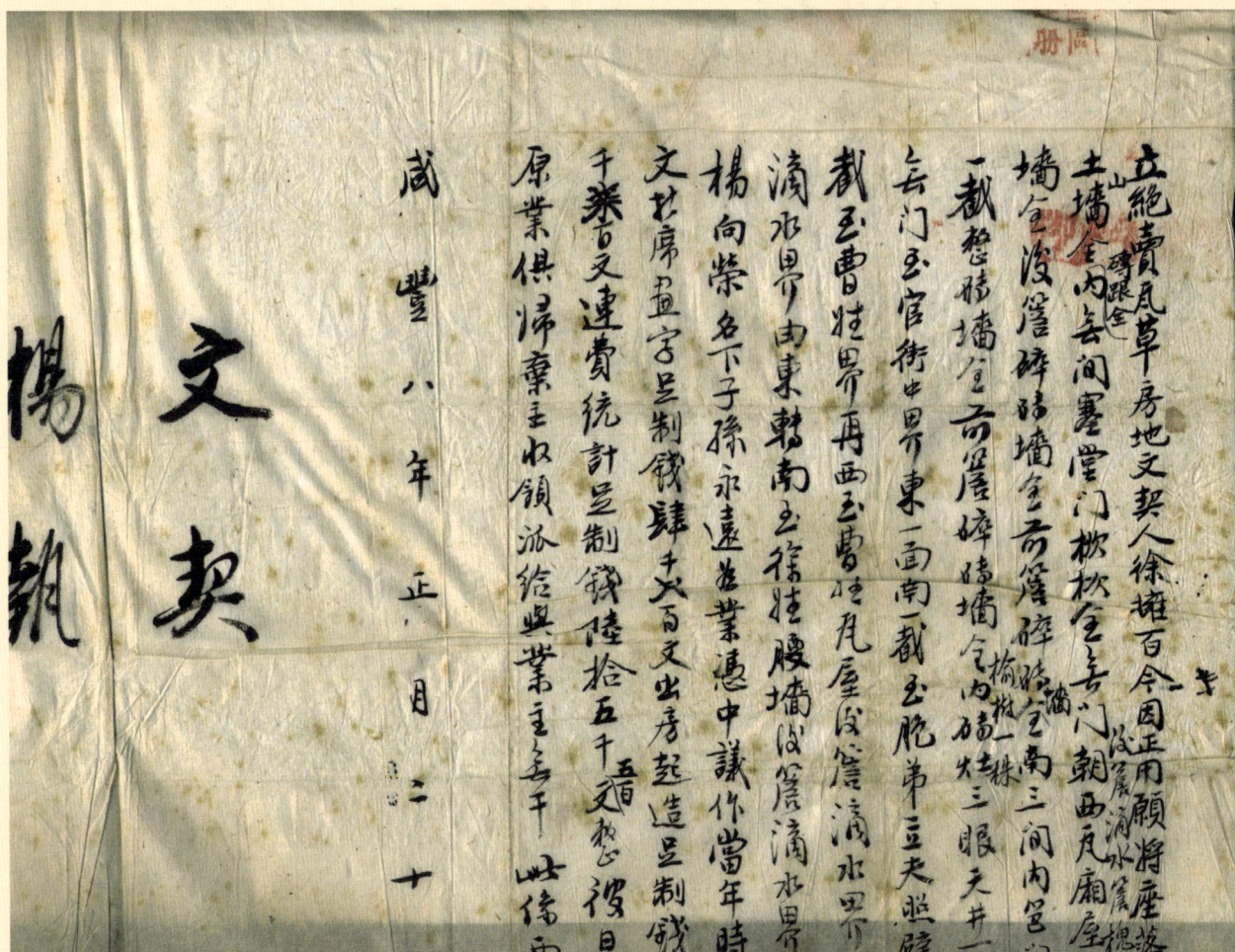

清咸丰盐城地契

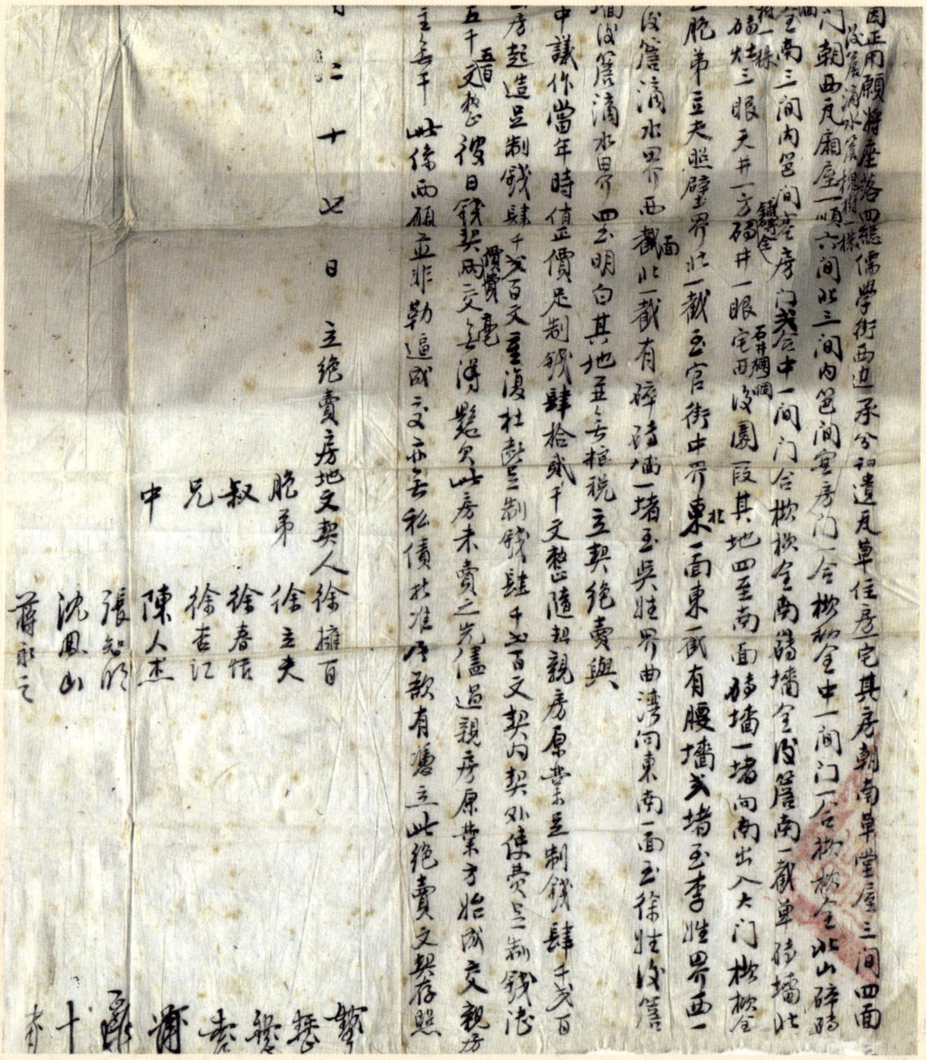

清咸丰盐城地契

**全文：**

# 文契杨执

立绝卖瓦草房地文契人：徐擁［拥］百。今因正用，愿将座落四总儒学街西边，承分祖遗瓦草住房一宅。其房朝南草堂屋三间：四面土山墙全，砖跟全，内无间塞，堂门槛，槛全，无门，后檐涌水檐，槐树一株。朝西瓦厢屋一顺六间：北三间内笆间塞，房门一合槛，槛全，中一间门一合槛，槛全，北山碎砖墙全，后檐碎砖墙全，前檐碎砖墙全；南三间内笆间塞，房门贰合，中一间门合槛，槛全，南山砖墙全，后檐南一截单砖墙，北一截整砖墙全，前檐碎砖墙全，榆树一株，内砖灶三眼，天井一方，铺砖全，砖井一眼，石井档一个。宅西后园，葭其地四至：南面砖墙一堵，向南出入大门槛，槛全，套门至官街中界；东一面，南一截至胞弟立夫照壁界，北一截至官街中界；北一面，东一截有腰墙贰堵至李姓界，西一截至曹姓界，再西至曹姓瓦屋后檐滴水界；西面，北一截有碎砖墙一堵，至吴姓界曲湾向东，南一面至徐姓后檐滴水界，由东转南至徐姓腰墙后檐滴水界。四书明白，其地并套粮税立契绝卖与杨向荣名下子孙永远为业。凭中议作当年时值正价足制钱肆拾贰千文整，随契亲房原业足制钱肆千贰百文，杜席画字足制钱肆千贰百文，出房起造足制钱肆千贰百文，重复杜断足制钱肆仟贰百文，契内契外使费足制钱陆千柒百文，连费统计足制钱陆拾五千五百文整，彼日钱契价费两交，毫无悬欠。此房未卖之先，尽过亲房原业方始成交。亲房原业俱归弃主收领，派给与业主无干。此系两愿，并非勒逼成交，亦无私债折准。今欲有凭，立此绝卖文契存照。

咸丰八年正月二十日

立绝卖房地文契人　　徐 擁 [拥] 百

胞弟　　徐立夫

叔　　徐春恬

兄　　徐杏江

中 陈人杰　张智明

沈凤山　蒋永之

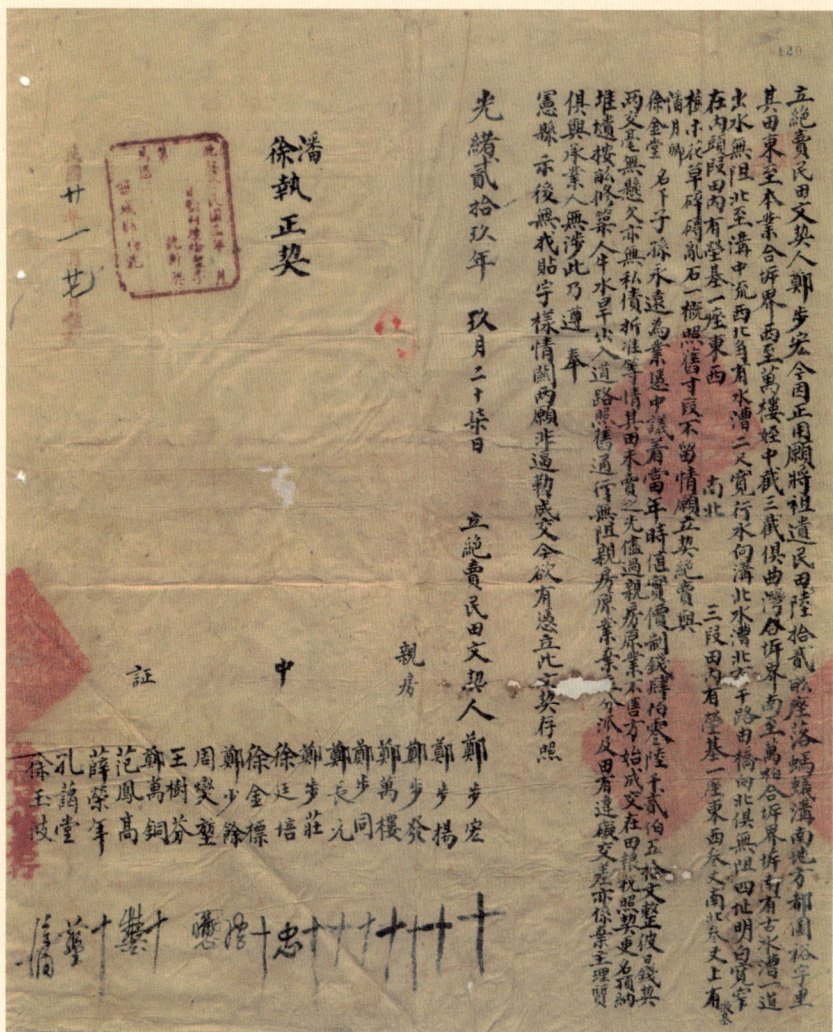

潘徐执正契

全文：

## 潘徐执正契

　　立绝卖民田文契人：郑步宏。今因正用，愿将祖遗民田陆拾贰亩，座落蚂蚁沟南地方都图裕字里，其田东至本业合圻界；西至万楼姪中截，三截俱曲湾合圻界；南至万柏合圻界，圻南有古水漕一道，出水无阻；北至沟中流，西北角有水漕二尺宽，行水向沟北水漕，北有干路，由桥向北俱无阻。四址明白，宽窄在内头段。田内有茔基一座，东西　　南北　　三段田内有茔基一座，东西三丈，南北三丈，上有墩基、树木花草、碎砖乱石，一概照旧，寸段不留。情愿立契绝卖于潘月清、徐金堂名下子孙永远为业。凭中议着当年时值实价制钱肆佰零陆仟贰佰五拾文整，彼日钱契两交，毫无悬欠，亦无私债、折准等情。其田未卖之先，尽过亲房，原业不售，方始成交。在田粮税，照契更名顶纳，堆溃按亩修筑，人牛水旱出入道路，照旧通行无阻。亲房原业弃主分派及田有违碍交差，亦系业主理质，俱与承业人无涉。此乃遵奉

　　宪县示后，无找贴字样，情关两愿，非逼勒成交。今欲有凭，立此文契存照。

光绪贰拾玖年玖月贰拾柒日

立绝卖民田文契人：郑步宏　郑步扬

亲房：郑步发　郑万楼　郑步同
　　　郑长元　郑步壮

中证：徐廷培　徐金标　郑少余

周燮堃　王树芬　郑万铜　范凤高　薛荣年　孔蔼堂
徐玉波

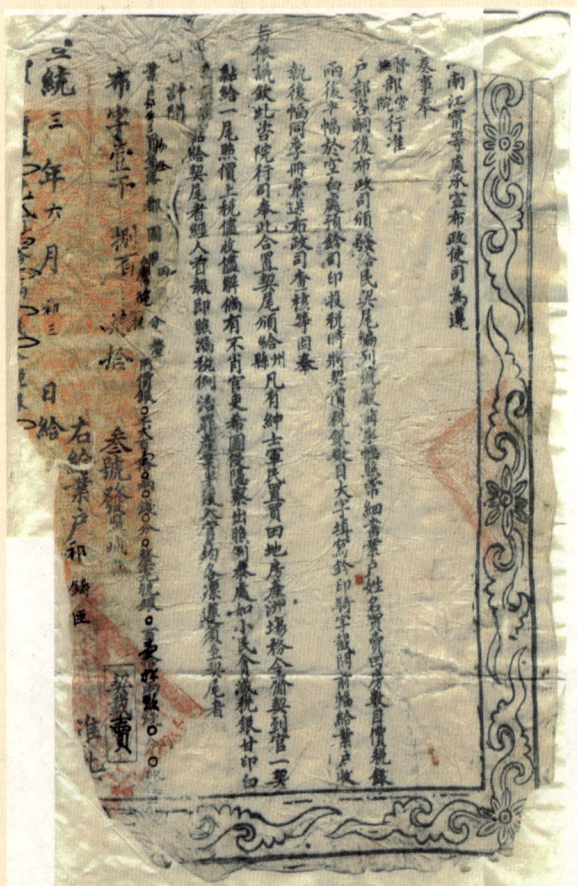

宣统年间统一宅契文书样式的公文

全文：

　　江南江宁等处承宣布政使司为遵旨议奏事。奉督部堂、抚部院行准户部咨嗣后布政司颁发给民契，尾编列号数，前半幅照常细书业户姓名、买卖田房数目、价税钱两；后半幅于空白处预钤司印。投税时，将契价税银数目大字填写。钤印骑字戳，开前幅给业户收执，后幅同季册汇送布政司查核，等因奉旨依议钦此。咨院行司奉此，合置契尾，颁给州县。凡有绅士军民置买田地房产，洲场务令赍契到官，一契粘给一尾，照价上税，尽收尽解。倘有不肖官吏希图侵隐，察出照例泰处。如小民贪减税银甘印，白□□粘

给契尾者，经人首报，即照漏税例治罪，产业半没入官。均各凛遵，须至契尾者。

计开

业户祁铸臣买杨澄座落　都图　甲田　互铺面□□，开价银○千贰百壹拾○两○钱○分○厘，完税银○百壹拾捌两玖钱○分○厘

布字壹千捌百□拾叁号发　盐城县　契载卖　右给业户祁铸臣。准此。

宣统三年六月初三日给

（注：按此价税计算，当时税率为9%）

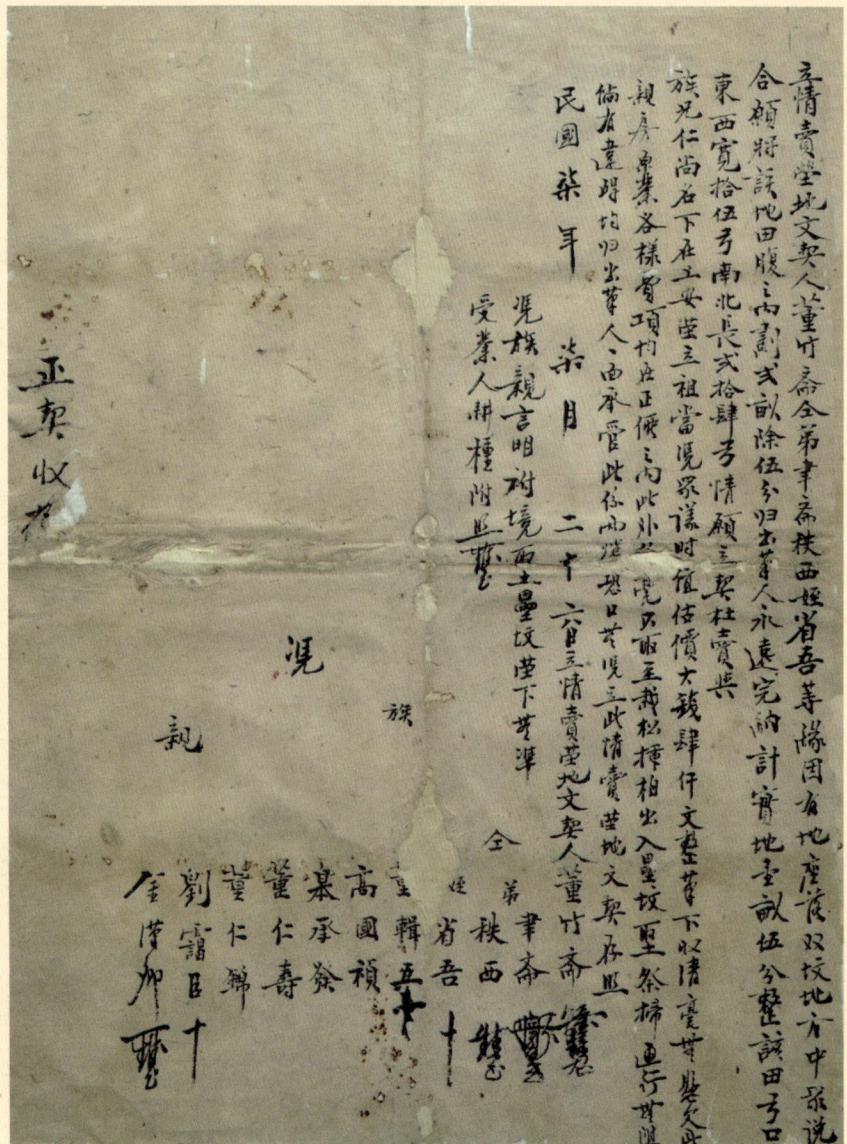

董竹斋卖茔地文契

**全文：**

立情：卖茔地文契人董竹斋，同弟聿斋、秩西，侄省吾等。缘因有地座落双坟地方中，众说合，愿将该地田腹之内划二亩除伍分归出笔人永远完纳，计实地壹亩伍分整。该田弓口：东西宽拾伍弓，南北长贰拾肆弓，情愿立契杜卖与族兄仁尚名下，在上安茔立祖。当凭众议时值估价：大钱肆仟文整，笔下收清，毫无悬欠。此亲房原业各样费项均在正价之内，此外丝毫不取。至栽松种柏、出入垒坟、取土祭扫，通行无阻。倘有违碍，均归出笔人一面承管。此系两□，恐口无凭，立此情卖茔地文契存照。

民国柒年柒月二十六日

情卖茔地文契人：董竹斋，同弟聿斋、秩西、侄省吾。

族亲：董辑吾、高国祯、皋承发、董仁寿、董仁锦、刘霭臣、金汉卿。

凭族亲言明：附境取土垒坟，茔下无准受业人耕种。附照。

正契收执。

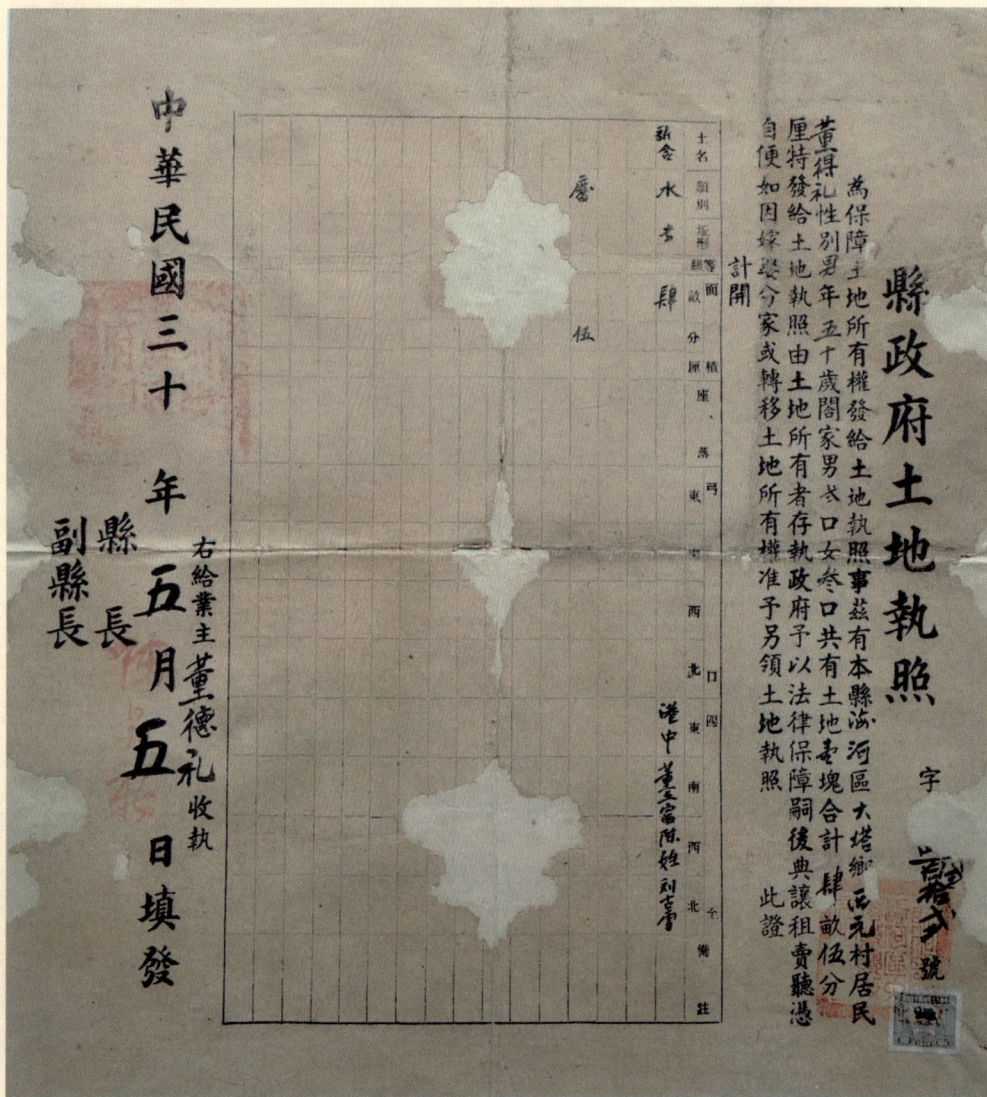

射阳县政府发给董德礼的土地执照

**全文：**

## 射阳县政府土地执照

字第　四百贰拾贰　号

为保障土地所有权发给土地执照事。兹有本县海河区大塔乡西元村居民董得礼，性别男，年五十岁，阖家男贰口，女叁口，共有土地壹块，合计肆亩伍分　厘。特发给土地执照，由土地所有者存执，政府予以法律保障，嗣后典让租卖，听凭自便。如因嫁娶、分家或转移土地所有权，准予另领土地执照。

此证。

计开（列表）：土名 类别 等级 面积 四口 四至备注

右给业主董德礼收执

县长　陈易新

中华民国三十年五月五日填发

阜東縣潘蕩區永岡鄉陳李村土地執照存根

字第　號

業主姓名：李洪武　性別：男　年齡：三十二歲

| 土名 | 類別 | 面積 |
| --- | --- | --- |
| 河堤 | 油泥 | 弍 |
| 小堤東 | 油泥 | 叁 |
| 小堤東 | 油泥 | 弍 |
| 港南 | 火沙 | 弍 |
| 王丘 | 沙夾油 | |
| 路南 | 油泥 | |
| 住基 | 油泥 | |
| 小鹽路 | 油泥碱 | 壹 |

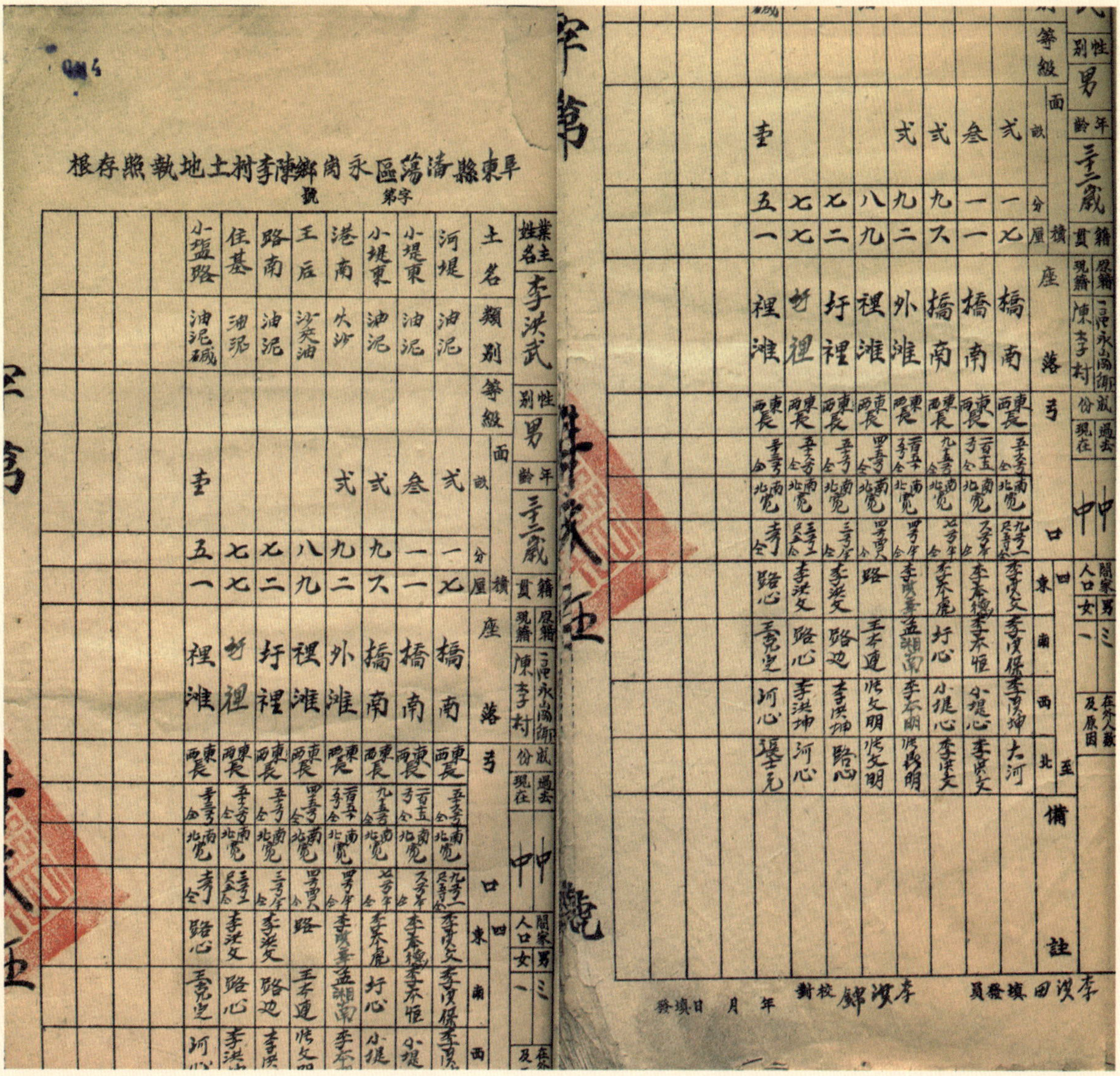

阜东县潘荡区永岗乡陈李村土地执照存根

全文：

阜东县潘荡区永岗乡陈李村土地执照存根

字第　号

| 业主姓名 | 土名 | 河堤 | 小堤东 | 小堤东 | 港南 | 王后 | 路南 | 住基 | 小盐路 |
|---|---|---|---|---|---|---|---|---|---|
| 李洪武 | 类别 | 油泥 | 油泥 | 油泥 | 火沙 | 沙夹油 | 油泥 | 油泥 | 油泥碱 |
| 性别 | 面积 亩 | 贰 | 叁 | 贰 | 贰 | | | | 壹 |
| 男 | 面积 分 | 一 | 一 | 九 | 九 | 八 | 七 | 七 | 五 |
| 年龄 | 面积 厘 | 七 | 一 | 六 | 二 | 九 | 二 | 七 | 一 |
| 三十二岁 | 坐落 | 桥南 | 桥南 | 桥南 | 外滩 | 里滩 | 圩里 | 圩里 | 里滩 |
| 籍贯 | 弓口 | 东西长 | 东西长 | 东西长 | 东西长 | 东西长 | 东西长 | 东西长 | 东西长 |
| 原籍/现籍 | 弓口 | 五十六弓全 | 一百十五弓全 | 九十五弓全 | 一百五十六弓全 | 四十五弓全 | 五十弓全 | 五十六弓全 | 三十三弓全 |
| 区永岗乡/陈李村 | 弓口 | 南北宽 | 南北宽 | 南北宽 | 南北宽 | 南北宽 | 南北宽 | 南北宽 | 南北宽 |
| 成份 | | 九弓一尺五寸全 | 六弓半全 | 七弓半全 | 四弓半全 | 四弓四尺全 | 三弓半全 | 三弓一尺五全 | 土工全 |
| 过去/现在 | 四至 东 | 李洪文 | 李本德 | 李本虎 | 李洪章 | 路 | 李洪文 | 李洪文 | 路心 |
| 中/中 | 四至 南 | 李洪保 | 李本恒 | 圩心 | 孟湘南 | 王本连 | 路边 | 路心 | 王克定 |
| 阁家人口 | 四至 西 | 李洪坤 | 小堤心 | 小堤心 | 李本明 | 张文明 | 李洪坤 | 李洪坤 | 河心 |
| 男/女 | 四至 北 | 大河 | 李洪文 | 李洪文 | 张□明 | 张文明 | 路心 | 河心 | 张士元 |
| 三/一 | | | | | | | | | |
| 在外人数及原因 | 备注 | | | | | | | | |

# 清代、民国时期东台县富安场安澜圩堤修筑档案

**保管单位：**东台市档案馆

**内容及评价：**

东台县富安场安澜圩堤修筑档案述及时间上起清道光十三年（1833），下至1931年，史料计九件十六页。内容有：道光年间监生何顺亲等呈东台县正堂请筑安澜圩堤的状纸（附庄目清单），县正堂遣差为筑圩而查核田亩、办理劝捐的文书，富安场巡检呈县正堂的筑圩地形情况说明材料，县正堂给富安巡检司关于加强督修安澜圩堤的札文，泰州府致东台县正堂关于海安司接筑安澜圩堤不可行情况说明的移文，开工切结总董丁远年等三人、庄丁丁瑞林等二十五人的开工筑堤声明，差人唐鸿呈县正堂关于安澜圩堤修筑情况的具禀单，1931年10月国民党东台县政府县长黄次山发布的关于修筑安澜圩堤的布告。

该档案反映了东台市富安镇历史上历代官员兴修安澜圩堤和村民兴修水利的活动，对研究东台历史上水利兴修、圩堤修筑有着极其重要的参考价值。

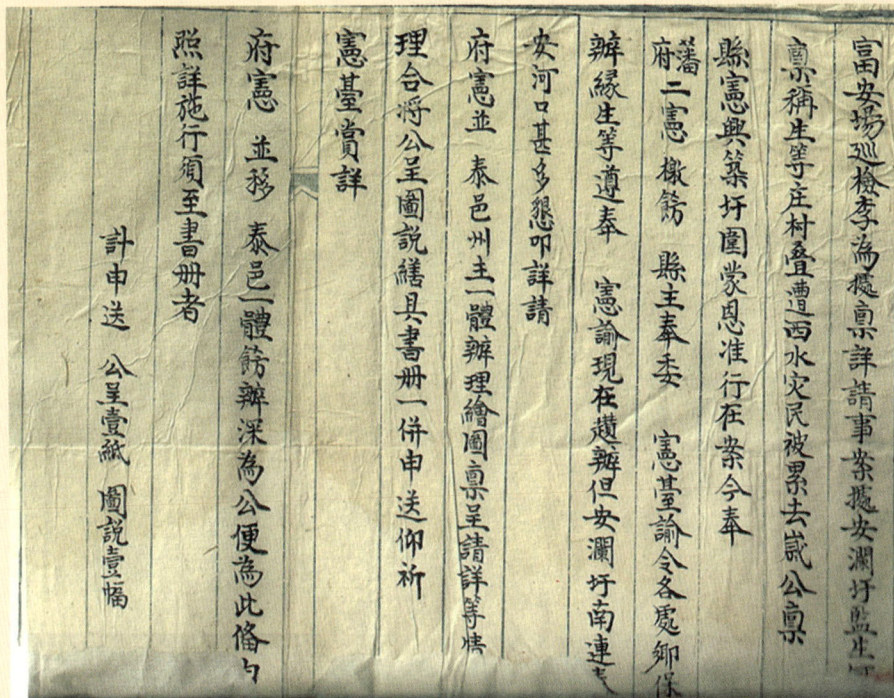

东台县富安场安澜圩堤修筑档案

**全文：**

富安场巡检李为据禀详情事案据安澜圩监生，禀称生等庄村叠遭西水，灾民被累。去岁公禀县宪兴筑圩圈，蒙恩准行在案。今奉藩府二宪檄饬，县主奉委，宪台谕令各处乡保造册，办录生等尊奉，宪谕现在趱办，但安澜圩南连泰安河口甚多，恳叩详情。府宪并泰邑州主一体办理绘图。秉呈请详等情理合将公呈图说缮，具书册一并申送仰祈宪台赏详府宪，并移泰邑一体饬办，深为公便。为此备内照详施行。须至书册者。

计申送 公呈壹纸 图说壹幅

# 清末郭季长、郭戴氏诬告戴璧堂
# 劫杀郭仲抢一案卷宗档案

**保管单位：**阜宁县档案馆

**内容及评价：**

　　郭季长、郭戴氏挟尸图诈，诬告戴璧堂劫杀郭季长之兄、郭戴氏之夫郭仲抢一案，并有郭寿年等搜抢钱财之案中案。后经戴璧堂之妻戴顾氏赴京告状，得以再审。此案案情复杂，一波三折，自光绪三十四年（1908）案发到宣统三年（1911）再审，时间跨度长达三年，案件涉及郭寿年、戴迎之、戴小马、戴广之、戴小虎等数十人。该案在当地影响较大，案件的审理与再审，正值清末推行司法改革，其司法独立、审检分离、民刑分审、四级三审、律师辩护、回避等制度，在审理过程中多有体现。本档案是研究清末司法程序与司法制度的重要参考资料。

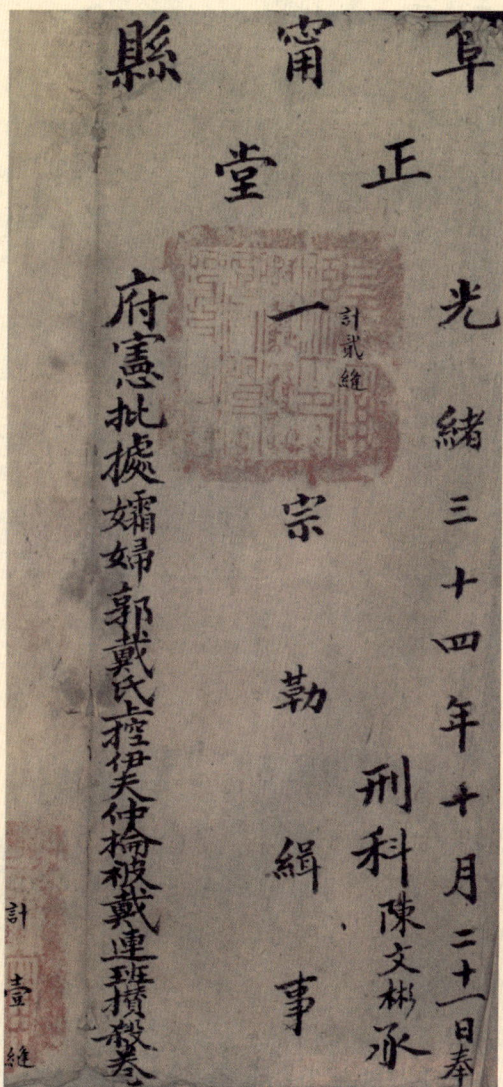

光绪三十四年郭戴氏上控伊夫仲抢被戴连班攒杀卷

宣统三年郭季长、郭戴氏诬告戴璧堂劫杀郭仲抡一案卷宗

全文：

# 阜宁县正堂一宗勒缉事

光绪三十四年十月二十一日奉

刑科陈文彬承

府宪批据孀妇郭戴氏上控伊夫仲抡被戴连班攒杀卷

　　沐禀冤革监戴璧堂，年六十三岁，伤废在禁，住阜宁县。抱告族弟戴万和在押。为遵批叩提事切，生被郭季长、郭戴氏挟仇图诈，藉尸诬报，布贿县门，内外齐手，融通县委改供会详，更于堵县交卸后，提日忿加附详，革生父子衣顶各冤嗣，蒙恩宪提审，接奉臬宪扎委会讯，蒙恩将生父子分禁内外两监，并将抱告戴万和收押班所。诇长得志玩法，使伊堂兄寿年侄大奎子、二奎子并伊戚素在安清之、戴迎之、戴小马、戴广之、戴小虎等数十人，于二月初二日将生三子联理、四子联珠，抬架无踪。并搜抢衣饰、钱洋、牛驴各物罄尽。伊戚徐凤苞、戴兰圃、诈洋说赎等情。生妻顾氏情激难安，北叩京师，荷蒙院宪批准，总检厅移送江苏阜宁县。民妇戴顾氏抱告戴万荣京控官禁私抬一案，查戴顾氏遣抱戴万荣，所控郭季长挟仇诬告，致戴璧堂等屡被拷讯，郭寿年等并有捉抢情事。如果属实，情殊冤抑。惟郭季长之兄郭仲抡被劫毙命，究竟是否戴璧堂主使，抑系郭季长诬控，并郭寿年等有无捉抢等情，案情较重，虚实均应激究。既据称控省有案，应由两江总督饬司提交，该省高等审判厅，研讯确情实究虚坐，除咨行两江总督并饬令戴顾氏回籍备质外，合行牌示。兹又蒙恩提审，理合顶批叩沐。

　　大宪大人电鉴前情，赏速委提各要被证，同解司辖，庶免迁延，沐恩上告。

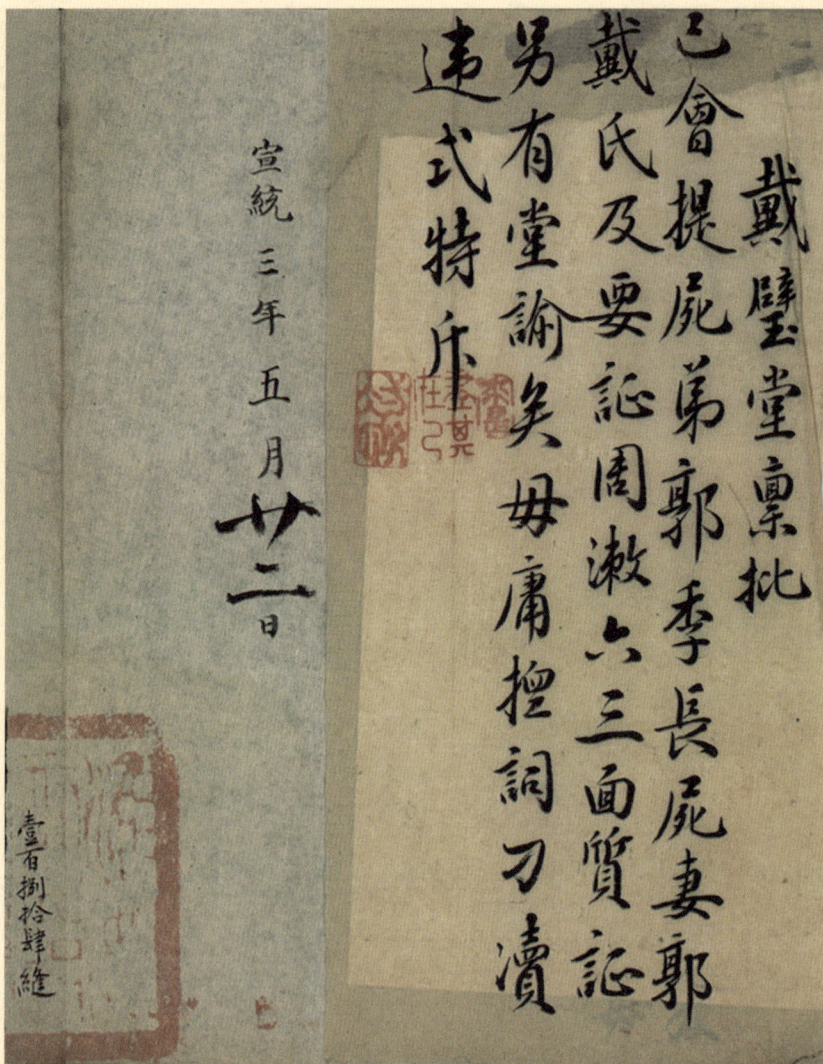

宣统三年戴璧堂禀批

全文：

**戴璧堂禀批**

已会提尸弟郭季长、尸妻郭戴氏及要证周潄六，三面质证。另有堂谕矣，毋庸控词刁渎违式。特斥。

宣统三年五月二十二日

# 民国《下河归海水道图》

**保管单位：** 射阳县档案馆

**内容及评价：**

　　《下河归海水道图》正面是盐城地区及周边水系地图，背面为《开浚黄沙港讨论会宣言》文字，全图长46.5厘米，宽45.5厘米，文字为小楷手书，丝网印刷。该档案记录了1921年盐城地区黄沙港流域的士绅代表集中开会，讨论治理黄沙港的相关情况。档案内容包括黄沙港治理的紧迫性、艰难性和可行性，开浚黄沙港、引河入海的方案、施工图及发起人名单。该档案资料极为稀有，对于研究盐城地区的治水历史具有重要价值。

《下河归海水道图》正面

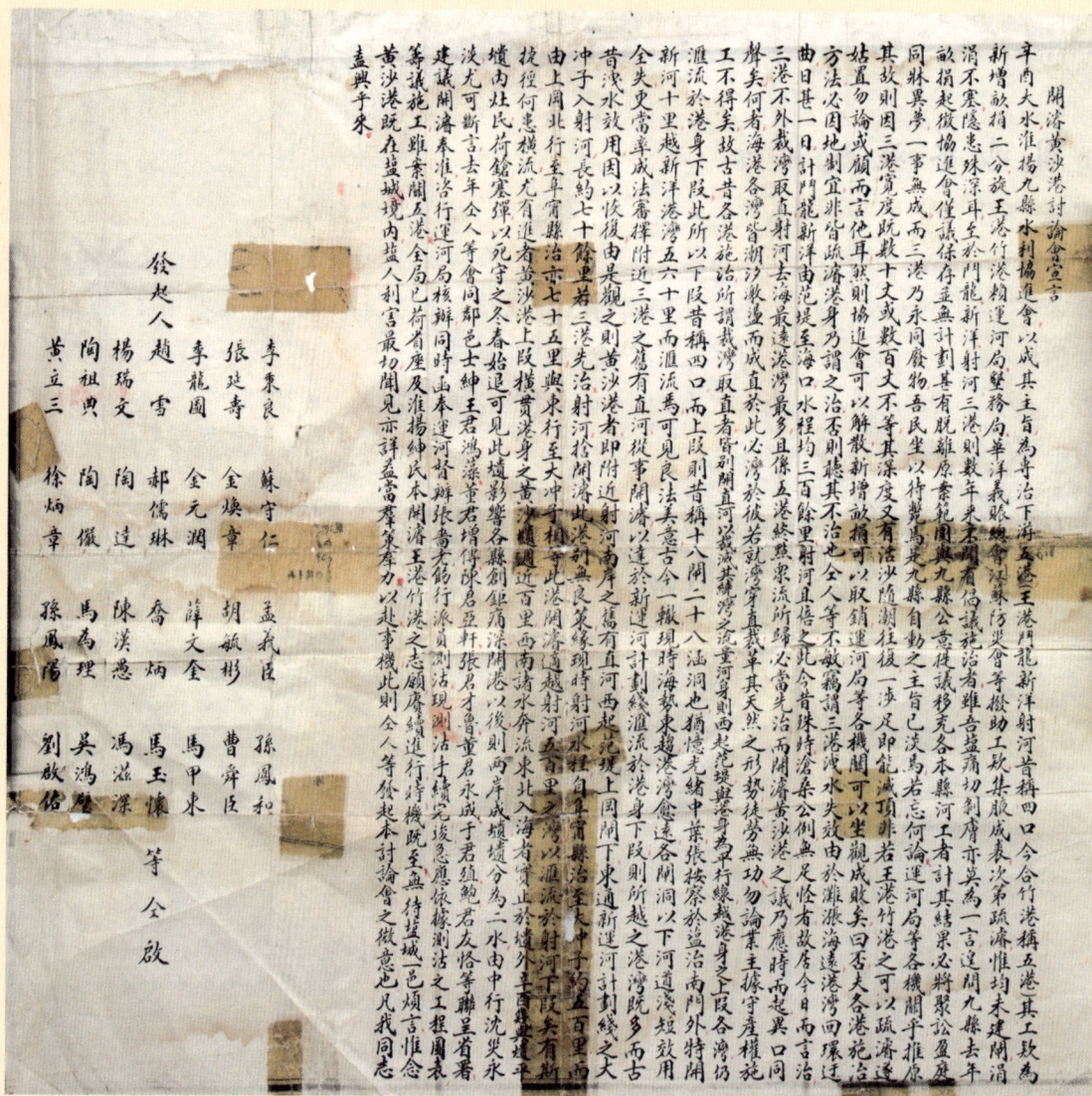

《下河归海水道图》反面

## 全文（节选）：

### 开浚黄沙港讨论会宣言

辛酉大水，淮扬九县水利协进会以成其主旨，为专治下游五港：（王港、斗龙港、新洋、射河，昔称四口，今合竹港称五港）。其工款为新增亩捐二分，旋王港、竹港赖运河局、垦务局、华洋义赈总会、江苏防灾会等拨助工款，集腋成裘，次第疏浚，惟均未建闸，涓涓不塞，隐患殊深耳。至于斗龙、新洋、射河三港，则数年来不闻有倡议施治者，虽吾盐痛切剥肤亦莫为一言，遑问九县。去年亩捐起征协进会仅议保存，并无计划。甚有脱离原案范围与九县公意，提议移充各本县河工者，计其结果，必将聚讼盈庭，同床异梦，一事无成，而三港乃永同废物，吾民坐以待毙焉。是九县自动之主旨已淡焉若忘，何论运河局等各机关乎。推原其故，则因三港宽度既数十丈或数百丈不等，其深度又有活沙随潮往复，一涉足即能灭顶，非若王港、竹港之可以疏浚。遂姑置勿论，或顾而言他耳……由是观之，则黄沙港者，即附近射河南岸之旧有直河，西起范堤上冈闸下，东通新运河计划线之大冲子入射河，长约七十余里，若三港先治射河，舍开浚此港别无良策。缘现时射河水程自阜宁县治至大冲子约五百里，而由上冈北行至阜宁县治亦七十五里，与东行至大冲子相等，此港开浚适越射河五百里之湾，以汇流于射河下段矣。有斯捷径，何患横流？尤有进者，黄沙港上段横贯港身之黄沙墙周近百里，西南诸水奔流东北入海者，实止于墙外，辛酉几与墙平。墙内灶民荷枪实弹，以死守之，冬春始退。可见此墙影响各县，创巨痛深。开港以后，则两岸成墙，墙分为二，水由中行，沈灾永淡，尤可断言。

去年同人等会同邻邑士绅……同呈省署，建议开浚奉准，咨行运河局核办，同时函奉运河督办张啬老，饬行派员测沽〔估〕，现测沽〔估〕手续完竣，急应依据测沽〔估〕之工程图表，筹议施工，虽案关五港全局，已荷省座及淮阳绅民，本开浚王港、竹港之志愿，庚续进行。时机既至，无待盐城一邑烦言，惟念黄沙港既在盐城境内，盐人厉害最切，闻见亦详，益当群策群力，以赴事机。此则同人等发起本讨论会之微意也，凡我同志，盍兴乎来！

发起人：李秉良、苏守仁、孟义臣、孙凤和、张延寿、金焕章、胡毓彬、曹舜臣、季龙图、金元润、薛文奎、马甲东、赵 雪、郝儒琳、乔 炳、马玉怀、杨瑞文、陶 达、陈汉恩、冯滋深、陶祖典、陶 俨、马为理、吴鸿璧、黄立三、徐炳章、孙凤阳、刘启佑等同启

# 民国《盐城兜率寺同戒录》、盐城兜率寺《护教牒》

**保管单位：**射阳县档案馆

**内容及评价：**

兜率寺位于老盐城正西北。康熙三十九年（1700），圣祖南巡，钦赐"兜率寺"及"水月禅心"匾额。乾隆十一年（1746），盐城知县黄垣重新加以修整，改名为"十方丛林"。民国期间，因时局混乱，加之寺内和尚闹纠纷长久不得解决，招致外力干涉而逐渐衰败，最终于1940年前后闭寺。《盐城兜率寺同戒录》为宣纸折叠正反面印刷，古式线装。其开篇之首，为1934年12月张延寿所作序言，介绍"兜率古刹为康熙四年，邑人李友兰所建"。中原苦头陀杨庚、兜率寺和尚等也分别在同戒录作序言。《兜率寺同戒录》正文对兜率寺人员职称、法号、籍贯、出生年月等都逐一登记在册。《护教牒》为6尺宣纸，印有红色花纹外框和对联。该档案是1934年兜率寺大和尚弘戒沙门远舫给菩萨戒弟子圣智收执的文书，以便其外出讲法或云游时"所遇关津、以便照验"。《盐城兜率寺同戒录》、盐城兜率寺《护教牒》对于研究盐城兜率寺的历史以及佛教文化在盐传播具有重要的参考价值。

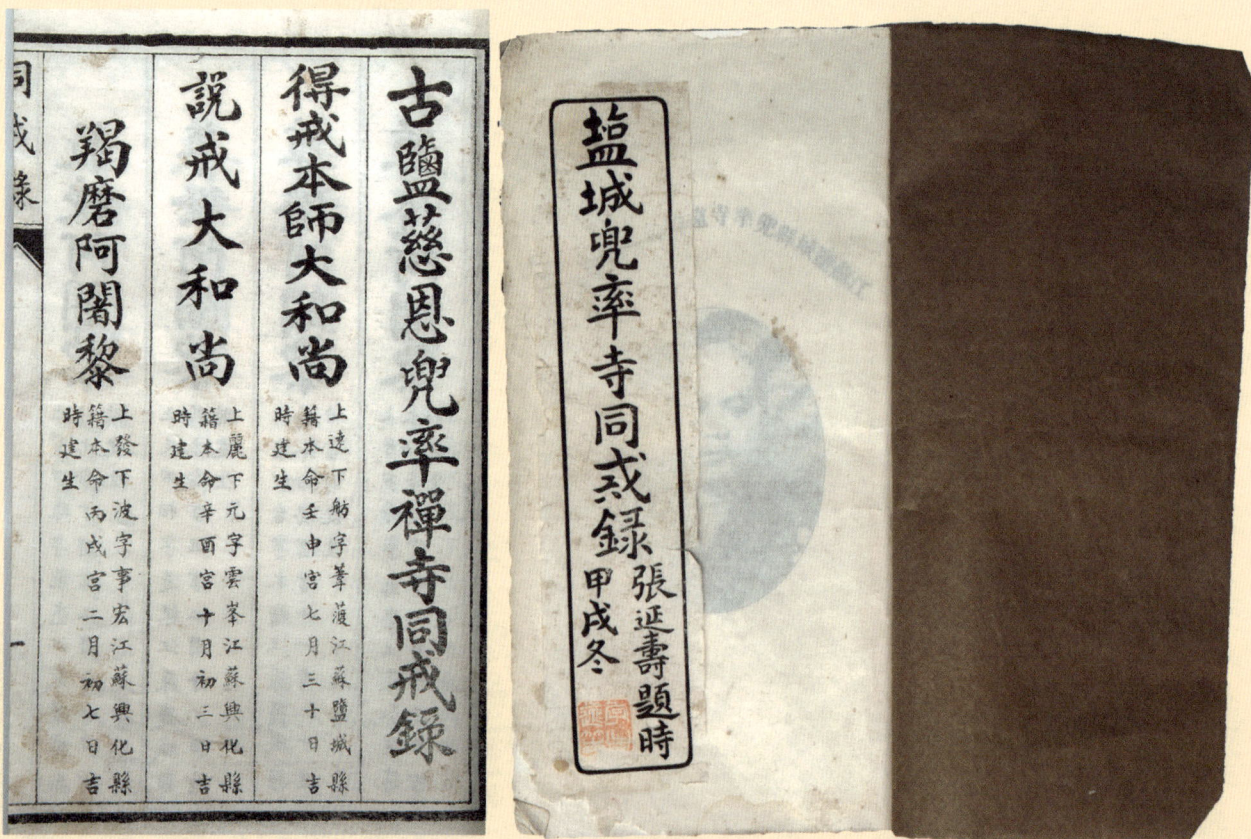

盐城兜率寺同戒录

護教牒

江蘇鹽城縣兜率禪寺萬善戒壇

佛日增輝　法輪常轉

民國興國　由界大同

中華民國二十三年十二月初八日右牒給付菩薩戒弟子　聖智收執

盐城兜率寺《护教牒》

全文：

## 江苏盐城县兜率禅寺万善戒坛《护教牒》

盖波罗提木叉乃万善之基本，出世之宝筏，故如来亲制波离传持，使世间众生心珠光明，不为客尘烦恼之所染污，持之者顿出生死，毁之者永远轮回，然起原于天竺，兴盛于华夏。适我国曹魏间，西方有云摩伽罗尊者，以此尸罗净品东传震旦至唐，道宣律师中兴，律学于终南，麟德二年始建石坛于净业寺，为诸僧徒授以具足大戒，后绍隆道律师家业者，千数年来握管难数，直至于今，愈传愈广。回思双林示灭，阿难启请四事，法王咐嘱：如我灭后，诸比邱当以波罗提木叉为师，虽我住世，亦不外此也。即此一语可见，戒法实为僧伽出世正因，要知戒居五分法身之首。凡求无上菩提，均须从此一门深入妙庄严路。是故，戒生则定生，定生则慧生，慧生则解脱生，解脱生则解脱知见生，解脱知见生则一真心香亘古。今生其体充满华藏，其光包含法界，依正一如，故戒居五分之首即此义也。

今本寺东临沧海，波澜时敷法音，西接登瀛，瑞霭常见缭绕，境地既胜，固代有名僧，溯自始祖头陀达空大师并徒涵乾有大因缘，构造庵堂，以偿宿愿，更苦心经营，改建丛林，延三峰高德。法藏禅师传派弘储禅师法嗣南堂，禅师主持法席，克启润色琳宫订名曰：兜率禅堂第一开山祖，于是一脉传法，宙祖先居焦山三十余载，作诗千余章，名标帝都。康熙召见，钦赐嘉名，荣封三代天童。三峰灵严以及神骏，勃开法高昊，说法十有余年，赐紫杖、笠、钵、盂还山，复感檀越，共赞为淮东法幢，奉请御书"兜率寺"额，并赐"水月禅心"四字寺名，于以光华。三世仓祖亦两登帝阙，七座道场，克继师志，精严梵行。其后诸祖次第心传，宗风远振，戒定双修。及至十二世，苇祖远公和尚上承先志，下启后人，广延名山长老，阐扬佛法精微，请领藏经，誓宏戒法，惜乎愿心未尽，递归涅槃，谨由远公遗志改为十方传贤之旨，法嗣规贤和尚法缘，在寺主持法席，复传了性和尚续佛慧，命提振戒乘。故将如来戒法依法授受，所有戒条，依律行持。始从沙弥，终乎菩萨，乃至三千威仪，八万细行，必须一一奉持，纤毫勿失，务使身心净洁如大摩尼。果然如是，不违佛制，比者实现平等，光贲上方，众志弥坚，佛化愈遍。

今于本坛宏传戒法，内有江苏盐城县人，法名圣智，字至明，于本省、本县甘露庵，依有为师出家，发心于十一月十三日受沙弥十戒；本月二十六日进比邱戒；十二月初八日圆菩萨大戒，永传戒法，用报国恩，恪遵定制，依律授与戒法。专精行持宣扬教化，合给戒牒随身，凡在游方所遇关津，以便照验。须至牒者。

得戒本师大和尚远舫，羯磨阿阇黎发波

说戒本师大和尚丽元，教授阿阇黎灵珠

尊灯阿阇黎天相：宏台、能俊、能灌、月将、源浩、仁福

江苏省盐城县兜率寺弘戒沙门远舫之印

中华民国二十三年十二月初八日

右牒给付菩萨戒弟子圣智收执

# 麋鹿档案

**保管单位：** 大丰市档案馆

**内容及评价：**

　　大丰麋鹿自然保护区位于江苏省大丰市境内，面积3000余公顷，1986年建为省级自然保护区，1997年晋升为国家级自然保护区，主要保护对象为麋鹿及其生态环境。该保护区是亚洲东方、太平洋西岸最大的湿地之一，湿地生态演替系列齐全，生物多样性极其丰富，可以为麋鹿等珍贵动物提供充足的水、食物和繁殖及越冬的适宜地。馆藏的麋鹿档案，记载了上世纪80年代，在世界动物保护组织的协调下，濒临灭绝的麋鹿回归我国的相关过程，内容包括麋鹿野生种群在长江下游重建的可行性探讨、麋鹿生存环境考察等，是研究麋鹿种群发展的重要史料。

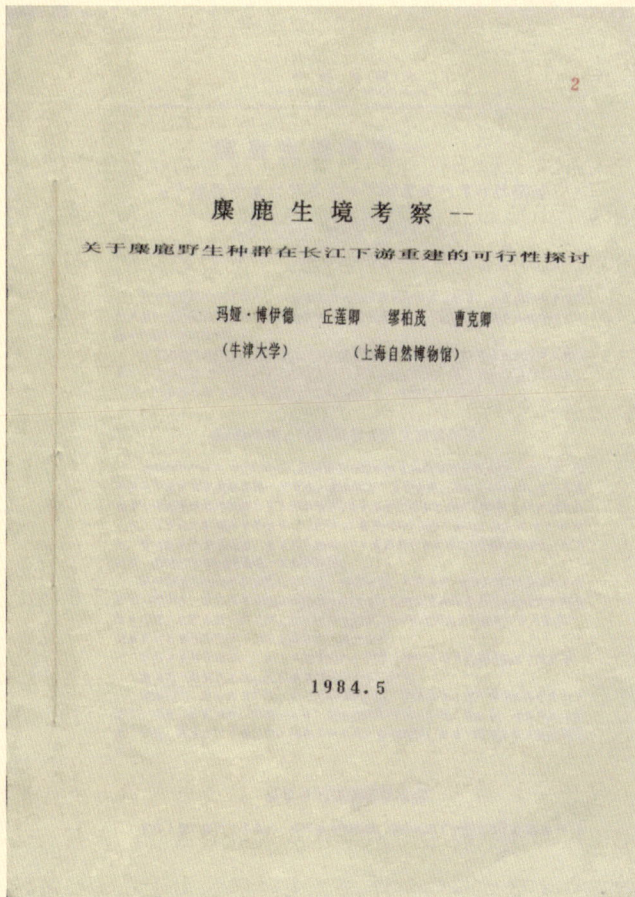

麋鹿生境考察

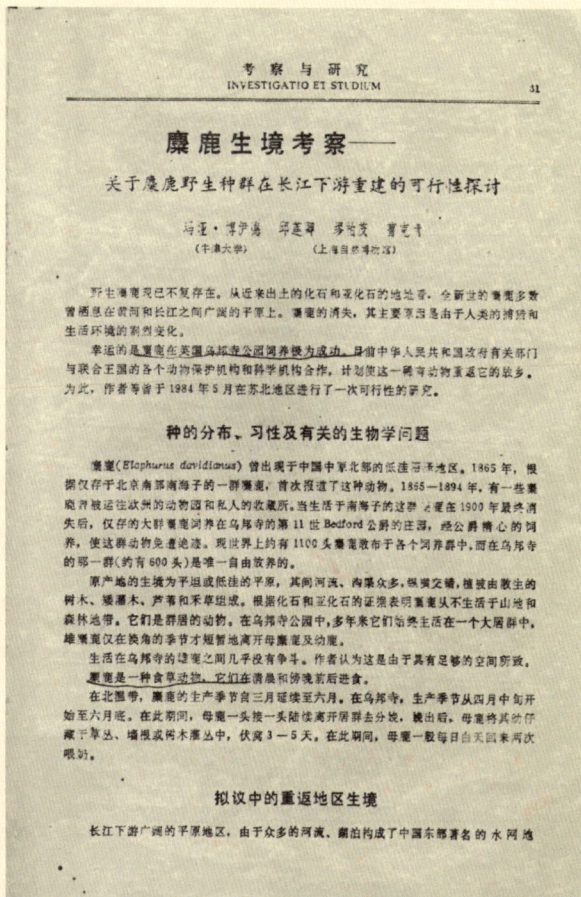

全文：

# 麋鹿生境考察

——关于麋鹿野生种群在长江下游重建的可行性探讨

玛娅·博伊德　丘莲卿（牛津大学）

缪柏茂　曹克卿（上海自然博物馆）

野生麋鹿现已不复存在。从近来出土的化石和亚化石的地址看，全新世的麋鹿多数曾栖息在黄河和长江之间广阔的平原上。麋鹿的消失，其主要原因是由于人类的捕猎和生活环境的剧烈变化。

幸运的是麋鹿在英国乌邦寺公园饲养极为成功。目前中华人民共和国政府有关部门与联合王国的各个动物保护机构和科学机构合作，计划使这一稀有动物重返它的故乡。为此，作者等曾于1984年5月在苏北地区进行了一次可行性的研究。

种的分布、习性及有关的生物学问题

麋鹿（Elaphurus davidianus）曾出现于中国中原北部的低洼沼泽地区。1865年，根据仅存于北京南部南海子的一群麋鹿，首次报道了这种动物。1865-1894年，有一些麋鹿曾被运往欧洲的动物园和私人的收藏所。当生活于南海子的这群麋鹿在1900年最终消失后，仅存的大群麋鹿饲养在乌邦寺的第11世Bedford公爵的庄园，经公爵精心的饲养，使这群动物免遭绝迹。现世界上约有1100头麋鹿散布于各个饲养群中，而在乌邦寺的那一群（约有600头）是唯一自由放养的。

原产地的生境为平坦或低洼的平原，其间河流、沟渠众多，纵横交错，植被由散生的树木、矮灌木、芦苇和禾草组成。根据化石和亚化石的证据表明麋鹿从不生活于山地和森林地带。它们是群居的动物。在乌邦寺公园中，多年来它们始终生活在一个大居群中，雄麋鹿仅在换角的季节才短暂地离开母麋鹿及幼鹿。

生活在乌邦寺的雄鹿之间几乎没有争斗。作者认为这是由于具有足够的空间所致。

麋鹿是一种食草动物，它们在清晨和傍晚前后进食。

在北温带，麋鹿的生产季节自三月延续至六月。在乌邦寺，生产季节从四月中旬开始至六月底。在此期间，母鹿一头接一头陆续离开居群去分娩，娩出后，母鹿将其幼仔藏于草丛、墙根或树木灌丛中，伏窝3-5天。在此期间，母鹿一般每日白天回来两次喂奶。

拟议中的重返地区生境

长江下游广阔的平原地区，由于众多的河流、湖泊构成了中国东部著名的水网地带。网眼中分布着以芦苇为主的种类成分十分近似的沼泽或湿生群落。由于人类经济活动的影响，这类植物群落在数量和面积上日趋减少。本文记述的江苏北部泰县桥头乡一带的植被是目前尚未被开垦的这类植被的代表（图版I-1）。

（插图：原刊第32页"考察与研究"影印件）

32　　　考察与研究

带。网眼中分布着以芦苇为主的种类成分十分近似的沼泽或湿生群落。由于人类经济活动的影响，这类植物群落在数量和面积上日趋减少。本文记述的江苏北部泰县桥头乡一带的植被是目前尚未被开垦的这类植被的代表（图版I-1）。

泰县位于长江北岸，黄海之西，泰县与长江和黄海几乎是等距离的，约60公里。由于滨海和众多江河、湖泊等水体的调节，这里气候温和而湿润。泰县气象站记录的气候数据参见表1。

沼泽地的表土为粘土，呈暗灰褐色，其下为沉积沙土。土壤pH6.66~8.53。

河水的pH为7.08，DO（溶解氧）为6.59，COD（化学耗氧量）为3.68。

该地沼泽中，据知有约200种鸟，五月份时有翠鸟（Alcedo atthis bengalensis）、白鹭（Egretta garzetta）、池鹭（Ardeola bacchus）、白鹡鸰（Motacilla alba）、白头鹎（Pycnonotus sinensis）、大苇莺（Acrocephalus arundiaceus）、董鸡（Gallicrex cinerea）以及芦莺（Phragmaticola aëdon）等常见鸟类。

本世纪50年代前，泰县境内沼泽地和荒草滩约有50,000亩，由于开垦建设，在80年代只剩下不到4,000亩。它们分几十亩至几百亩大小不等的面积分散在泰县境内各处。桥头乡附近的两块（面积分别为200亩和1000亩）为这次调查的所在地（图版I-2）。

采用样方方法，作者将上述两地的植被分为六个群系，根据与水平面的高低依次排列。

表1　江苏泰县与英格兰气候比较

| | | 一月 | 二月 | 三月 | 四月 | 五月 | 六月 | 七月 | 八月 | 九月 | 十月 | 十一月 | 十二月 | 全年 |
|---|---|---|---|---|---|---|---|---|---|---|---|---|---|---|
| A | TC | 1.7 | 2.9 | 7.4 | 13.5 | 19.5 | 24.0 | 27.0 | 26.9 | 22.1 | 16.5 | 10.1 | 3.8 | 14.5 |
| | IE | 3.4 | 3.9 | 5.9 | 8.4 | 11.4 | 14.6 | 16.2 | 16.0 | 13.7 | 10.1 | 6.2 | 4.7 | 9.6 |
| B | TC | 6.5 | 7.4 | 12.4 | 18.4 | 24.2 | 29.1 | 30.9 | 31.2 | 26.5 | 21.7 | 15.2 | 8.9 | |
| | IE | 11 | 12 | 11 | 13 | 16 | 19 | 21 | 21 | 18 | 14 | 8 | | |
| C | TC | -1.9 | -0.8 | 3.1 | 8.9 | 14.3 | 19.4 | 23.7 | 23.7 | 18.7 | 12.2 | 6.0 | 0.0 | |
| | IE | -5 | -5 | -3 | 0 | | | | <0.1 | | | -5 | -2 | |
| D | TC | 19.7 | 15.0 | 8.4 | 1.2 | 0.0 | | | | | 0.9 | 7.6 | 18.0 | 70.9 |
| | IE | 13 | 13 | 10 | | | | <0.1 | | | | 7 | 12 | 15 |
| E | TC | 28.0 | 37.3 | 55.5 | 84.6 | 87.3 | 135.6 | 199.6 | 125.5 | 196.6 | 55.0 | 49.2 | 21.5 | 988.5 |
| | IE | 65 | 48 | 44 | 59 | 53 | 48 | 56 | 70 | 67 | 60 | | | 700 |
| F | TC | 77 | 80 | 78 | 81 | 80 | 81 | 87 | 84 | 86 | 78 | | | |
| | IE | 89 | 89 | 82 | 78 | 74 | 77 | 79 | 82 | 84 | 86 | | | |

TC：泰县气象站，北纬32°51'，东经120°09'，海拔5.4米。
资料1962~1983年。
IE：英格兰内陆，资料1930年以来资料。
A：平均温度℃
B：月平均最高温度
C：月平均最低温度
D：雨日
E：平均月降水量
F：相对湿度

泰县位于长江北岸，黄海之西，泰县与长江和黄海几乎是等距离的，约60公里。由于海洋和众多江河、湖泊等水体的调节，这里气候温和而湿润。泰县气象站记录的气候数据参见表1。

沼泽地的表土为粘土，呈暗灰褐色，其下为沉积沙土。土壤pH6.66~8.53。

河水的pH为7.08，DO（溶解氧）为6.59，COD（化学耗氧量）为3.68。

该地沼泽中，据知约有200种鸟，五月份时有翠鸟（Alcedo atthis bengalensis）、白鹭（Egretta garzetta）、池鹭（Ardeola bacchus）、白鹡鸰（Motacilla alba）、白头鹎（Pyc-nonotus sinensis）、大苇莺（Acrocephalus arundiaceus）、董鸡（Gallicrex cinerea）以及芦莺（Phragamaticola aedon）等常见鸟类。

本世纪50年代前，泰县境内沼泽地和荒草滩约有50,000亩，由于开垦建设，在80年代只剩下不到4,000亩。它们以几十亩至几百亩大小不等的面积分散在泰县境内各处。桥头乡附近的两块（面积分别为200亩和1000亩）为这次调查的所在地（图版I-2）。

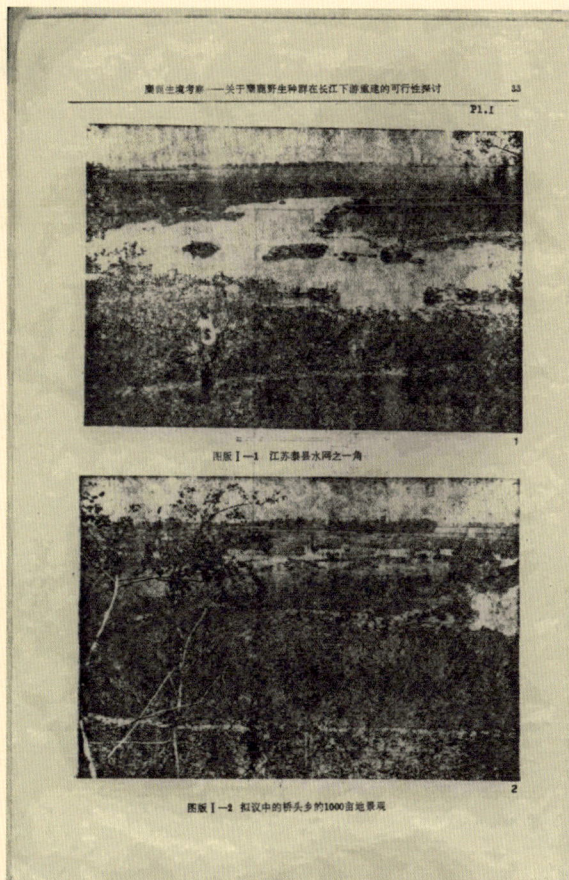

图版 I-1 江苏泰县水网之一角

图版 I-2 和议中的桥头乡的1000亩地景观

采用样方方法，作者将上述两地的植被分为六个群落，根据与水平面的高低依次排列

表1 江苏泰县与英格兰内陆气候比较

| | | 一月 | 二月 | 三月 | 四月 | 五月 | 六月 | 七月 | 八月 | 九月 | 十月 | 十一月 | 十二月 | 全年 |
|---|---|---|---|---|---|---|---|---|---|---|---|---|---|---|
| A | TC | 1.7 | 2.9 | 7.4 | 13.5 | 18.9 | 23.4 | 27.0 | 26.9 | 22.1 | 16.5 | 10.1 | 3.8 | 14.5 |
| | IE | 3.4 | 3.9 | 5.9 | 8.4 | 11.4 | 14.6 | 16.2 | 16.0 | 13.7 | 10.1 | 6.7 | 4.7 | 9.6 |
| B | TC | 6.3 | 7.4 | 12.4 | 18.8 | 24.4 | 28.1 | 30.9 | 31.2 | 26.5 | 21.7 | 15.2 | 8.9 | |
| | IE | 11 | 12 | 15 | 19 | 23 | 25 | 27 | 26 | 23 | 18 | 14 | 28 | |
| C | TC | -1.8 | -0.6 | 3.1 | 8.9 | 14.3 | 19.4 | 23.7 | 23.7 | 18.7 | 12.2 | 6.0 | 0.0 | |
| | IE | -7 | -6 | -5 | -3 | 0 | 4 | 6 | 6 | 3 | -1 | -6 | -9 | |
| D | TC | 19.7 | 15.0 | 8.4 | 1.2 | 0.0 | — | — | — | 0.9 | 7.6 | 18.0 | 70.9 | |
| | IE | 15 | 13 | 10 | 5 | 1 | <0.1 | — | — | <0.1 | 2 | 7 | 12 | 65 |
| E | TC | 28.0 | 37.3 | 55.5 | 84.6 | 87.3 | 135.6 | 199.6 | 125.3 | 106.6 | 55.0 | 49.2 | 24.5 | 988.5 |
| | IE | 65 | 48 | 44 | 49 | 56 | 48 | 68 | 67 | 58 | 70 | 67 | 6C | 700 |
| F | TC | 77 | 77 | 78 | 81 | 80 | 81 | 87 | 86 | 84 | 81 | 78 | 76 | 81 |
| | IE | 89 | 89 | 82 | 78 | 74 | 77 | 79 | 81 | 82 | 84 | 86 | 86 | 85 |

TC：泰县气象站：北纬32°31′，东径120°09′，海拔5.4米。

据1962-1983资料。

IE：英格兰内陆，据1930年以来资料。

A：平均温度℃

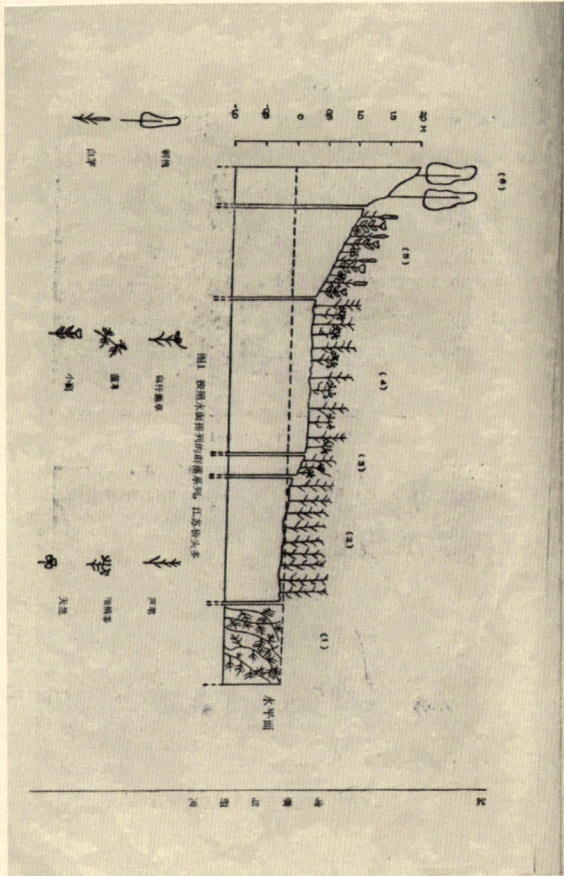

B：月平均最高温度

C：月平均最低温度

D：霜日

E：平均月降水量。

F：相对湿度。

如下（图1）：

1.水生植物群落其优势植物为菹草　（Potamogeton crispus）和菜（Myriophyllum spiratum），其他种类如水车前（Ottelia alismoides）及荇菜（Nymphoides peltatum），菱（Trapa incisa var. quadricandata）及芡（Euryale ferox）也常生长良好。

2.芦苇沼泽群落　优势种类为芦苇（Phragmites australis）。此群落占极大区域，主要分布于1000亩那块地其盖度为70-90%，高1.5-2米。（图版Ⅱ-1）

3.芦苇-藨草-黍群落　此群落可分三层。芦苇（Phragmites australis）和藨草（Scirpus planiculmis）各居最上层和次上层。第一层的芦苇高1.4-1.7米。

4.芦苇-细柄黍群落　芦苇为第一层的优势植物，高0.8-1米。细柄黍（Pani-cum psilopodium）是第二层的优势植物，高0.3-0.5米。以上两种的盖度各为45-50%，因而此群落的总盖度超过90%。这一群落中的芦苇显然低于上述群落中的芦苇，这是由于地下水位较低，土壤较干的缘故。200亩那块地的植被主要为此群落。

此群落偶而还出现打碗花（Calystegia hederacea）、野胡萝卜（Daucus carota）、泥湖菜（Hemistepta lyrata）等。

5.白茅+小蓟-苜蓿群落　白茅（Imperata cylindrica var. major）和小蓟（Cephalanoplos segetum）为上层中的优势植物，其高度为0.3-0.4米。苜蓿（Medicago lupulina）为下层的优势植物。下列植物亦经常出现于此群落：老鹳草（Geranium wilfordii），泥湖菜（Hemistepta lyrata），雀麦（Bromus japonicus），狗牙根（Cynodon dactylon），绶草（Spiranthes lancea），草木犀（Melilotus suaveolens），禾叶剪刀股（Ixeris graminea），棒头草（Polypogon fugax），茴茴蒜（Ranunculus chinensis），鹅观草（Roegneria kamoji），苦苣菜（Sonchus oleraceus），大巢菜（Vicia sativa），艾蒿（Artemisia argyi），打碗花（Calystegia hederacea），野胡萝卜（Daucus carota），鼠麴草（Gnaphalium affine），枸杞（Lycium chinense），车前（Plantago asiatica），半枝莲（Scutelleria barbata），长园叶水苏（Stachys oblongifolia），细茎斑种草（Bothriospermum tenellum），飞蓬（Erige-ron），匐伏苦荬（Sonchus brachyotus）。

这一群落离水面较高，因而受水的影响较小。沼生植物如芦苇不存在于此群落中。

6. 人工林群落　农民常在土堆上种植刺槐，为植被中最高的群落（图版II-2）。

我们相信过去麋鹿曾生活于此。刘荣华是当地一位81岁的老农（图版II-3），他告诉我们他的父亲曾亲眼在桥头见过麋鹿。他描述此鹿为一种高大的动物，毛色为淡灰褐色，有着奇怪的角。根据推测，

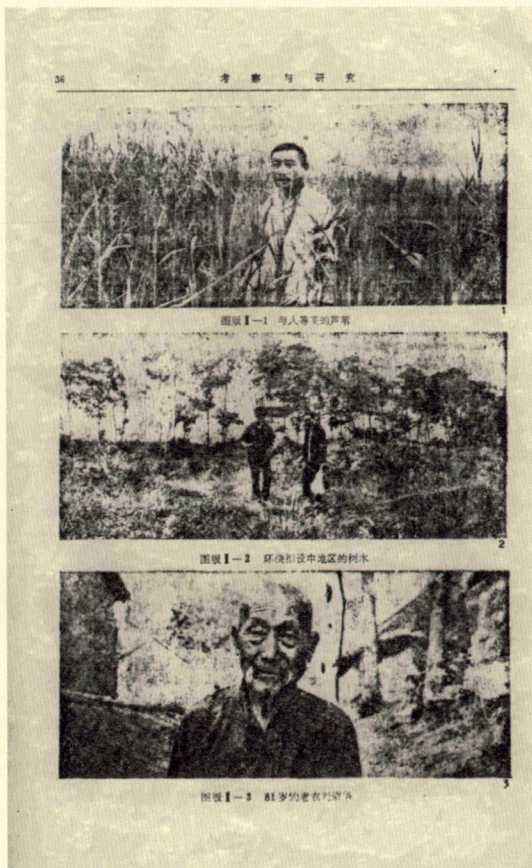
图版I-1　与人等高的芦苇
图版I-2　环境和设立地区的树木
图版I-3　81岁的老农刘荣华

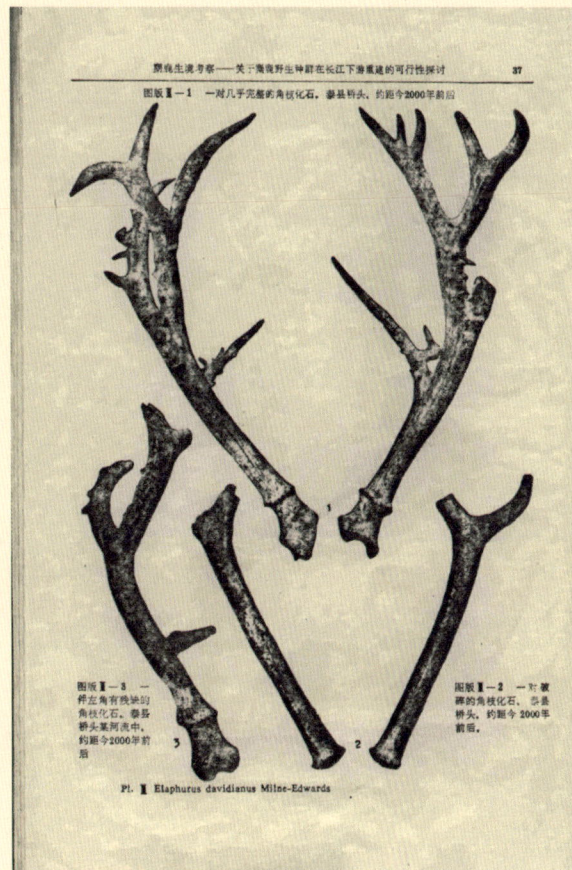
麋鹿生境考察——关于麋鹿野生种群在长江下游重建的可行性探讨
图版II-1　一对几乎完整的角枝化石，泰县野头，约距今2000年前后
图版II-3　一件左角有残缺的角枝化石，泰县桥头采集所得，约距今2000年前后
图版II-2　一对被锯的角枝化石，泰县桥头，约距今2000年前后
Pl. II Elaphurus davidianus Milne-Edwards

这头野生状态的麋鹿距今约有100-120年，这与 Otto von Möllendorf 于1877年在上海发表的一文★相符，Möllendorf描述：麋鹿属也，牡者有角。鹿喜山而属阳，故夏至解角；麋喜泽而属阴，故冬至解角。麋似鹿而色青黑，大小如小牛，肉蹄，目下有二窍为夜目……。南方麋千百为群，食泽草，践处成泥，名曰麋畯，人因耕获之。

黄仲文为该县的图书馆馆长，他告诉我们，该县发现麋鹿化石和亚化石的地点不下30处。虽然我们未见过这些化石，但我们认为这是可信的，因为我们在那里曾在三个地点收集到亚化石麋鹿角，其中一对就出土于上述1000亩地的边缘地区（图III-1-3；图版III-1）。

综上所述，这一带的植被、气候对喜爱生长在沼泽和温暖气候下的麋鹿来说都是十分适宜的。而这样的环境在江苏泰县邻近各县以及上海青浦等地都能找到，也就是说在长江三角洲平原一带有许多地方都是适于重新引进麋鹿的场所。

# 淮剧《奇婚记》档案

**保管单位：**盐城市档案馆

**内容及评价：**

淮剧又名江淮戏，初为淮扬地区和盐阜地区的民歌和劳动号子，后发展为香火戏，距今已有200多年历史，1952年正式定名为淮剧。淮剧流行于淮扬地区、盐阜地区、沪宁线上，是江苏省的主要地方剧种之一，也是国家非物质文化遗产。盐城是淮剧的发源地，目前全国共有淮剧团13个，盐城就占有6个，淮剧已成为盐城区域民俗文化的标志。《照减不误》、《渔滨河边》、《一家人》、《海港》、《打碗记》、《离婚记》、《奇婚记》等，代表了不同时期淮剧现代戏剧创作演出水平，影响深远。淮剧《奇婚记》更是众多淮剧作品中的精品。

淮剧《奇婚记》改编自郑彦英的中篇小说《太阳》。该剧讲述了十年动乱中期，十二岁的秋萍为了生存，与年近四十的大憨结下姻缘。八年后成年的秋萍因为憧憬幸福与爱情，陷入了深重的苦痛之中。《奇婚记》着力表现了千百年形成的习惯势力、残存的封建道德在朴实善良的人们身上打下的深深烙印，而萌芽的新思想、新道德，只有通过激烈的抗争才能诞生。著名淮剧演员刘少峰（1934~2000）、梁国英在剧中饰演男女主角田大憨和秋萍。

1985年该剧在文化部举办的全国戏曲观摩演出中，获得两个主演、两个配演、编剧、作曲、演出共7个一等奖，配演、导演、布景设计共3个二等奖，以及音乐伴奏奖和绘景奖。《奇婚记》档案真实记录了该剧获得的部分奖项、媒体评价以及剧组主创人员受到党和国家领导人李先念、胡乔木接见的相关情况，是研究淮剧历史、淮剧文化的重要资料。

## 淮剧《奇婚记》荣获全国戏曲演出七个一等奖
### 评刘少峰扮演的"田大憨"

在气候宜人的金秋季节，来自黄河之滨的一枝绚丽多姿的淮剧之花——江苏省淮剧团带着参加一九八五年全国戏曲观摩演出荣获七个一等奖，三个二等奖，两个单项奖，共十六块奖牌的大型现代淮剧《奇婚记》应邀来我市演出。

《奇婚记》以她的鲜明的时代特色、浓郁的生活气息、生动的人物形象、深刻的思想内涵，形象地反映了社会生活发生的急剧变革，生动地展现了人们心灵深处出现的崭新风貌。

省劳动模范、著名淮剧演员刘少峰（饰田大憨）、省三八红旗手、优秀青年演员梁国英（饰秋萍）的精湛表演艺术折服了观众。如第三场"惊噩梦，苦情诉与谁"，田大憨和秋萍一个门外，一个门里对唱的戏，扣人心弦，催人泪下。这场戏表现的是大憨醉酒后冲动地要求与秋萍圆房，他激情奔放，一反常态地抱起了秋萍，而秋萍出于无奈狠狠地打了大憨一记耳光。一刹时，舞台上两人都定了格，大憨手捂脸面，两眼直勾勾的，从形体来看是静止的，但二人的内心却是沸腾的。大憨突然清醒了，悔恨、懊恼、内疚全部涌向心头。从静到动，大憨双手摇胸，并唱出了大段的内心独白，层层向上推，直到最高

峰。在这段戏里，少峰做到动于衷，形于外，收控有致，神情自如，并极见规范，加之深情动人的演唱，观众为之倾倒。紧接着是秋萍两次开门又复闭的情节，大憨的痛苦一层层增加，当他突然意识到秋萍可能因此而自寻短见时，他的痛苦又变成了焦虑。此时，少峰用传统程式的抖手方法，扒在门缝向内张望，又用双搓手走圆场来表现焦躁，直到双拳疯狂地敲打大门，他的内心到了水滚的程度。当秋萍一声责问，他才放下心来，这一紧一松，一张一弛的大起大落的节奏变化扣人心弦。整个这段门内外的戏，层次分明，感人肺腑。而刘少峰和梁国英配合默契的表演，更使人物形象栩栩如生。第六场"明心迹，情长悲夏切"是全剧的高潮，少峰同志的艺术才华更加显露，表演得是淋漓尽致。通过这场戏的跌宕起伏的情节，跨度较大的感情变化，含而不露的深情表演，使我们看到少峰所塑造的田大憨的艺术形象真实感人。大憨，他憨而不傻，忠而不痴，他是个有矛盾、有追求、有痛苦、有斗争、有灵魂、有思想、有血有肉的活人。观众被大憨那颗金如灿，亮晶晶的心深深地感动着。从这里使我们看到少峰同志颇深的艺术造诣。（海峰）

媒体报道淮剧《奇婚记》

1985年12月7日，中共中央政治局委员胡乔木（右二）在北京接见《奇婚记》剧作者之一贺寿光（站立者）。

1985年12月29日，国家主席李先念（右一）在南京人民大会堂观看江苏省淮剧团演出的《奇婚记》，演出结束后在韩培信（右三）陪同下，接见了主要演员刘少峰（左一）、梁国英（右二）。

淮剧《奇婚记》选场，刘少峰饰演田大憨（右），梁国英饰演秋萍（左）。

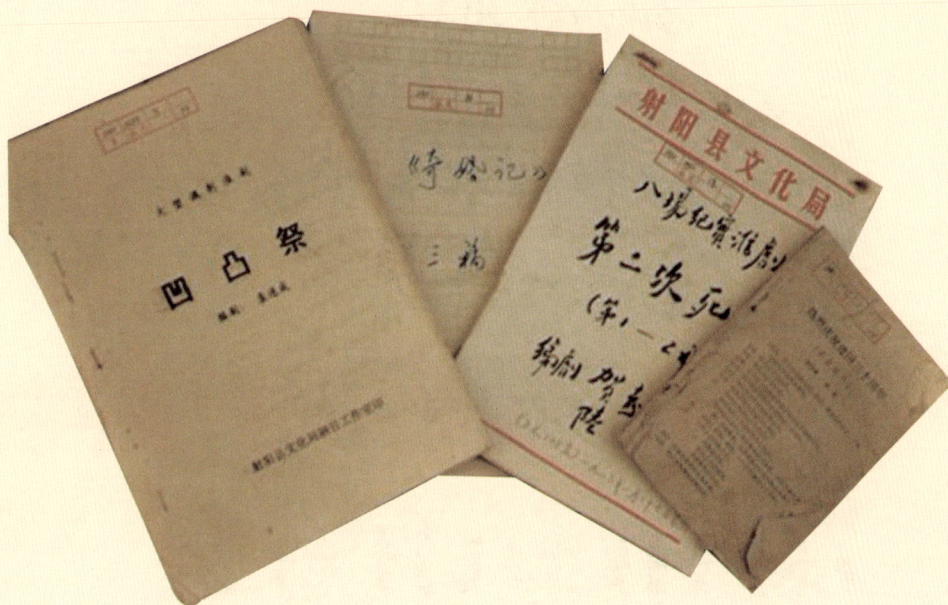

《奇婚记》等淮剧剧本

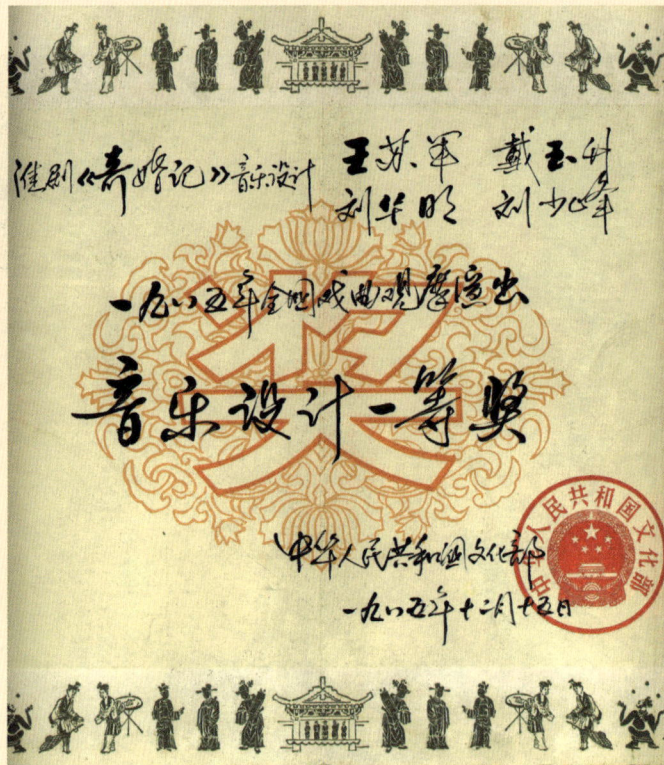

淮剧《奇婚记》获音乐设计一等奖证书

刘少峰获主演一等奖证书

東臺分縣五十年未曾撰有志書曩者督理臨鹽政阿公
厚菴修府志成欲從事於東臺而未果也今縣令周君
石暨泰州分司單君壯圖蒞任甫一年廼奮然創爲之
其縣之士夫競輸錢助其役袁茂才承福者安豐場之
人熟於縣之掌故博文獻薈萃抄撮錄爲長編吳門
祭孝廉復年續學能爲之增損修飾質而不俚簡而
不疏合乎史家之義庶幾東臺一縣之書粲然可觀矣
存廉予通家湯价人太守所得土也歲九月謁予於白
下以周單二君之意質可否且求爲序夫淮南之大政

# 明崇祯三让堂藏版《河洛理数》

**保管单位：** 王东庆（盐城市收藏家协会副会长）

**内容及评价：**

明崇祯三让堂藏版《河洛理数》为宋朝陈抟所著，宋邵康节定本，明覃冲甫重订，明崇祯五年（1632）三让堂藏版印行，共六册。木刻宋体，古32开，19.5厘米×12厘米，单线板框，中缝鱼尾，书口底部落"三让堂"号，半叶十一行，行二十二字，版体古朴，刻工精湛，印制精良。全书保存基本完整，品相尚好。该书传承有序，前后钤有藏书、鉴赏印十余方，其中有"王发烈字光甫"、"槐馆书室珍藏"、"静观自得"等印，现为江苏盐城藏书家王东庆所藏。该书是研究古代风水学、命理学以及中国传统文化的不可多得的史料。

陈抟（871~989），字图南，自号扶摇子，五代至宋初道士，宋时名逸士，相传与宋太祖赵匡胤博弈赢得华山，宋太宗赐号希夷先生。所著《河洛理数》，《四库总目》有列，以《易经》《河图》《洛书》为本，配合人之生年、月、日、时，以预测人事。陈仁锡于皇明崇祯壬申年作序，共分六卷，有河图、洛书、八卦取象、六十四卦歌等四十九篇。

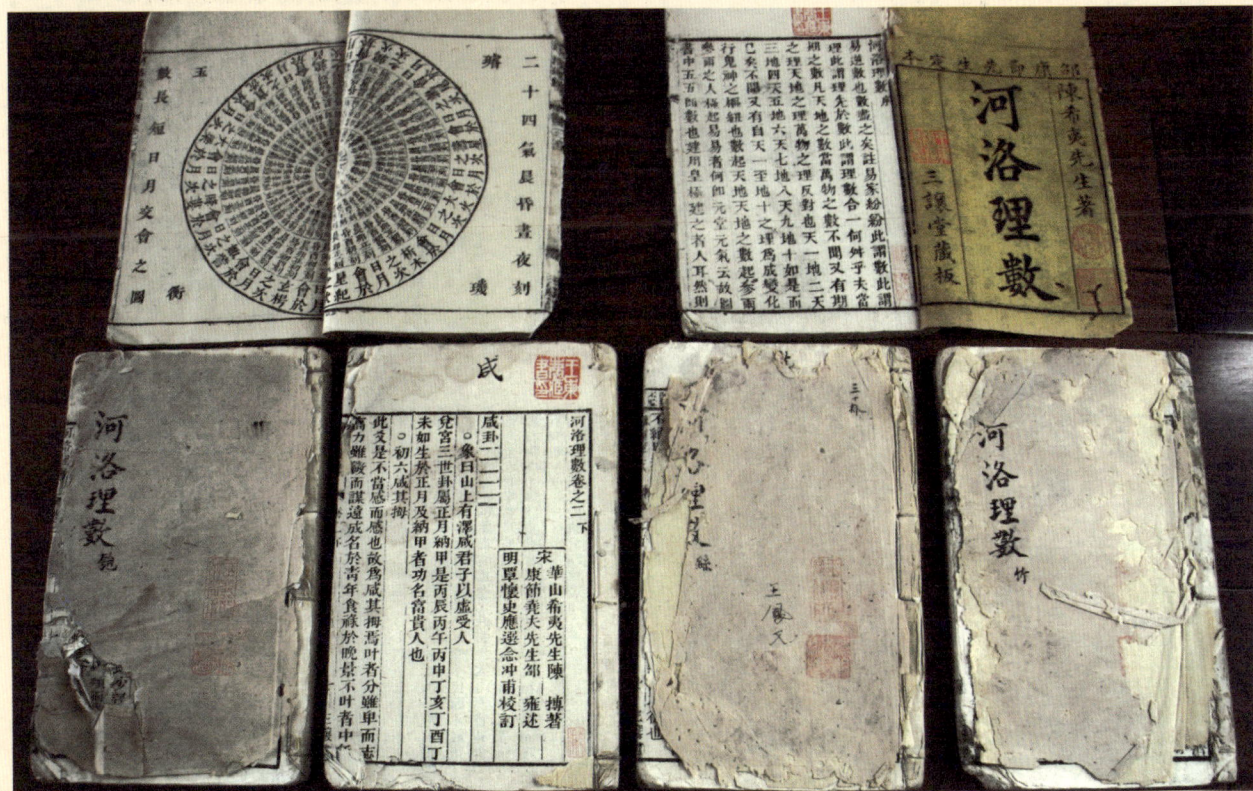

河洛理数

《河洛理数》扉页

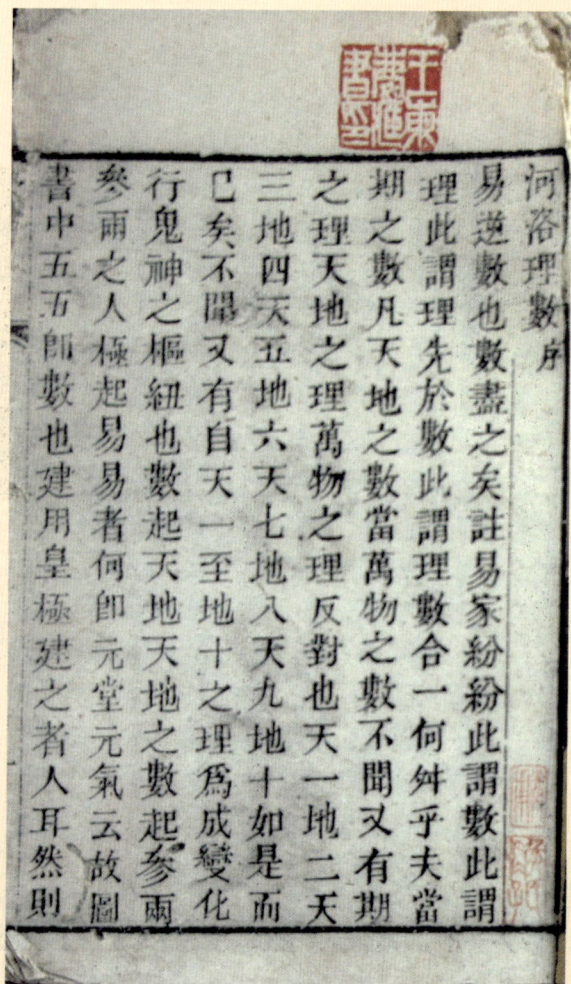

《河洛理数》序

數何爲而逆理何爲而順極數知來不逆惡乎順也不數惡乎理也今天下非無理之患而無數之患何也天尊地卑內健外順理如故也數非其數矣奉無數之理則不尊陽畏其有理陰欺其無數亂是用長理者數而已矣奚通焉史大夫念翁爲刻希夷書也堯夫註希夷二程心折矣程言理邵言數得無分道角乎惜未有以數合併之者雖然相見在午正難求在子中惟反復道乎道有變動故曰爻列貴賤齊小大變易之妙推移即大數乾元之爲上中下元也

陽爻陰爻之定於有生也諸卦之隨時更換也可定理孰耶歲月日時爻各稟承可私智殽亂耶所貴乎先天者爲其超然屈伸之外惟變所適也此天地之數異於讖緯之數也是故得中數當爻位應時合節吉莫大焉數與時偕行不以意益損而有援得勢必因之矣黃龍海堂曰人托陰陽以生豈有逃其數者予雖學出世法能免形累乎富鄭公書本身卦戒子弟曰予今年爻象不吉汝等切勿生事夫世外之人异世法同其譴畏士大夫之身异士大夫子弟同其

《河洛理数》序

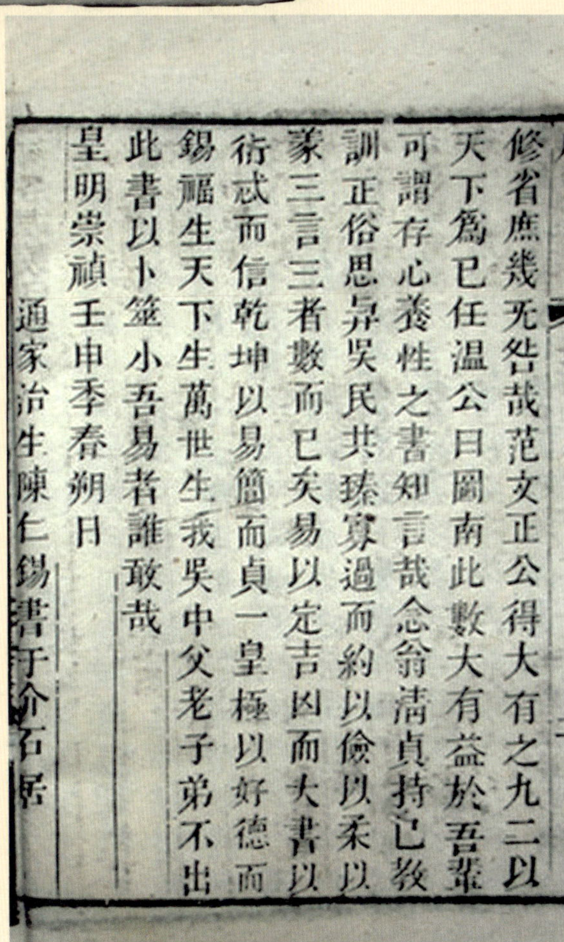

修省庶幾无咎哉范文正公得大有之九二以天下爲已任温公曰圖南此數大有益於吾輩可謂存心養性之書知言哉念翁淸貞持己教訓正俗思弁吳民共臻寡過而約以儉以柔以豢三言三者數而已矣易以定吉凶而大書以衍忒而信乾坤以易簡而貞一皇極以好德而錫福生天下生萬世生我吳中父老子弟不出此書以卜筮小吾易者誰敢哉

皇明崇禎壬申季春朔日

通家治生陳仁錫書于介石居

全文：

# 河洛理数·序

易，逆数也，数尽之矣。注《易》家纷纷：此谓数，此谓理；此谓理先于数，此谓理数合一。何舛乎！夫当期之数，凡天理之数，当万物之数，不闻又有期之理、天地之理、万物之理反对也。天一地二，天三地四，天五地六，天七地八，天九地十，如是而已矣，不闻又有自天一至地十之理，为成变化行鬼神之枢纽也。数起天地，天地之数起参两，参两之人极起易。易者何？即元堂元气云。故图、书中五，五即数也。建用皇极，建之者人耳。然则数何为而逆，理何为而顺？极数知来，不逆恶乎顺也，不数恶乎理也。今天下非无理之患，而无数之患何也？天尊地卑，内健外顺，理如故也，数非其数矣。奉无数之理则不尊，阳畏其有理，阴欺其无数，乱是用长理者，数而已矣，奚遁焉？

史大夫念翁为刻希夷书也，尧夫注希夷，二程心折矣，程言理邵言数，得无分道角乎，惜未有以数合并之者，虽然相见在午正难求在子中，惟反复道乎，道有变动故曰爻，列贵贱齐小大，变易之妙推移，即大数乾元之为上中下元也，阳爻阴爻之定於生也，诸卦之随时更换也，可定理执耶？岁日月时爻各禀承，可私智乱耶？所贵乎先天者，为其超然屈伸之外。惟变所适也，此天地之数，异於［于］谶纬之数也，是故得中数，当爻位，应时合节，吉莫大焉。数与时偕行，不以意益损，而有援得势，必因之矣。黄龙晦堂曰："人托阴阳以生，岂有逃其数者，予虽学出世法，能免形累乎"？富郑公书本身卦，戒子弟曰："予今年爻象不吉，汝等切勿生事"。夫世外之人，与世法同，其谨畏士大夫之身，与士大夫子弟，同其修省，庶几咎哉。范文正公得大有之九二，以天下为己任。温公曰："图南此数，大有於［于］益吾辈，可谓存心养性之书"。知言哉，念翁清贞持己，教训正俗，思与吴民共臻寡过，而约以俭、以柔、以义。三言三者，数而已矣。易以定吉凶而大，书以衍忒而信。乾坤以易简而贞一，皇极以好德而锡福，生天下生万世生我吴中父老子弟，不出此书，以卜筮小吾《易》者，谁敢哉？

皇明崇祯 壬申季春朔日

通家治生 陈仁锡书于介石居

全文（节选）：

### 河洛理数·目录

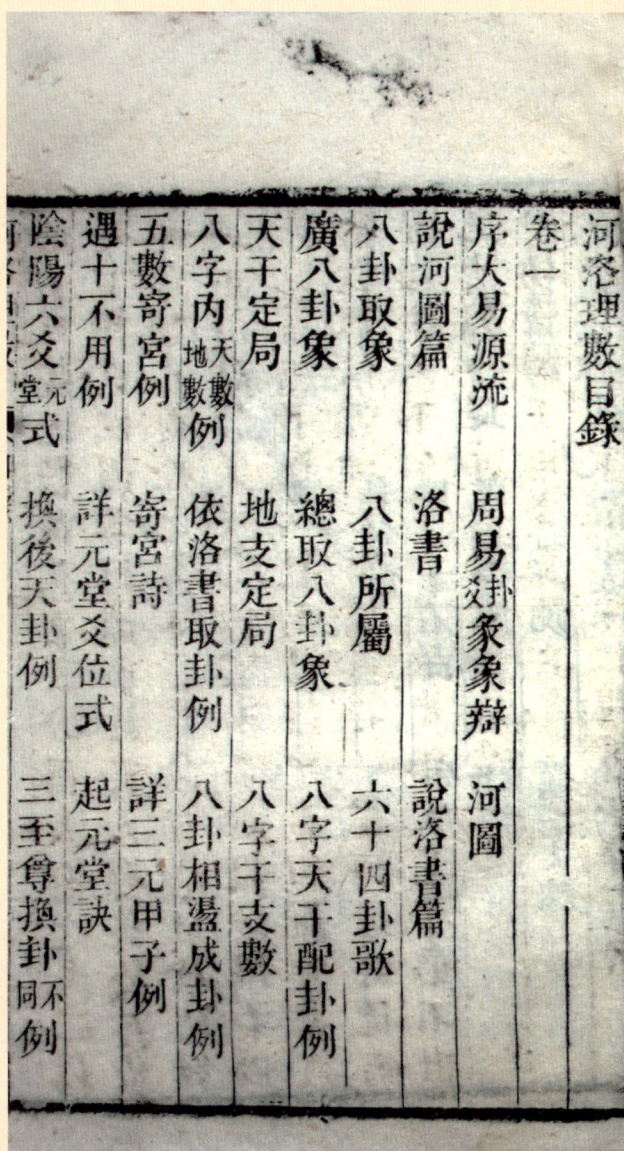

《河洛理数》目录

# 清嘉庆本署藏本《东台县志》

**保管单位：**东台市档案馆

**内容及评价：**

　　《东台县志》是清嘉庆二十二年（1817）十月由总纂周佑（东台知县）、协纂单壮图、许士模等三十三人，在汇集《两淮盐法志》、《淮南中十场志》中重要史料的基础上，广泛搜集图书文物资料，摘录校核，编纂定稿，由姜德新、苏榕捐刻而成。《东台县志》记载年代上起周武王封周章于吴时（约公元前1064年），下至清嘉庆年间，时间跨度数千年。该县志为同页对折线装木刻印本，共十八册（二套），连图计四十卷。《东台县志》是东台历史上仅有的一部地方志书，记述了东台的区域地理、建置沿革、政治、经济、文化教育、生产技术、科学研究等方面的真实面貌，对研究盐城沿海地区地域变化、地名变更、人口流动、民情风俗等有着极其重要的参考价值。

东台县志

《东台县志》序（李序）

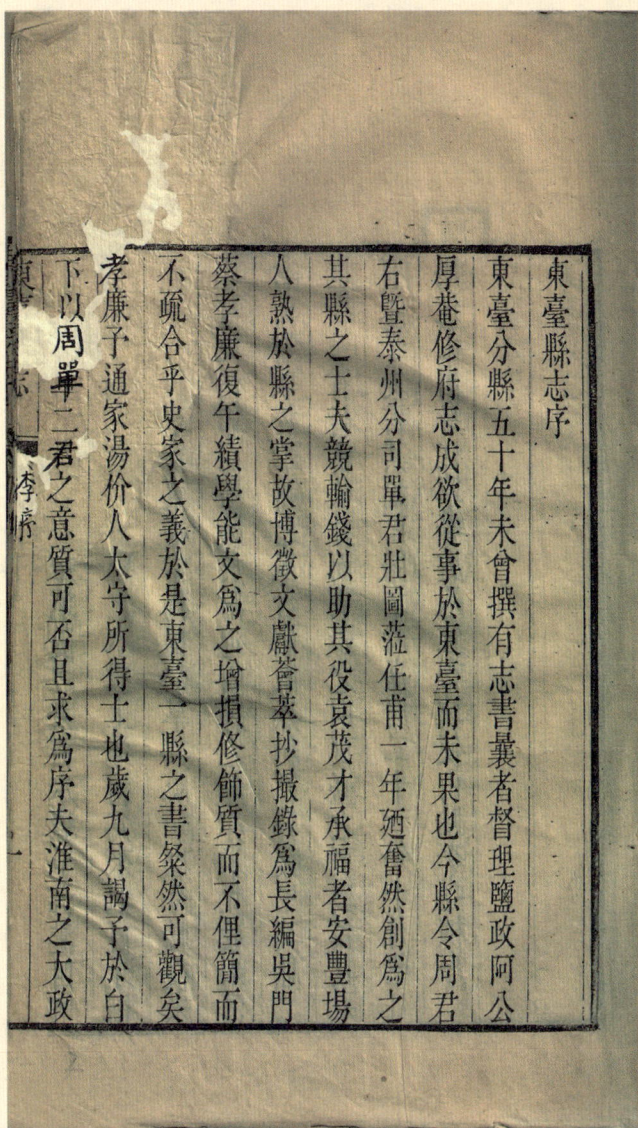

**全文：**

## 东台县志序（李序）

东台分县五十年未曾撰有志书，曩者督理盐政阿公厚巷修府志成欲从事于东台而未果也。今县令周君右暨泰州分司单君壮图莅任，甫一年乃奋然创为之，其县之士夫竟输钱以助其役。袁茂才承福者，安丰场人，熟于县之掌故，博征文献，荟萃抄撮，录为长编。吴门蔡孝廉复午绩学能文，为之增损修饰，质而不俚简而不疏，合乎史家之义。于是东台一县之书，粲然可观矣。孝廉予通家汤价人太守所得士也，岁九月谒予于白下，以周单二君之意质可否且求为序。夫淮南之大政，有二河也。漕也下河，居运堤之东，西水骤至，汛滥四出，不独东台为然。唯一县之水以上，运河为来源，自牙桥阻绝南流拥塞，东台常独困于旱，其患一也。分县后未设专运漕船，而均装于附近州县之船，亦未立收米漕仓而寄收于泰州之凤仓，散乱无纪，百弊业生，其患二也。斯二者皆当改弦而更张之，则东台之吏与民其永有瘳乎，爰书其端而归之。时嘉庆二十一年十月望日，赐进士出身江宁等处承宣布政使山阴李尧栋序。

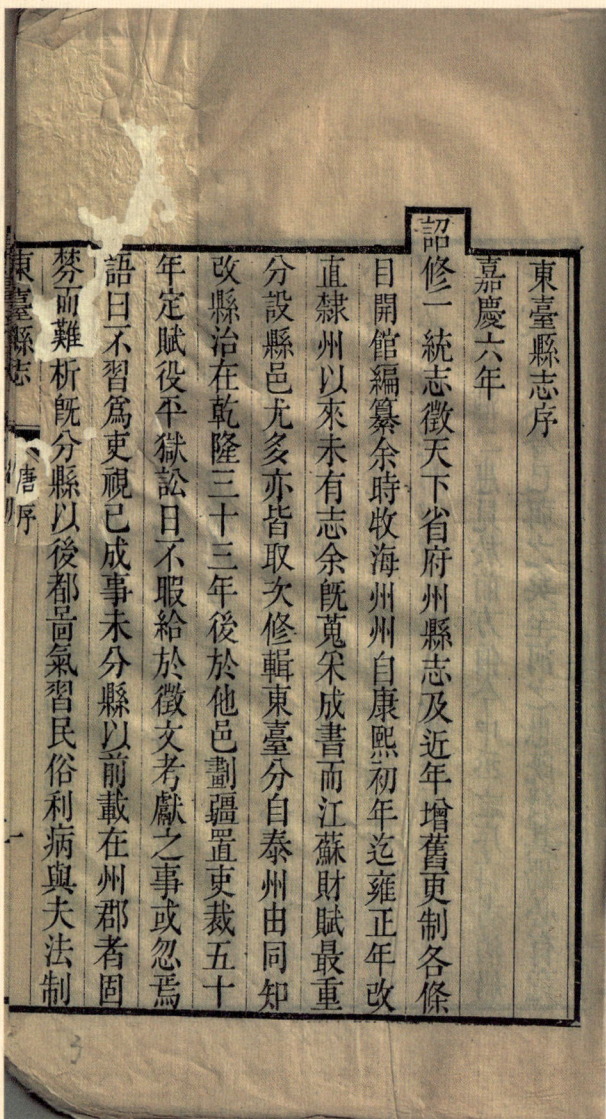

《东台县志》序（唐序）

# 东台县志序（唐序）

嘉庆六年诏修一统志，徵天下省府州县志及近年增旧更制各条目，开馆编纂。余时牧海州，州自康熙初年迄雍正年改直隶州以来未有志，余既搜采成书而江苏财赋最重，分设县邑尤多亦皆取次修辑。东台分自泰州，由同知改县治，在乾隆三十三年后于他邑划疆置吏裁，五十年定赋役平狱讼日不暇给，于徵文考献之事或忽焉。语曰不习为吏视已成事，未分县以前载在州郡者，固棼而难析。既分县以后，都鄙气习，民俗利病与夫法制禁令之宜否，无以详考而切究之。何以为政？前令姚君粗有志稿。今周大令甫下车即延访名士，参互讨订，秩然有章，可谓知所先务矣。东台滨海亭户所集，辖十监场地都转分司治焉，故邑志取材于场志，又得签判单君雅隽之才，与为商榷，宜其善作善成也。书中谓余海州志为合史法，引以为式，则丰其然。且夫志者，得失之林，所以为政之镜也，非专尚体裁耳。盖无备固同拾沈拘守，亦为胶柱即如设邑未久已，昔繁而今简，其他可知。然则河漕二患见于前方伯今中丞之序言者，漕船之患今周大令已弭之矣，至河之患既发其端，必有竟其事者也。循是以推水利之当与盐法之当，整学校文行之勤勉，刑法奸究之衰息，举于是书得其要矣。周官大行人以万民利害为一书，礼俗政教为一书，作逆犯令者为一书，札荒厄贫为一书，康乐和亲安平为一书，每国辨异之以周知天下之故，今之志书犹是也，固将汇而上之朝廷，以备财择夫丰率尔操觚哉。书成请序于余，余方权臬事见东台所上爰书及控都台，旧版大半起于盐漕，诚如志所载，权宜变通建仓开坝诸说，未必非保息、防范之大端也。时嘉庆二十有二年丁丑岁冬十月，赐进士出身中宪大夫署江苏提刑按察使司兼驿传事长沙唐仲冕撰。

纂志衔名

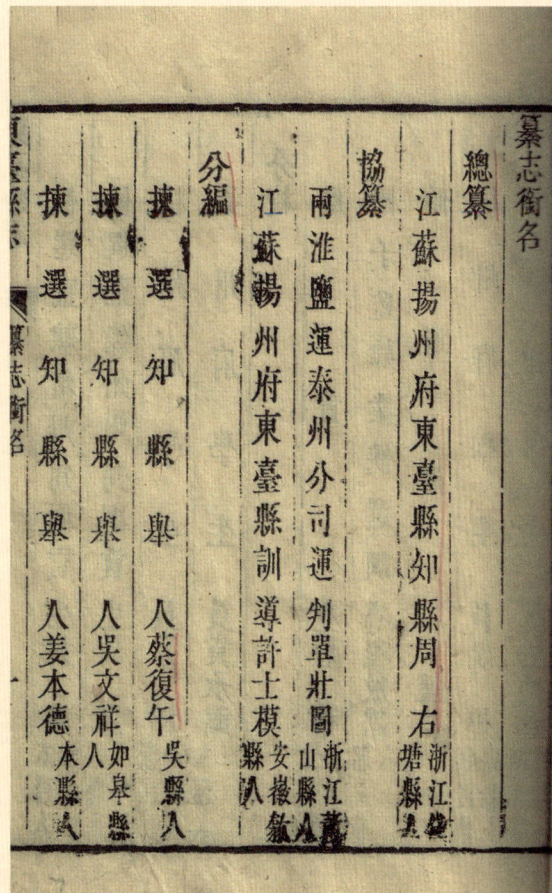

全文（节选）：

| 纂志衔名 | 总纂 | 协纂 | 江苏扬州府东台县知县 | 两淮盐运泰州分司运判 | 江苏扬州府东台县训导 | 分编 | 拣选知县举人 | 拣选知县举人 | 拣选知县举人 |
|---|---|---|---|---|---|---|---|---|---|
| | | | 周右 浙江钱塘县人 | 单壮图 浙江舟山县人 | 许士模 安徽歙县人 | | 蔡复午 吴县人 | 吴文祥 如皋县人 | 姜本德 本县人 |

# 清末《张氏宗谱》

**保管单位：**东台市档案馆

**内容及评价：**

《张氏宗谱》由润东王团沙家巷张洪牒［字耀祖，生于道光二十三年（1843）正月二十日］于清宣统三年（1911）九月主修完毕。该宗谱记载年代上起元朝元统六年（1333），下至清宣统三年（1911），时间跨度为578年。内有：第一世至第十二世和始迁之祖第一世（实为第十三世）至第二十二世（实为第三十四世）的"张氏宗支"图，张氏子孙及眷亲等为先辈人撰写的传略，始迁之祖第一世至第十世、十二世至十四世、十七世、十九世、二十世裔孙的字号、功名、生殁年限、寿龄、安葬地点方位、婚配生养及配偶生卒年限等情况的简介。该档案对研究东台历史上人口流动、民情风俗等有重要的参考价值。

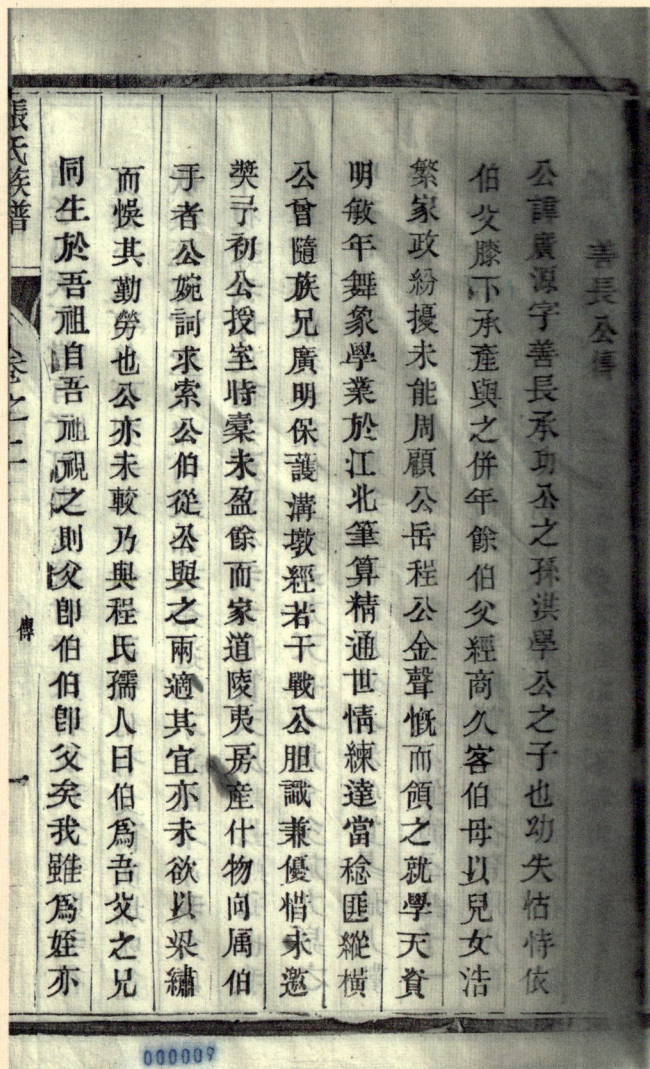

善长公传

全文（节选）：

## 善长公传

公讳广源，字善长，承功公之孙，洪学公之子也。幼失怙恃，依伯父膝下，承产与之。并年余，伯父经商久客，伯母以儿女浩繁家政纷扰，未能周顾公。岳程公金声慨而领之，就学，天资明敏，年舞象学业于江北，笔算精通，世情练达。当稔匪纵横，公曾随族兄广明保护沟墩，经若干战，公胆识兼优，惜未邀奖。予初公授室时，橐未盈余而家道陵夷，房产什物向属伯手者，公婉词求索，公伯从公与〔予〕之，两适其宜，亦未欲以梁绣而娱其勤劳也，公亦未较。乃与程式孺人曰："伯为吾父之兄，同生于吾祖。自吾祖亲之，则父即伯，伯即父矣。"……

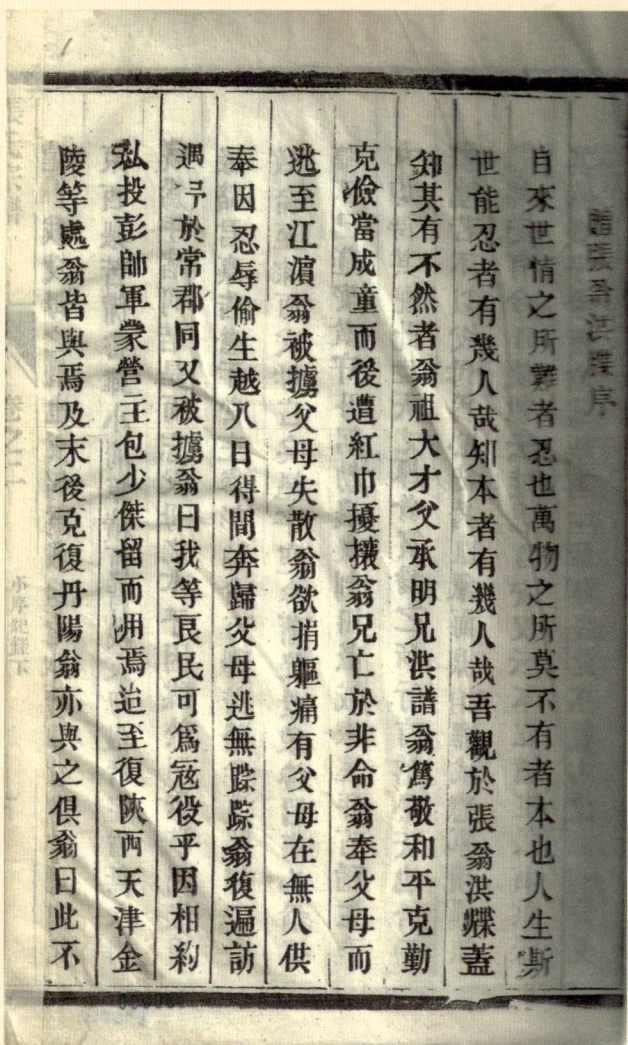

赠张翁洪牒序

全文（节选）：

## 赠张翁洪牒序

自来世情之所难者，忍也。万物之所莫不有者，本也。人生斯世能忍者有几人哉？知本者有几人哉？吾观于张翁洪牒，盖知其有不然者。翁祖大才，父承明兄，洪牒翁笃敬和平，克勤克俭。当成童而后遭红巾扰攘，翁兄亡于非命。翁奉父母而逃至江滨，翁被掳，父母失散，翁欲捐躯，痛有父母在无人供奉因，忍辱偷生。越八日，得间奔归，父母逃无踪踪，翁复遍访遇。于常郡同又被掳，翁曰："我等良民可为寇役乎？"因相约私投彭帅军队营，主包少杰留而用焉。迨至复陕西天津金陵等处，翁皆与焉。及末后克复丹阳，翁亦与之俱。……

# 民国手抄本杨瑞云版《盐城县志》

**保管单位：** 盐城市档案馆

**内容及评价：**

盐城档案馆珍藏的民国手抄本杨瑞云版《盐城县志》共计10卷，由时任盐城县令杨瑞云于明万历十一年（1583）编著，吴敏道校正，民国时期手抄。志书共计6万字，其规模、文采抑或史料价值，在盐城编志史上前所未有。该县志体系完整，保存完好。内容涵盖地理志、建置志、民事志、秩官志、名宦志、选举志、人物志、纶音志、艺文志、杂类。它全面、系统地汇集了盐城地区地理变迁、民俗文化、名人大事等方面的相关情况和资料，对于研究当时当地的经济发展、政治环境、社会沿革具有较高的史料价值。

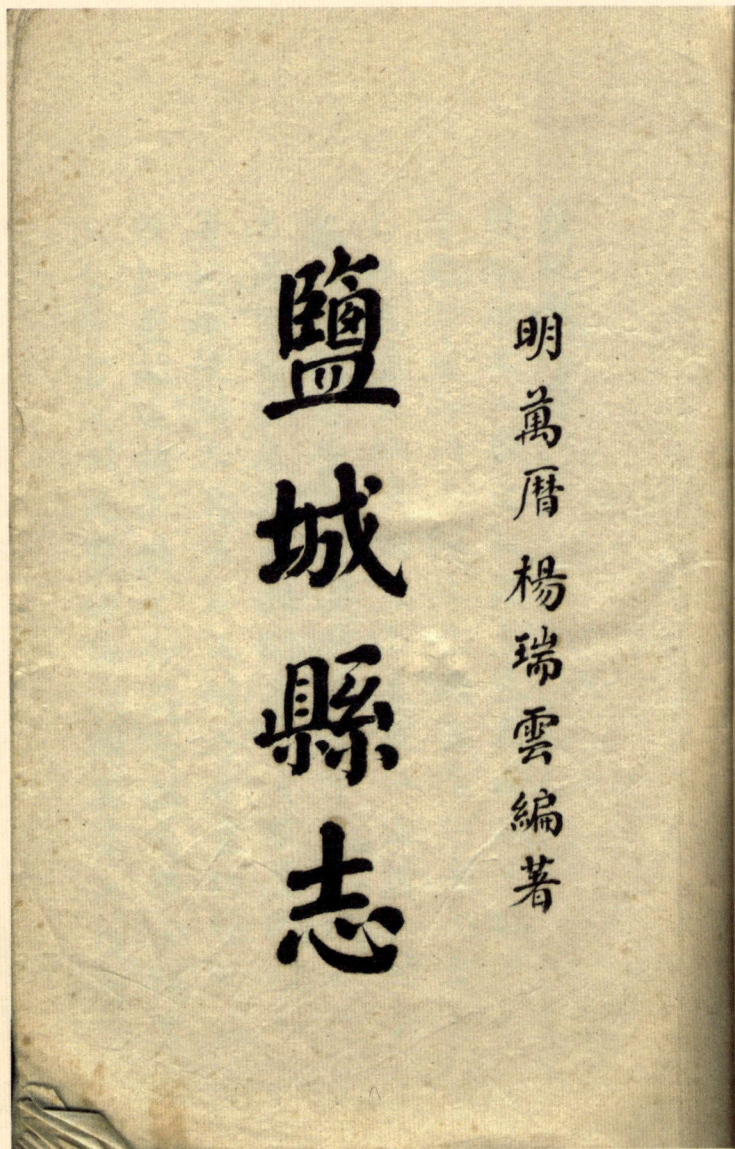

盐城县志

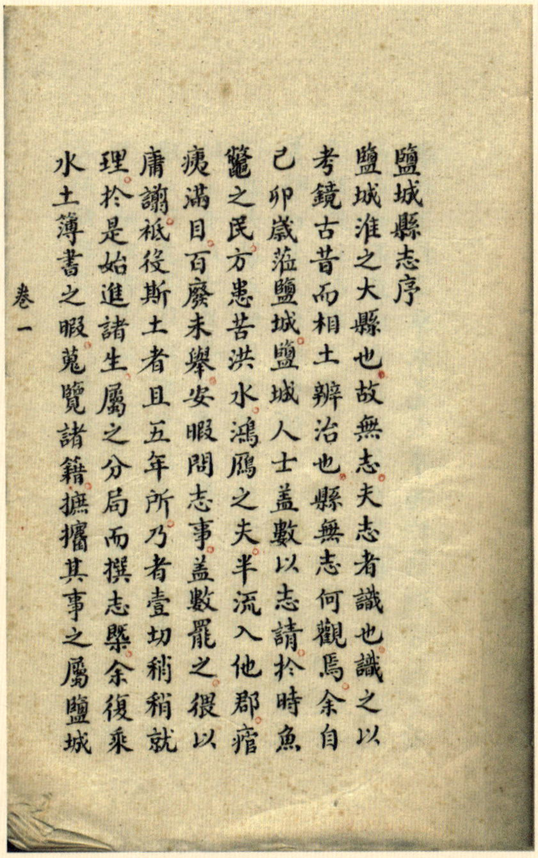

鹽城縣志序

鹽城淮之大縣也故無志夫志者識也識之以
考鏡古昔而相土辦治也縣無志何觀焉余自
己卯歲蒞鹽城鹽城人士蓋數以志請於時魚
籠之民方苦洪水鴻鴈之夫半流入他郡瘠
痍滿目百廢未舉安暇問志事蓋數罷之很以
庸謝祗役斯土者且五年所乃撰志纍之纍以
理於是始進諸生屬之分局而撰志纍余復乘
水土簿書之暇蒐覽諸籍摭擿其事之屬鹽城

卷一

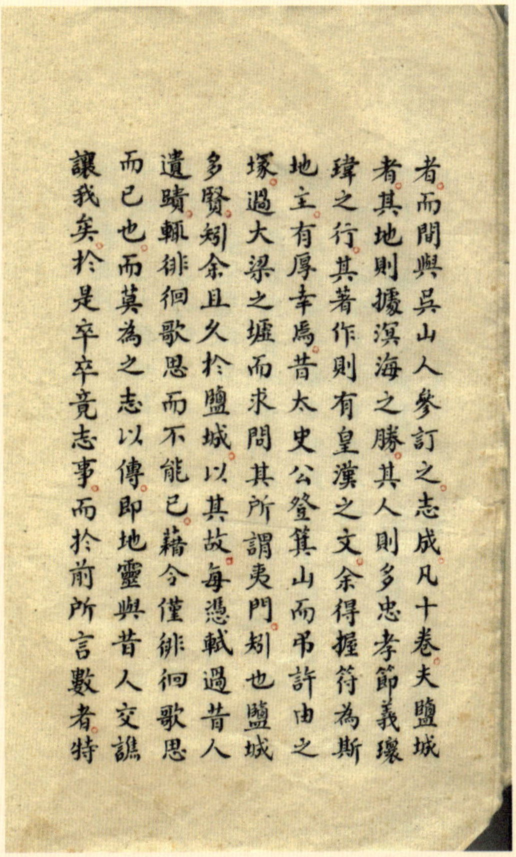

者而間與吳山人參訂之志成凡十卷夫鹽城
者其地則據溟海之勝其人則多忠孝節義瓌
瑋之行其著作則有皇漢之文余得握符為斯
地主有厚幸焉昔太史公登箕山而弔許由之
塚過大梁之墟而求問其所謂夷門刲也鹽城
多賢輒余且久於鹽城以其故每戰過昔人
遺躅輒徘徊歌思而不能已藉令僅徘徊歌思
而已也而莫為之志以傳即地靈與昔人交讁
讓我矣於是卒卒竟志事而於前所言數者特

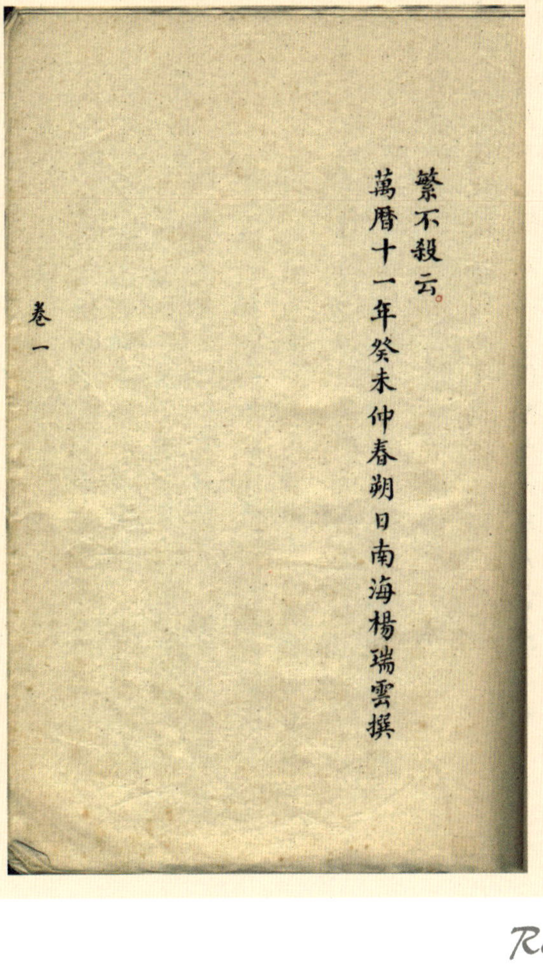

繁不殺云
萬曆十一年癸未仲春朔日南海楊瑞雲撰

卷一

《盐城县志》序

全文：

## 《盐城县志》序

　　盐城，淮之大县也，故无志。夫志者，识也，识之以考镜古昔而相土辨治也。县无志，何观焉？余自己卯岁莅盐城，盐城人士盖数以志请。于时，鱼鳖之民，方患苦洪水；鸿雁之夫，半流入他郡。疮痍满目，百废未举，安暇问志事？盖数罢之，很以庸谢。祗役斯土者，且五年，所乃者一切稍稍就理。于是始进诸生，属之分局而撰志概。余复乘水土簿书之暇，蒐览诸籍。揽据其事之属盐城者，而间与吴山人参订之。志成，凡十卷。夫盐城者，其地则据溟海之胜，其人则多忠孝节义、瑰玮之行，其著作则有皇汉之文。余得握符为斯地主，有厚幸焉！昔太史公登箕山而吊许由之塚，过大梁之墟而求问其所谓夷门。矧也盐城多贤，矧余且久於［于］盐城。以其故，每凭轼过昔人遗迹，辄徘徊歌思而不能已。藉令仅徘徊歌思而已也，而莫为之志以传。即地灵与昔人交谯让我矣，於［于］是卒卒竟志事。而於［于］前所言数者，特繁不杀云。

　　　　　　　　　　　　万历十一年癸未仲春朔日南海杨瑞云

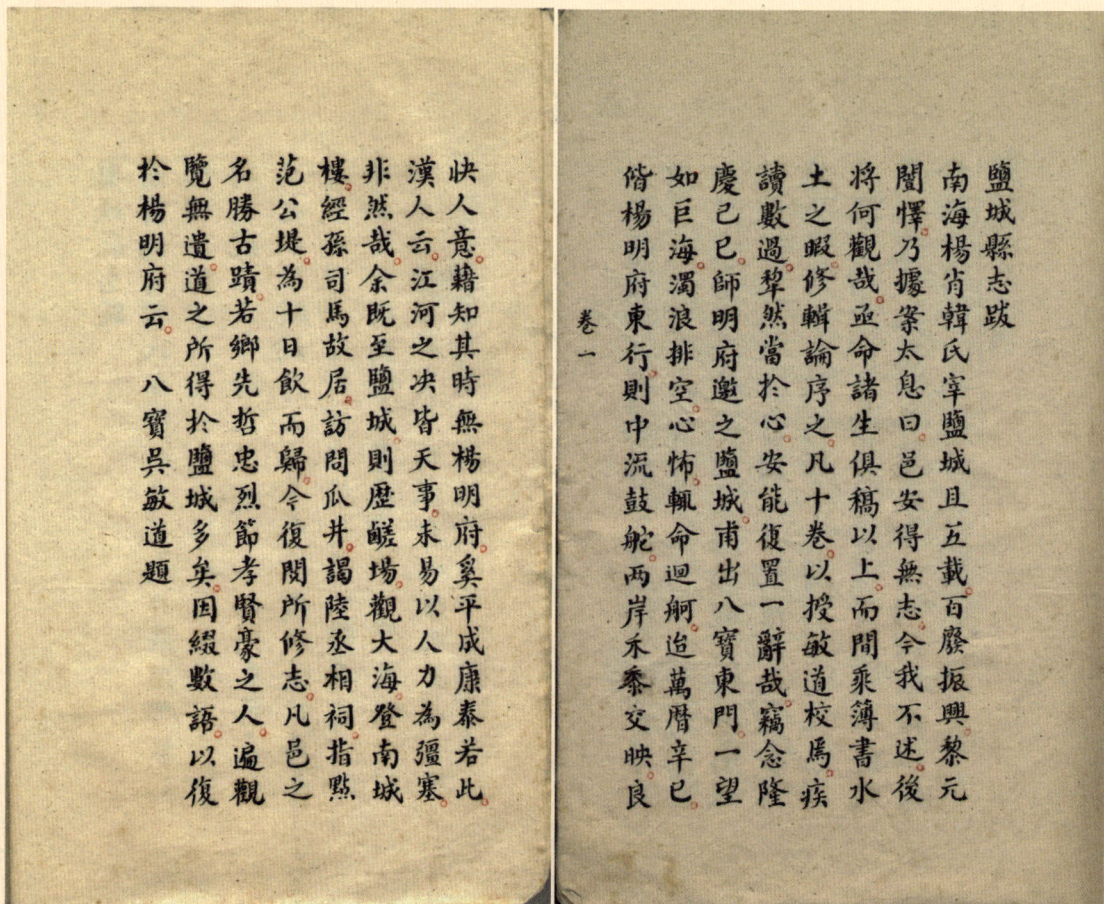

《盐城县志》跋

全文：

## 《盐城县志》跋

南海杨肖韩氏宰盐城且五载，百废振兴，黎元闾怿，乃据案太息曰："邑安得无志，今我不述，后将何观哉？"亟命诸生俱稿以上，而间乘簿书水土之暇，修辑论序之，凡十卷，以授敏道校焉，疾读数过，犁[犁]然当于心，安能复[复]置一辞哉？窃念隆庆己巳，师明府邀之盐城。甫出八宝东门，一望如巨海，浊浪排空，心怖，辄命迥舸。迨万历辛巳，偕杨明府东行，则中流鼓舵，两岸禾黍交映，良快人意。藉知其时，无杨明府，奚平成康泰若此？汉人云，江河之决皆天事，未易以人力为强塞，非然哉。余既至盐城，则历醎场，观大海，登南城楼，经孙司马故居，访问瓜井，谒陆丞相祠，指点范公堤，为十日饮而归。今复[复]阅所修志，凡邑之名胜古迹，若乡先哲忠烈节孝贤豪之人，遍观览无遗。道之所得於[于]盐城多矣。因缀数语，以复[复]于杨明府云。

八宝吴敏道题

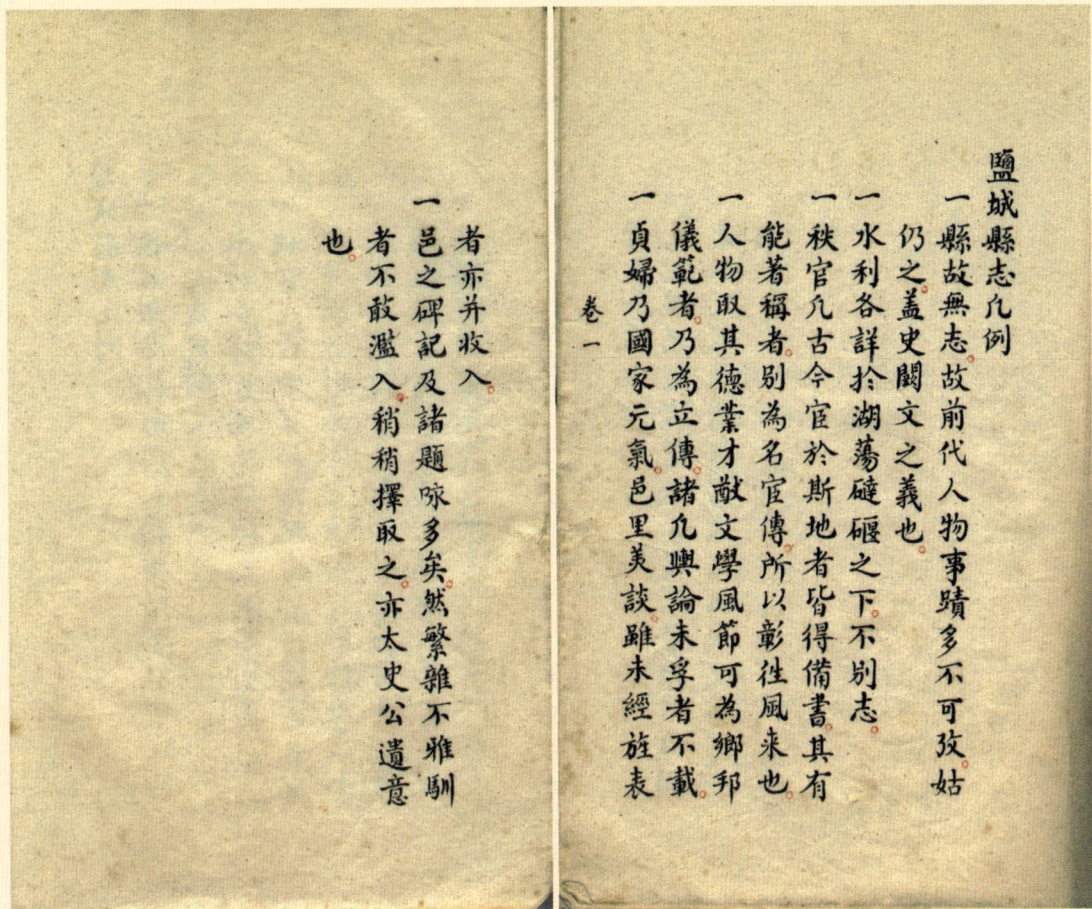

《盐城县志》凡例

全文：

## 《盐城县志》凡例

一县故无志，故前代人物事迹多不可考，姑仍之，盖史阙文之义也。

一水利各详于湖荡砡堰之下，不别志。

一秩官凡古今宦于斯地者皆得备书，其有能著称者，别为名宦传，所以彰往风来也。

一人物取其德业才猷文学风节可为乡邦仪范者，乃为立传，诸凡与论未孚者不载。

一贞妇乃国家元气，邑里美谈，虽未经旌表者亦并收入。

一邑之碑记及诸题咏多矣，然繁杂不雅驯者不敢滥入，稍稍择取之，亦太史公遗意也。

鹽城縣志目錄

卷之一　地里志
沿革　古蹟　物產異　津渡　分野　坊疆　都城　鎮　山阜川　風形　俗勝

卷之二　建置志
城池　兵防　廟闕　宇塞　縣署　典祠祀　街巷　寺觀　井泉　塚墓市　公署　坊橋　學宮　表課　墩社　臺碾學

卷之三　民事志
戶口　課程　田賦　貢附　徭役　孳牧

卷之四　秩官志
官制　列官

卷之五　名宦志
良牧傳　外傳附　師儒傳　良將傳

卷之六　選舉志
甲科　鄉科　武科　歲貢　恩貢　咇貢　辟薦　封蔭　雜例　貢　壽官　武舉　勳

卷之七　人物志
忠臣傳　孝子傳　烈士傳　順孫傳　名賢傳　義夫傳

全文：

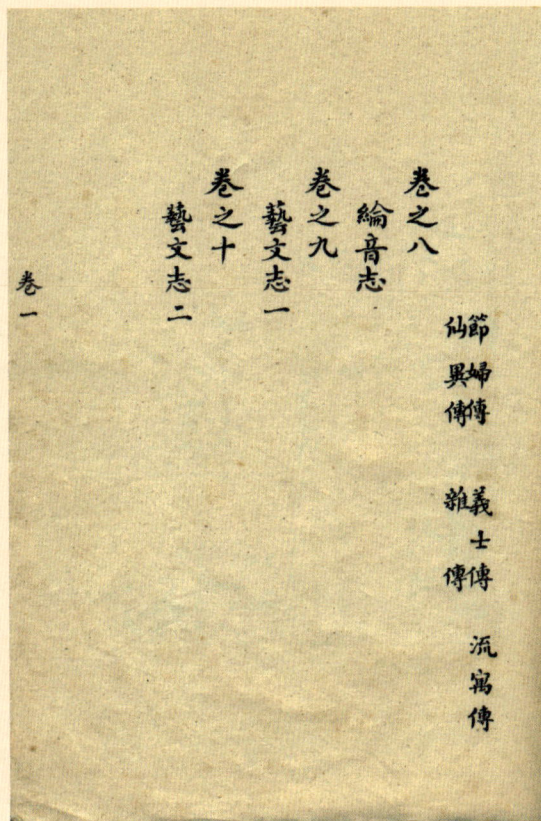

## 《盐城县志》目录

卷之一

地里志

沿革 分野 疆域 山川 形胜 古迹 津渡 坊都 镇阜 风俗 祥异 物产

卷之二

建置志

城池 县署 公署 学宫 社学 兵防 祀典 井泉 桥梁 跶堰 关塞 街巷 里市 坊表 墩台 庙宇 寺观 塚墓

卷之三

民事志

户口 田赋 贡附 徭役 孳牧 课程

卷之四

秩官志

官制 列官

卷之五

名宦志

良牧传 外传附 师儒传 良将传

卷之六

选举志

甲科 乡科 岁贡 恩贡 辟荐 例贡 武举 武勋 戚畹 貤封 杂科 寿官

卷之七

人物志

忠臣传 烈士传 名贤传 孝子传 顺孙传 义夫传 节妇传 义士传 流寓传 仙异传 杂 传

卷之八

纶音志

卷之九

艺文志一

卷之十

艺文志二

卷之八
綸音志
卷之九
藝文志一
卷之十
藝文志二

卷一

節婦傳 仙異傳

義士傳 雜傳 流寓傳

《盐城县志》目录

# 民国《阜宁县新志》

**保管单位：**射阳县档案馆

**内容及评价：**

《阜宁县新志》于1917年开始编修，因"时局影响、人事变迁"而一再延误，至1929年才得以设立专门的编志局，配齐人员，拟定志书总目，历经4年，至1932年12月成书。《阜宁县新志》的文字全部系手工抄录，40克单面胶版纸，8开折叠成16开双面抄写，全书分装成10册，线装订。志书正文设20方面内容，加上卷首、凡例、图考、大事记等共24个部分组成，涉及当时阜宁县境内的方方面面实况，是研究阜宁历史变迁、风土人情、经济社会发展的重要资料。

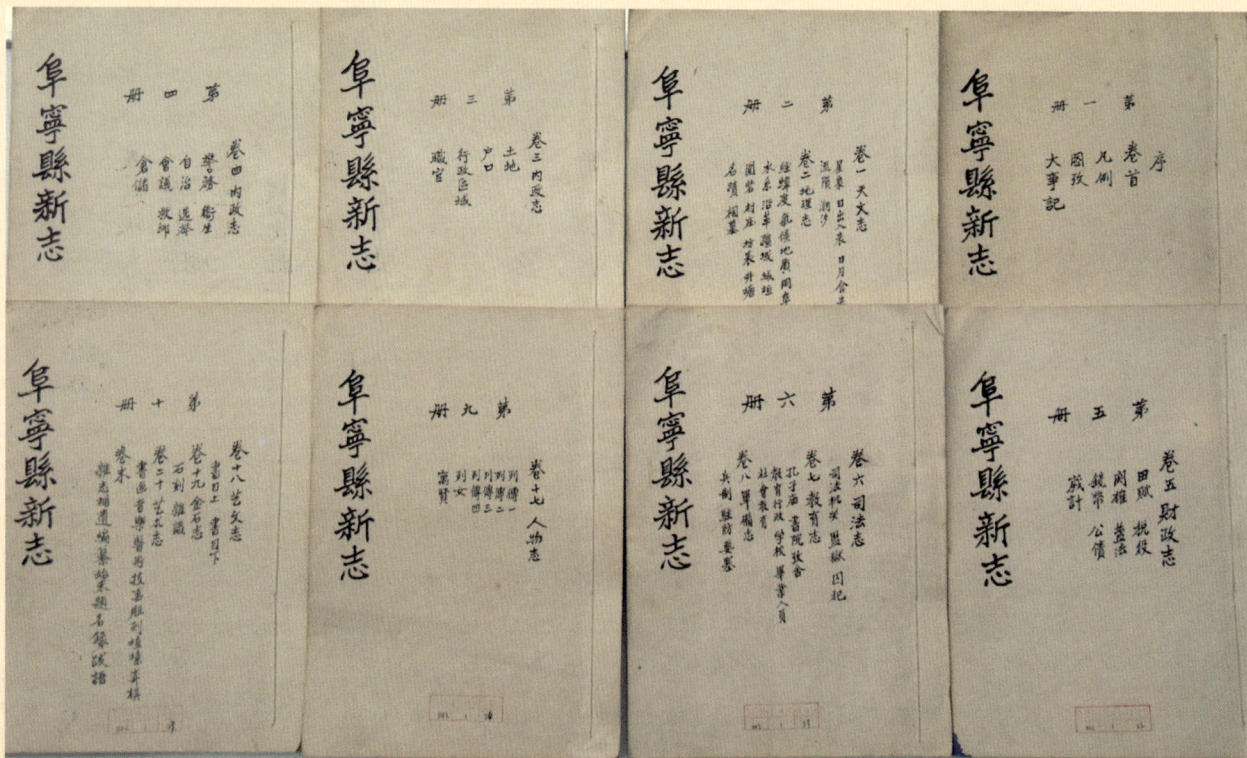

阜宁县新志

序

国有国志省有省志县有县志积县而成省积省而成国是以国志必据省志省
志必据县志故县志者其范围虽较小其关系则最要者也而近世中国之县志则
又要于古昔县志者也何则古昔县志其中未经鼎革者无论矣即经鼎革者其所损
益不过文章制度小过不及之间耳中国近三十年来科举改为学校满鼎复入汉
家君主俄而共和军政复归党治就中节目千端万绪赀变递更乃至更仆难数此
而不有县志将来省志国志何所据耶是故民国十七年冬江苏省府遵国府命成
省志国颁各属县筹修县志我阜前慎县长运新县属十三区各奉修志人员十八
年冬志局成立开始徵访着手编纂诚重之也余以愚陋滥竽纂修爰而老师宿儒
函叩编法取则古昔何志者余曰嗟乎今之世岂古之世哉当道诸伟人竭数
十年心力血汗细成新政府扩充新延设篆成一新中国留一新国志此其苦心孤
诣有回共觌矣观省府筋县修志旨颁新省志曰是明明欲整齐划一俾县志同
各编新志以便棠齐斯易成新省志合组则能成新国志也于斯时也为可矣行已

意犹伯泥古而不舍回谋新哉既已询谋佥同乃共拟订志目由县至省核准开端
爰奉清光绪十一年以前阜旧志之所载暨光绪十一年以后徵访之所得档案之
所稽分条毕贯归纳诸新拟志目中比及三年厥稿斯脱卸成总目十九子目百十
九体例则犹是图表志传事蹟则由清代而民国而党治其间一切因革损益开辟
均为按时就事据实陈述初未有意求新自异率尔由旧庶几近之聊资新省志之
一助远之略备新国志之一斑云尔中华民国二十一年十二月望日邑人庞友兰
谨识

《阜宁县新志》序

全文（节选）：

# 《阜宁县新志》序

国有国志，省有省志，县有县志，顾积县而成省，积省而成国。是以国志必据省志，省志必据县志，故县志者，其范围虽较小，其关系则最要者也……中国近三十年来，科举改为学校，满鼎复入汉家，君主俄而共和，军政倏归党治。就中节目千端万绪，叠变递更、乃至更仆难数，此而不有县志，将来省志国志何所据耶？是故民国十七年冬，江苏省府遵国府命成省志目，颁各属县，饬修县志。我阜前焦县长遵饬，县属十三区各举修志人员，十八年冬，志局成立，开始征访，着手编纂，诚重之也……乃共拟定志目，由县呈省核准开编。爰举清光绪十一年以前阜旧志之所载，暨光绪十一年以后征访之所得档案之所稽，分条毕实归纳诸新拟志目中。比及三年厥稿斯脱，计成总目十九，子目百十九，体例则犹是图表志传，事迹则由清代而民国、而党治，其间一切因革损益开辟，均为按时就事，据实陈述。初未有意求新自异，率尔由旧，庶几近之，聊资新省志之一助，远之略备新国志之一斑云尔。

中华民国二十一年十二月望日，邑人庞友兰谨识。

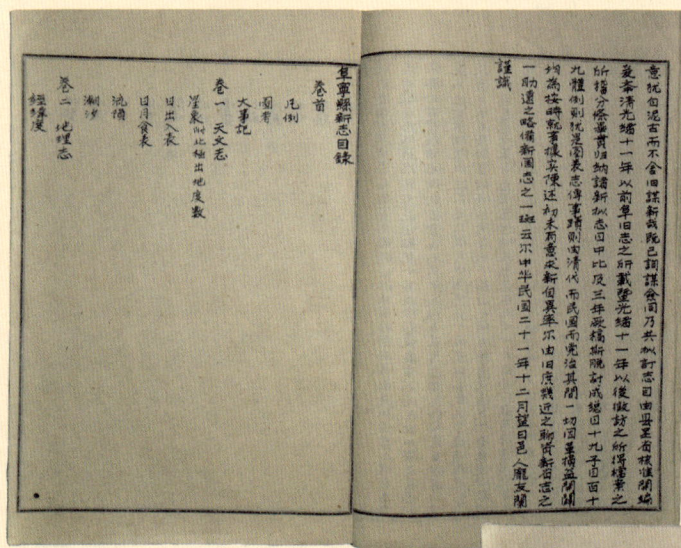

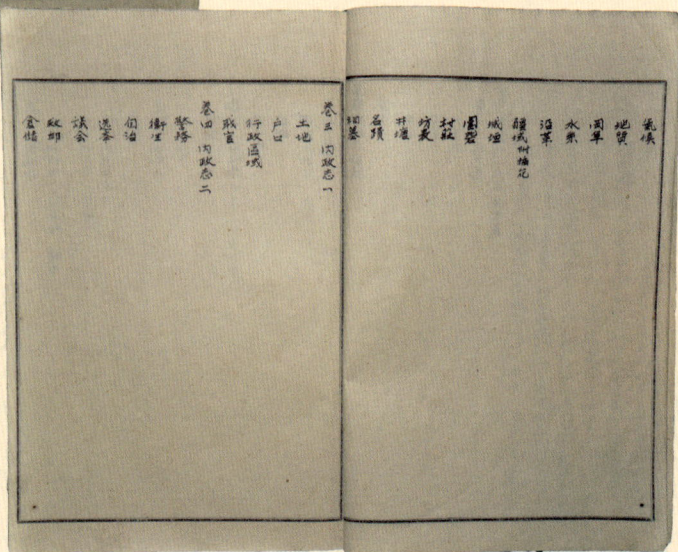

卷五 财政志
田赋附进粮
税契
徭役
闾档附统捐分所
卷六 司法志
词讼
狱法
检验
寄监附拘押之
公情
卷七 教育志
孔子庙
书院附社学
义学
教育行政
学校附学龄儿童
毕业人数
社会教育
卷八 渠港志
兵制
驻防
兵事
忠荩附收隆
本粮
卷九 水工志

海堤附进闸后
淮水附沂黄河 附黄浦表
射水
堤唯
闸坝附油湖
淀河
卷十 交通志
邮递
电政
公路
航路
铁路
卷十一 物产志
植物
动物
矿物
卷十二 农业志
农作
土壤
肥料
蚕桑
渔业附治理简法

林业
畜牧
收渔
工厂
缫织
蒲织
柳编
竹器
卷十三 工业志
冶业
铜业
酿造
杂作
卷十四 商业志
商业
度量衡
卷十五 社会志
氏族附宗祠
礼俗
方言
谣谚附书馆歌谣
公园

## 阜宁县新志卷首

### 凡例

一　旧志成於清光绪十一年迄今四十八载国体既变人事尤繁新旧合编体例俱
别本志大纲根据旧志之续而门类参差实难融合爰就旧志而归纳
之政以新志标名期与旧志并行不悖

一　本志计二十卷分类十九分旧一百○六附旧二十三列表一百十一以凡例图
考大事记为卷首以杂志补遗编纂始末题名录为卷末统列目录便检查满
十册约四十五万言除旧志十五万言外尚有书籍搜辑档案益以访录汇满
之纂缀其与同条分缕析概依旧志而异不取泛合

一　本志各类之前概揆小引揭纲挈要主旨中有事端歧视音亦先申述盖首
末尽或衍篇接史加按语若其文字鼓长则分段敍陈以清眉目
一　县境金山内冢用图缩製惟原本记载地名岸错甚多斯之远一鏖正远下数幅
郎以为准各种表式或樸档案改编或为著者细剖剔镧祠枢无格撵不掳

全文：

# 《阜宁县新志》目录

# 影印本《陆氏宗谱》

**保管单位：** 盐城市档案馆

**内容及评价：**

盐城档案馆馆藏影印本《陆氏宗谱》最早修订于唐元和十年（815），内有：第一世至第五十五世陆氏子孙的字号、功名情况。后于光绪甲申年（1884）重修，共计六卷，内含传信本纪、诰命、齐家约礼、祠堂图、世系总图等，以陆秀夫及其兄陆清夫为一世，编修至第二十三世，记载盐城地区陆氏子孙字号、功名、生殁年限、寿龄、安葬地点方位、婚配生养及配偶生卒年限等情况。1932年以及1989年分别再次续修宗谱。

《陆氏宗谱》是我市记载最为全面的族氏宗谱，不仅对研究陆氏宗族在盐繁衍生息有着重要意义，而且对研究盐城历史上的人口流动、民情风俗等也有一定的参考价值。

陆秀夫，字君实，祖籍江苏省盐城县建阳乡。3岁随父母避兵荒至京口（镇江）汝江下居住。6岁读私塾，15岁参加乡试，官至丞相。南宋祥兴二年（1279）二月六日，元兵攻破京城，陆秀夫保护南宋小皇帝逃到南海，在一艘船上被敌包围，绝不投降，先让妻子、三个儿子、长媳、孙子跳海，自己随即背着年仅8岁的小皇帝赵昺跳海而亡。

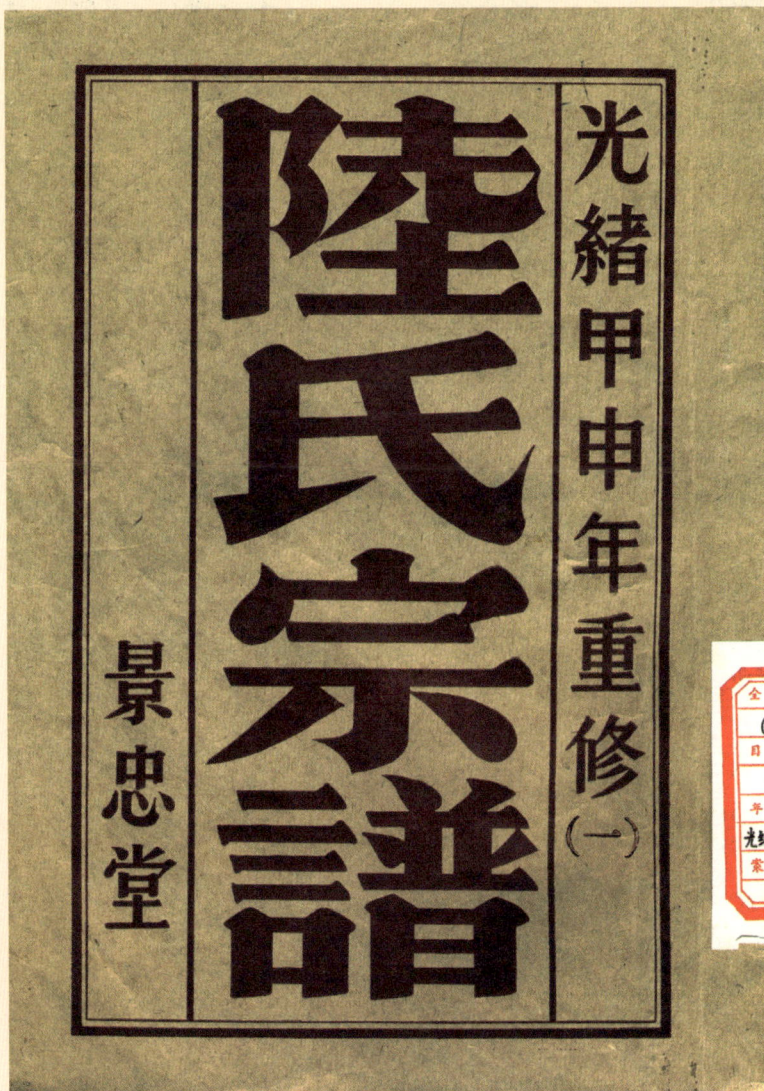

《陆氏宗谱》封面

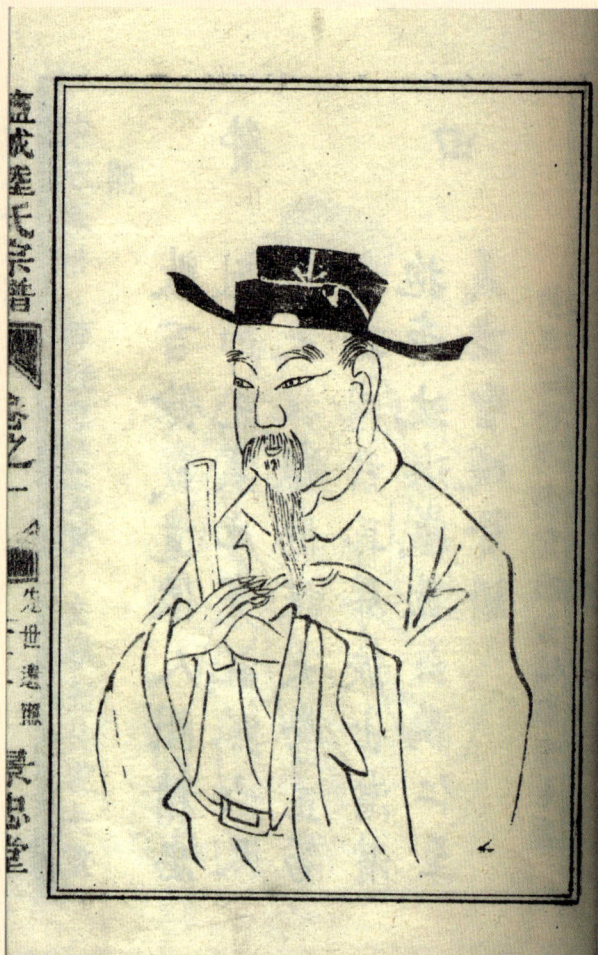

陆秀夫画像

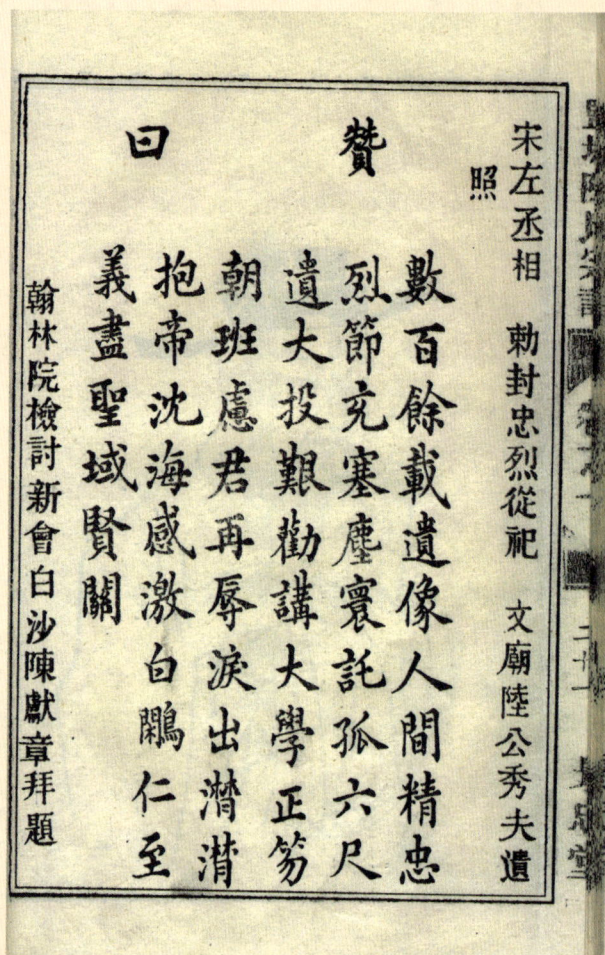

翰林院检讨新会白沙陈献章为陆秀夫题词

全文：

宋左丞相　敕封忠烈从祀　文庙陆公秀夫遗照

赞曰

数百余载，遗像人间。精忠烈节，充塞尘寰。托孤六尺，遗大投艰。劝讲大学，正笏朝班。虑君再辱，泪出潸潸，抱帝沉海，感激白鹇。仁至义尽，圣域贤关。

翰林院检讨新会白沙陈献章拜题

# 未刊稿《宋射陵年谱》

**保管单位：**盐城市档案馆

**内容及评价：**

周梦庄，盐城伍佑镇人，无党派人士，建国时任盐城《新公报》社总编。建国后历任盐城县政协常委、江苏省文史馆员、盐城县政协副主席、盐城市政协副主席。周梦庄学涉古今，对地方志、版本目录、年鉴传记、文物考据、词章典故方面以及《红楼梦》《水浒传》等文学名著有精到的研究，尤以词学见长，著有《周梦庄全集》。

《宋射陵年谱》由盐城文化名人周梦庄（1901~1998）先生编撰，近代著名诗人、词人、书法家冒广生亲笔题签。此谱以编年体裁记载了明末清初大书法家宋曹的生平。搜罗史籍甚丰，匠心独具，颇有学术价值，因至今仍未公开出版，更显本书弥足珍贵。《宋射陵年谱》是研究宋曹生平以及明末清初政治、文化的重要资料，具有一定的历史价值。

宋曹（1620~1701），字彬臣，又字邠臣，号射陵，盐城郊区北宋庄人。明末清初大书法家，爱国诗人。宋曹因不满清政府的腐朽统治，不愿做官，隐居于现盐城射阳县，以书诗自娱。时出游江淮，客扬州、镇江、昆山、苏州、杭州等地，与顾炎武等结为好友。其人工书能文，书法造诣深厚，并著有《书法约言》、木刻双钩《草书千字文》等，对学书要略、文字和楷、行、草各书加以精辟论述。留有诗集《杜诗解》、《会秋堂诗文集》等。

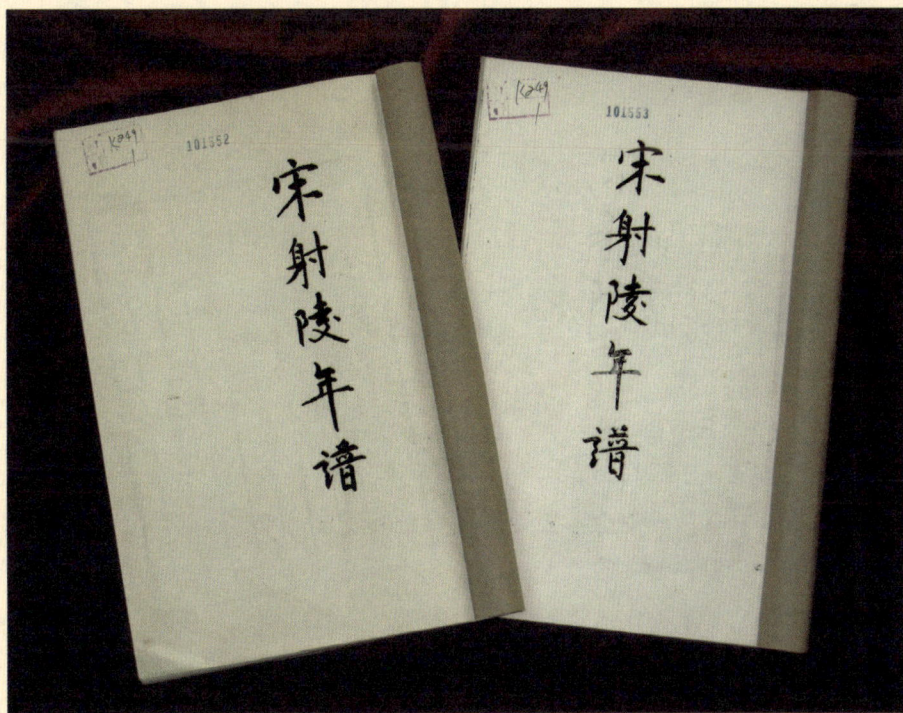

宋射陵年谱

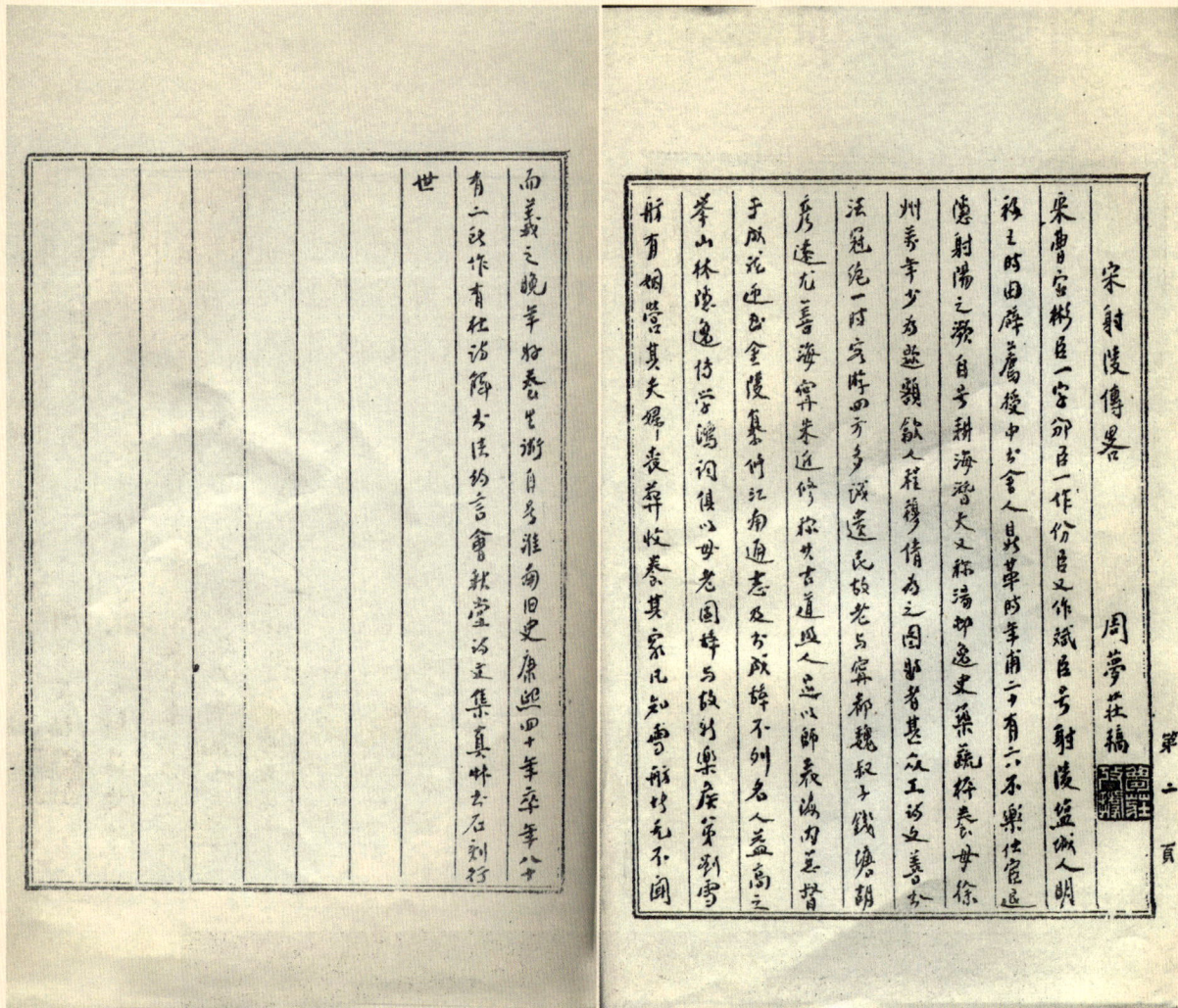

宋射陵传略

全文：

## 宋射陵传略

周梦庄稿

　　宋曹，字彬臣，一字邠臣，一作份臣，又作斌臣，号射陵，盐城人。明福王时由辟荐授中书舍人。鼎革时年甫二十有六，不乐仕宦，退隐射阳之滨，自号耕海潜夫，又称汤邨逸史。筑蔬枰养母。徐州万年少为题额，歙人程穆倩为之图，题者甚众，工诗文，善书法，冠绝一时。客游四方，多诚遗民故老，与宁都魏叔子、钱塘胡彦远尤善。海宁朱近修称其古道照人，足以师表。海内总督于成龙迎至金陵，纂修《江南通志》，及书成，辞不列名，人益高之。举山林隐逸，传学鸿词，俱以母老固辞。与故新乐侯弟刘雪舫有姻，营其夫妇丧葬，收养其家。凡知雪舫此无不闻而义之。晚年好养生术，自号淮南旧史。康熙四十年卒，年八十有二。所作有《杜诗解》、《书法约言》、《会秋堂诗文集》、《真草书石刻》行世。

 书法作品

# 郑板桥十二条屏

**保管单位:** 大丰市博物馆

**内容及评价:**

郑板桥十二条屏是1986年在原大丰县小海乡徐南村朱光熙家发现,为迄今为止最大篇幅的郑板桥作品。该条屏是郑板桥于雍正十一年(1733)中举后,专程到小海拜谒盐商朱子功老人,为其贺寿所作。条屏字幅呈灰褐色,每幅长一百八十二厘米,宽四十九厘米,从右至左竖书三十六行,计六百零四个字。因几次裱糊,年久日长,其中有二十一字模糊,但仍可辨认。第十二幅左下方有印章三枚:一曰"板桥"、一曰"郑燮"、一曰"克柔",均为篆书阴文。该条屏堪称板桥体形成过程中的代表作,对研究郑板桥的家世、青年时代的世界观、书法成熟过程及大丰人文历史都具有重要价值,是国家二级历史文物。

郑板桥(1693~1765),名燮,字克柔,著名的文学家和书画家,清代"扬州八怪"之一。雍正十年(1732)中举人,乾隆元年(1736)中进士,曾任山东范县和潍县知县,因开仓济贫,触犯上司,被罢官。郑板桥擅长画兰竹,精于书法,以隶体参入竹楷,自成一格,号称"六分半书",又善工诗,故人称"郑板桥有三绝,曰画、曰诗、曰书。三绝之中又有三真,曰真气、曰真意、曰真趣。"刊有《郑板桥全集》,共存诗400余首、词70多首、家书10则。

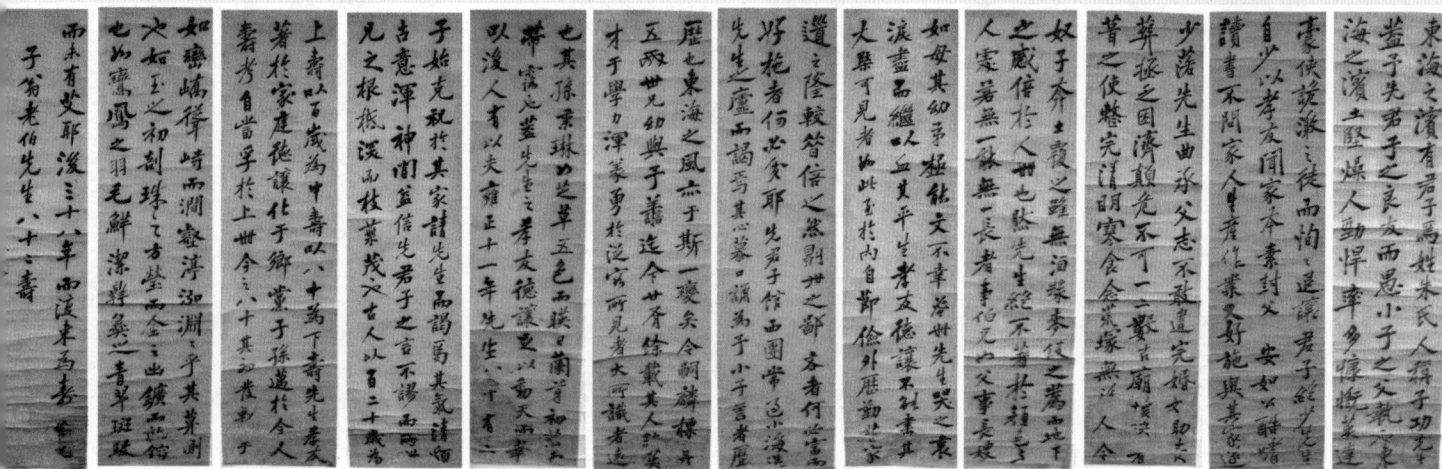

郑板桥十二条屏

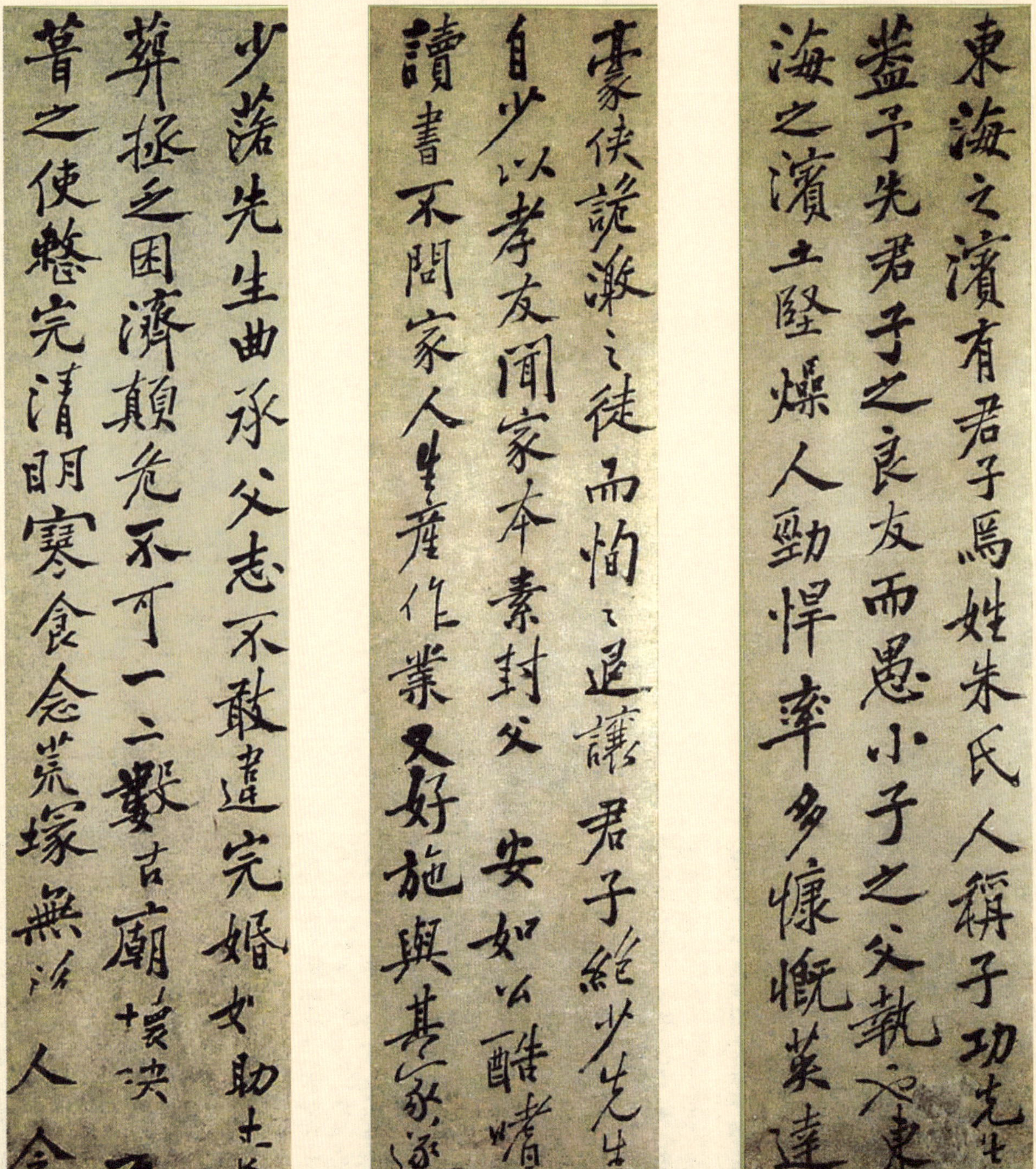

東海之濱有君子焉姓朱氏人稱子功先生
蓋子先君子之良友而愚小子之父執也東
海之濱土堅燥人勁悍率多慷慨菜達

豪俠說澈之徒而怕之退讓君子絕少先生
自少以孝友聞家本素封父安如公酷嗜
讀書不問家人生產作業又好施與甚家逐

少落先生曲承父志不敢違完婚女助士長
葬揆乏困濟顛危不可一二數古廟壞決
菩之使整完清明寒食念荒塚無治人令 不

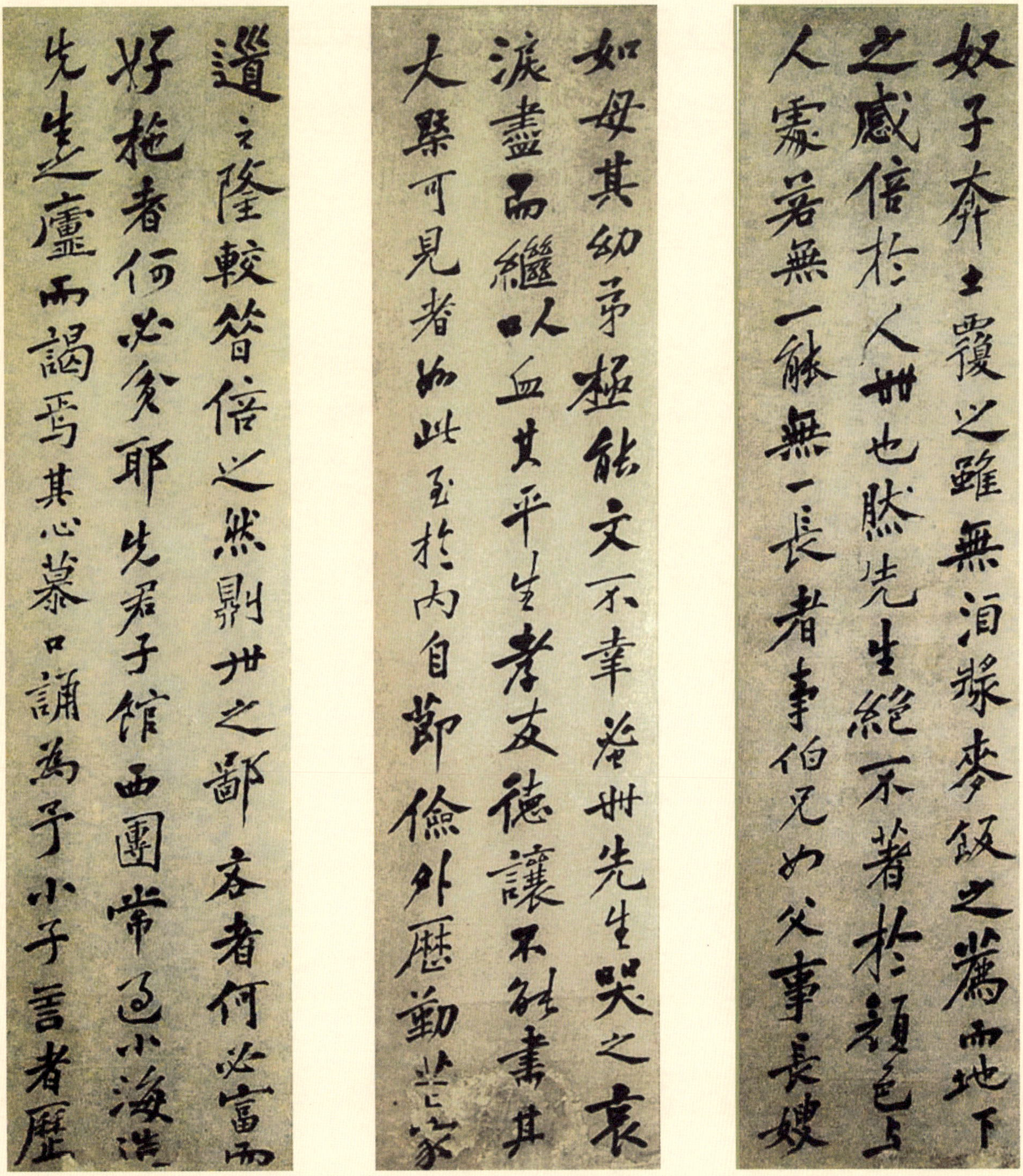

奴子奔走覆之雖無洴漿麥飯之奠而地下
之感倍於人世也噫先生絕不著於頭邑上
人霄著無一能無一長者事伯兄如父事長嫂

如母其幼弟極能文不幸蚤卋先生哭之哀
淚盡而繼以血其平生孝友德讓不衒書其
大綮可見者如此至於內自節儉外歷勤於家

遒之隆較笞倍之然剔卋之鄙客者何必富而
好施者何必爰耶先君子館西園常迓小海浩
先生之廬兩謁焉其心慕口誦為子小子言者歷

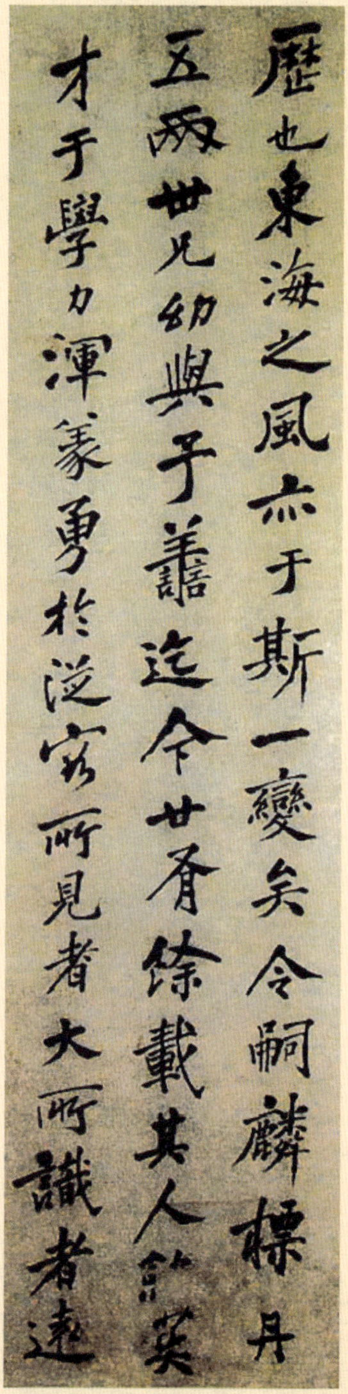

歷也東海之風丕于斯一變矣令嗣麟標丹
五兩世兄幼與于蕃逵令廿有餘載其人□葵
才于學力渾篆勇於逆寇所見者大所識者遠

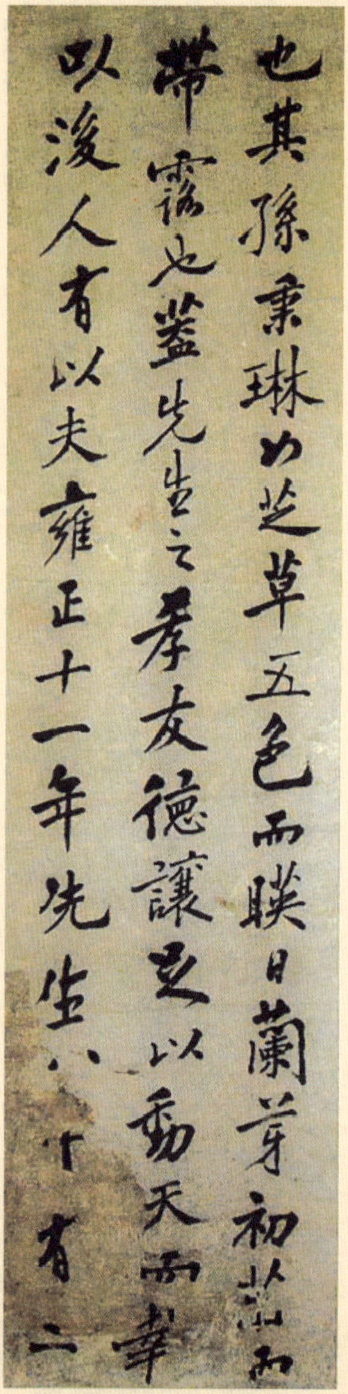

也其孫秉琳如芝草五色而聯日蘭芽初□□
帶露也鑒先生之孝友德讓之以動天而幸
以後人者以夫雍正十一年先生八十有二

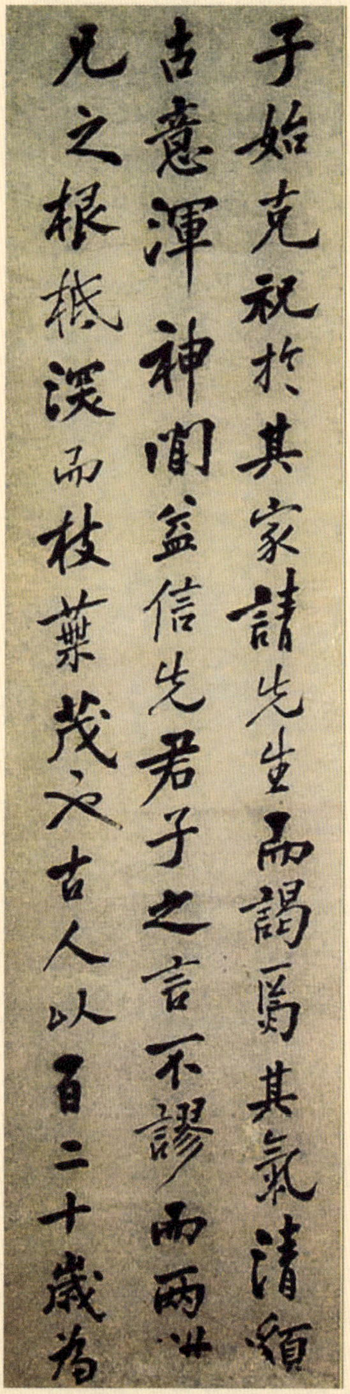

于始克祝於其家請先生而謁焉其氣清純
古意渾神閒益信先君子之言不謬而兩世
兒之根柢深而枝葉茂又古人以百二十歲為

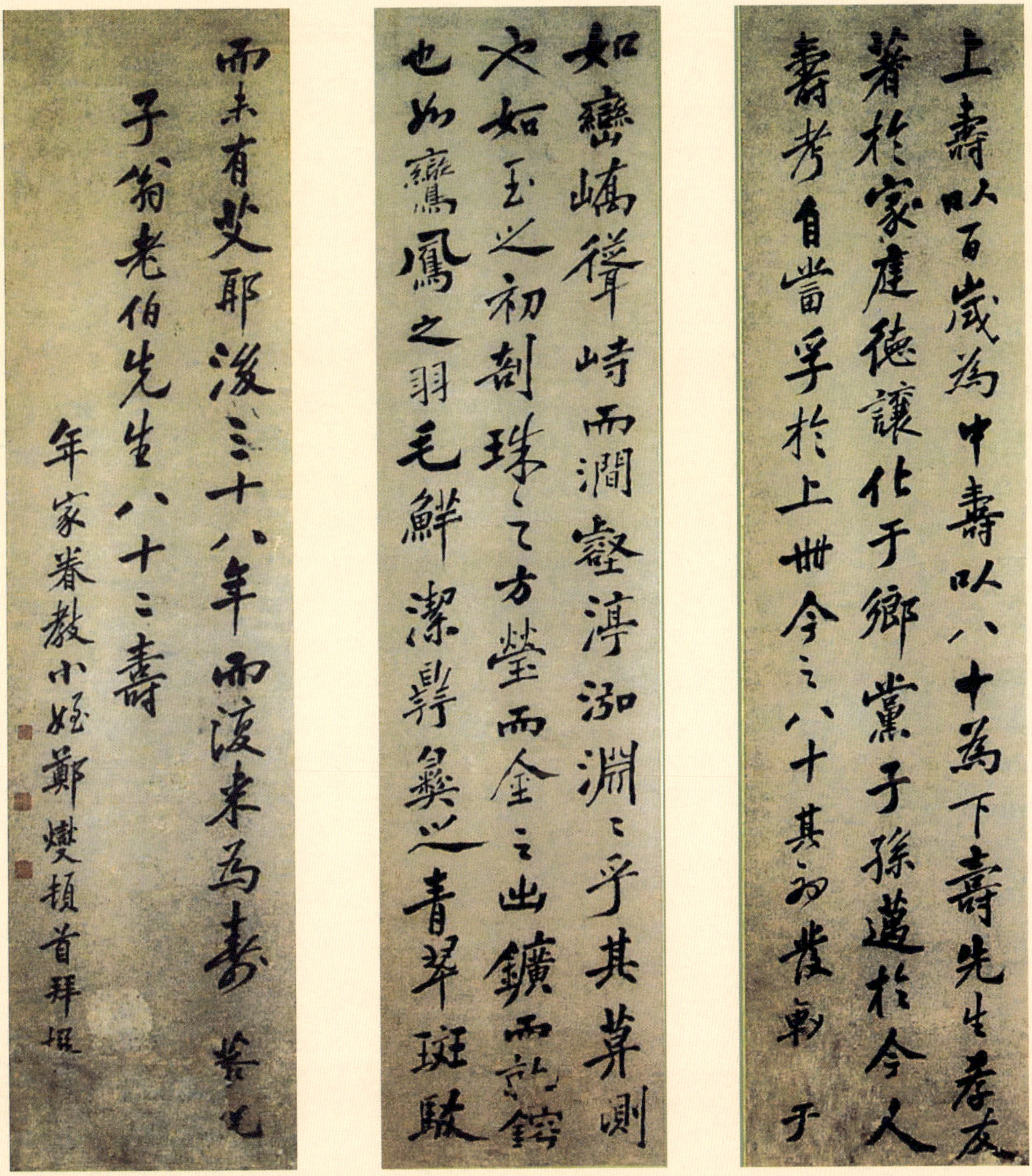

上壽以百歲為中壽以八十為下壽先生孝友
著於家庭德讓化于鄉黨子孫遂於今人
壽考自當孚於上世今之八十其可量哉于

如巖嶺崢嶸而澗壑淳泓淵之乎其萃則
火如玉之初剖珠之方瑩而金之出鑛而已鍛
也如鸞鳳之羽毛鮮潔而璚蕤之青翠斑駮

而未有艾耶後三十八年而復來為壽耋乎
子翁老伯先生年八十三壽
年家眷教小姪鄭燮頓首拜堌

郑板桥十二条屏

**全文：**

东海之滨，有君子焉，姓朱氏，人称子功先生，盖予先君子之良友，而愚小子之父执也。东海之滨，土坚燥，人劲悍，率多慷慨英达豪侠诡激之徒，而恂恂退让君子绝少。先生自少以孝友闻，家本素封，父安如公酷嗜读书，不问家人生产作业，又好施与，其家遂少落。先生曲承父志，不敢违；完婚姻、助丧葬、拯乏困、济颠危，不可一二数。古庙坏决，有葺之，使整完。清明寒食，念荒冢无后人，令奴子奔土覆之，虽无酒浆麦饭之荐，而地下之感，倍人世也。然先生绝不著于颜色，与人处若无一能无一长者。事伯兄如父，事长嫂如母。其幼弟极能文，不幸蚤[早]世，先生哭之哀，泪尽而继以血。平生孝友德让不能尽，其大概可见者如此。至于内自节俭，外历勤苦，家道之隆较昔倍之。然则世之鄙吝者何必富，而好施者何必贫耶！先君子馆西团，常过小海造先生之庐而谒焉。其心慕口诵，为予小子言者历历也。东海之风，亦于斯一变矣。令嗣麟标、丹五两世兄，幼与予善，迄今廿有余载，其人敛英才于学力，浑义勇于从客，所见者大，所识者远也。其孙秉琳如芝草五色而映日，兰芽初苗而带露也。盖先生之孝友德让足以动天而报以后人，有以夫！雍正十一年，先生八十有二，子始克祝于其家，请先生而谒焉。其气清貌古，意浑神闲，益信先君子之言不谬。而两世兄之根柢深而枝叶茂也。古人以百二十岁为上寿，以百岁为中寿，以八十为下寿。先生孝友著于家庭，德让化于乡党，子孙迈于今人，寿考自当孚于上世，今之八十其初发轫乎。如峦峤耸峙而涧壑渟泓，渊渊乎其莫测也，如玉之初剖、珠之方莹，而金之出镤，而就镕也；如鸾凤之羽毛鲜洁，鼎彝之青翠斑驳而未有艾耶！后三十八年而复来为寿，恭祝子翁老伯先生八十二寿。

年家眷教小侄郑燮拜首拜撰

# 费孝通题词手迹

**保管单位：** 射阳县档案馆

**内容及评介：**

费孝通（1910~2005）江苏吴江人。我国著名社会学家、人类学家、民族学家、社会活动家，中国社会学和人类学奠基人之一。曾任第七、第八届全国人大常委会副委员长，中国人民政治协商会议第六届全国委员会副主席。费孝通于1986年仲秋来到射阳，对射阳黄海滩涂湿地环境及丹顶鹤自然保护区进行考察。在考察期间，他对射阳县独特的滩涂和芦苇资源，大面积的园林绿化覆盖，丹顶鹤越冬栖息地环境保护等给予了充分的肯定和赞扬，并为射阳县赋诗一首。

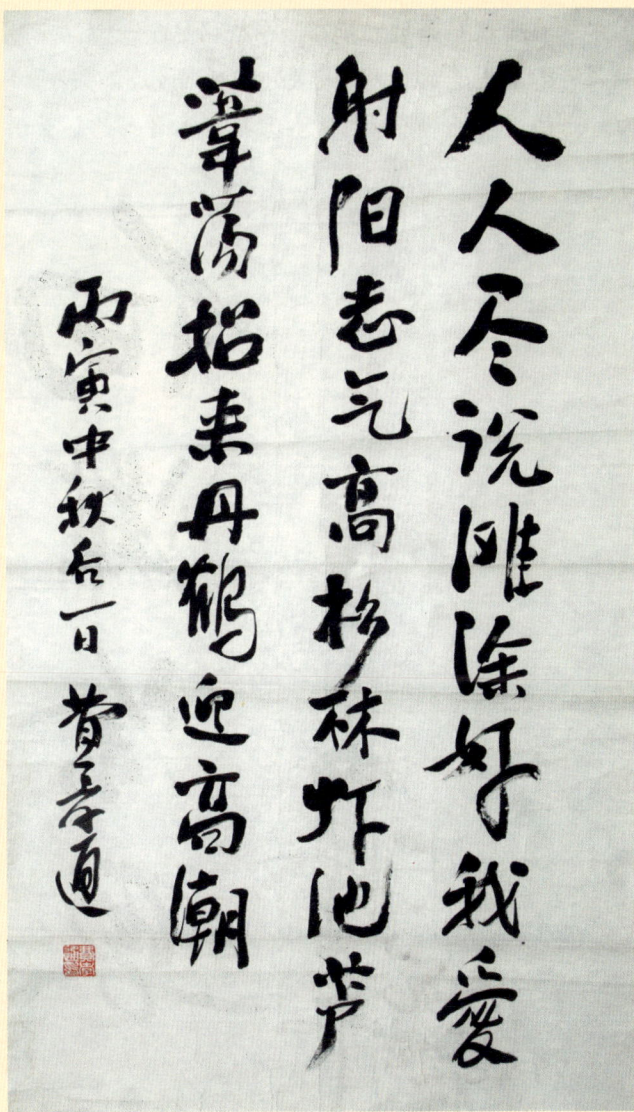

费孝通题词手迹

**全文：**

人人尽说滩涂好，我爱射阳志气高。杉林虾池芦苇荡，招来丹鹤迎高潮。

丙寅中秋后一日 费孝通

# 胡耀邦视察盐城题词

**保管单位：**盐城市档案馆

**内容及评介：**

　　1986年11月14日，胡耀邦在省委书记韩培信、省长顾秀莲等陪同下，冒雨沿苏北海岸线察看了正在开发的黄海滩涂，在盐城留下"向滩涂要宝"的题词。盐城海岸线绵延582公里，占全省海岸线总长的61%，其中沿海滩涂长达444公里，为中国最长，滩涂面积达到683万亩，是中国沿海地区面积最大的滩涂湿地。在全面实施沿海开发国家战略之际，滩涂资源综合开发利用至关重要。该题词真实反映了党和国家领导人对盐阜老区人民的关心和老区发展的关注。

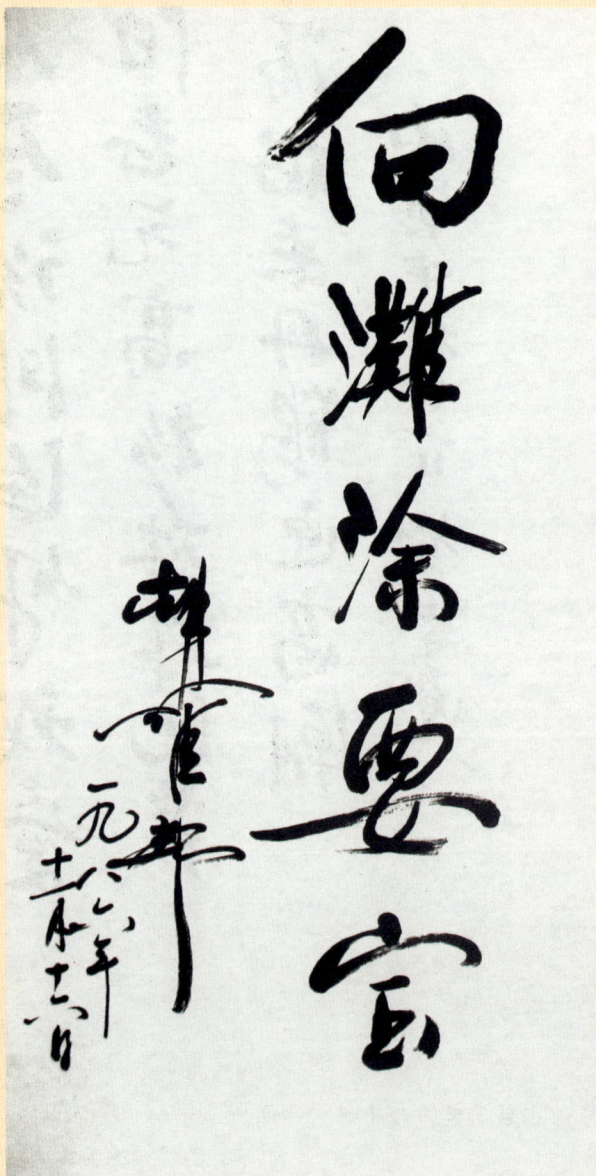

胡耀邦题写的"向滩涂要宝"

# 林散之书法

**保管单位：**射阳县档案馆

**内容及评介：**

林散之（1898~1989），原名林霖，字散之，号三痴、左耳、江上老人，出生于江苏江浦县（今属南京市浦口区）乌江桥北江家坂村，祖籍安徽省和县乌江镇。曾任江苏省国画院一级美术师、省书法家协会名誉主席。其诗、书、画被赵朴初、启功称为"当代三绝"，林散之还被称为"当代草圣"。1989年，林散之应射阳县首届青年硬笔书法竞赛组委会之邀来射阳，时年90岁的林老为活动欣然题字一幅。

林散之书法

**全文：**

射阳县首届青年硬笔书法竞赛，以柔为刚兮力振环宇，以旧创新兮上进争取，宜竞赛兮回翔康乐，君自成兮逍遥容与。

九十老人林散之题

# 后记

　　自江苏省档案局下发《关于组织编辑出版<江苏档案精品集>的通知》以来，盐城市档案局（馆）牢牢把握时间节点，层层推进，加快推动该项工作启动、实施。确定了以盐城市档案局（馆）长徐晓明为主任，副局（馆）长赵弘迈、王明友、房标为副主任，各县（市、区）档案局（馆）长为委员的编撰委员会，为《盐城卷》的编撰、出版工作提供了有力的组织保障。

　　我们从前期调研、制定编撰方案、明确征编要求，到对史料进行甄别，去粗取精、去伪存真，再到着手编撰，数易其稿，严把政治、史实、文字三关。经过一年多的努力，《盐城卷》正式杀青付梓。

　　此次编撰工作，通过档案精品展现盐城独特的历史文化底蕴，彰显海盐之城、红色之城的魅力。选取的七十件档案精品，可考史料上限明崇祯五年（1632），下限1989年底，时间跨度近四百年。档案本身或已出现纸质泛黄，字迹模糊，不易辨识；或相关参考资料匮乏，记载简约，档案价值的评定难度颇大；或档案实体较大、破损严重，不适合扫描等等。针对这些难点，我们竭力协调，尽力克服，力求真实客观系统地展现档案精品的原貌。

　　《盐城卷》的编辑得到了盐城市各县（市、区）档案部门、新四军纪念馆、中国海盐博物馆的大力配合、支持。各有关单位在接到编撰任务后，迅速确定负责同志和联系人，积极组织材料报送工作。在成书过程中，遇到史料查证、文字补充、图片制作等情况，各单位都能细致、及时帮助解决，体现了档案工作者的专业素养和敬业精神。盐城市收藏家协会副会长王东庆同志为《盐城卷》的编撰特整理、提供私人藏品，在此一并感谢。

　　在此，还要感谢江苏省档案馆给予的支持和鼓励，在审稿过程中，给我们提供了有益的建议和宝贵的经验。朱子文对本书进行了审阅。

　　由于编者的学识、能力和水平，疏漏、不当之处在所难免，敬请广大读者批评指正！

编　者

2013年7月

**图书在版编目（CIP）数据**

江苏省明清以来档案精品选·盐城卷 / 江苏档案精
品选编纂委员会编. --南京：江苏人民出版社，2013.10
ISBN 978-7-214-10840-1

Ⅰ.①江… Ⅱ.①江… Ⅲ.①档案资料—汇编—盐城
市 Ⅳ.①K295.3

中国版本图书馆CIP数据核字（2013）第239979号

| | |
|---|---|
| 书　　　名 | 江苏省明清以来档案精品选·盐城卷 |
| 编　　　者 | 江苏档案精品选编纂委员会 |
| 责 任 编 辑 | 韩鑫　朱超　石路 |
| 责 任 监 制 | 王列丹 |
| 出 版 发 行 | 凤凰出版传媒股份有限公司 |
| | 江苏人民出版社 |
| 出版社地址 | 南京市湖南路1号A楼，邮编：210009 |
| 出版社网址 | http://www.jspph.com |
| | http://jspph.taobao.com |
| 经　　　销 | 凤凰出版传媒股份有限公司 |
| 照　　　排 | 江苏凤凰制版有限公司 |
| 印　　　刷 | 江苏凤凰新华印务有限公司 |
| 开　　　本 | 880毫米 × 1230毫米　1/16 |
| 总 印 张 | 227.5　插页56 |
| 总 字 数 | 1800千字 |
| 版　　　次 | 2013年10月第1版　2013年10月第1次印刷 |
| 标 准 书 号 | ISBN 978-7-214-10840-1 |
| 总 定 价 | 1500.00元（全14卷） |

（江苏人民出版社图书凡印装错误可向承印厂调换）